"十三五"国家重点出版物出版规划项目

转型时代的中国财经战略论丛

国　家　社　科　基　金　项　目

基于宏观经济视角的会计准则动态周期研究

武　辉　著

中国财经出版传媒集团
经济科学出版社
Economic Science Press

图书在版编目（CIP）数据

基于宏观经济视角的会计准则动态周期研究/武辉著.
—北京：经济科学出版社，2018.11
（转型时代的中国财经战略论丛）
ISBN 978-7-5141-9936-9

Ⅰ.①基… Ⅱ.①武… Ⅲ.①会计准则-研究-中国
Ⅳ.①F233.2

中国版本图书馆 CIP 数据核字（2018）第 260063 号

责任编辑：周秀霞
责任校对：郑淑艳
责任印制：李 鹏

基于宏观经济视角的会计准则动态周期研究
武 辉 著
经济科学出版社出版、发行 新华书店经销
社址：北京市海淀区阜成路甲 28 号 邮编：100142
总编部电话：010-88191217 发行部电话：010-88191522
网址：www.esp.com.cn
电子邮件：esp@esp.com.cn
天猫网店：经济科学出版社旗舰店
网址：http://jjkxcbs.tmall.com
北京季蜂印刷有限公司印装
710×1000 16 开 14 印张 220000 字
2018 年 12 月第 1 版 2018 年 12 月第 1 次印刷
ISBN 978-7-5141-9936-9 定价：49.00 元
（图书出现印装问题，本社负责调换。电话：010-88191510）

总　序

山东财经大学《转型时代的中国财经战略论丛》（以下简称《论丛》）系列学术专著是"'十三五'国家重点出版物出版规划项目"，是山东财经大学与经济科学出版社合作推出的系列学术专著。

山东财经大学是一所办学历史悠久、办学规模较大、办学特色鲜明，以经济学科和管理学科为主，兼有文学、法学、理学、工学、教育学、艺术学八大学科门类，在国内外具有较高声誉和知名度的财经类大学。学校于2011年7月4日由原山东经济学院和原山东财政学院合并组建而成，2012年6月9日正式揭牌。2012年8月23日，财政部、教育部、山东省人民政府在济南签署了共同建设山东财经大学的协议。2013年7月，经国务院学位委员会批准，学校获得博士学位授予权。2013年12月，学校入选山东省"省部共建人才培养特色名校立项建设单位"。

党的十九大以来，学校科研整体水平得到较大跃升，教师从事科学研究的能动性显著增强，科研体制机制改革更加深入。近三年来，全校共获批国家级项目103项，教育部及其他省部级课题311项。学校参与了国家级协同创新平台中国财政发展2011协同创新中心、中国会计发展2011协同创新中心，承担建设各类省部级以上平台29个。学校高度重视服务地方经济社会发展，立足山东、面向全国，主动对接"一带一路"、新旧动能转换、乡村振兴等国家及区域重大发展战略，建立和完善科研科技创新体系，通过政产学研用的创新合作，以政府、企业和区域经济发展需求为导向，采取多种形式，充分发挥专业学科和人才优势为政府和地方经济社会建设服务，每年签订横向委托项目100余项。学校的发展为教师从事科学研究提供了广阔的平台，创造了良好的学术生态。

习近平总书记在全国教育大会上的重要讲话，从党和国家事业发展全局的战略高度，对新时代教育工作进行了全面、系统、深入的阐述和部署，为我们的科研工作提供了根本遵循和行动指南。习近平总书记在庆祝改革开放40周年大会上的重要讲话，发出了新时代改革开放再出发的宣言书和动员令，更是对高校的发展提出了新的目标要求。在此背景下，《论丛》集中反映了我校学术前沿水平、体现相关领域高水准的创新成果，《论丛》的出版能够更好地服务我校一流学科建设，展现我校“特色名校工程”建设成效和进展。同时，《论丛》的出版也有助于鼓励我校广大教师潜心治学，扎实研究，充分发挥优秀成果和优秀人才的示范引领作用，推进学科体系、学术观点、科研方法创新，推动我校科学研究事业进一步繁荣发展。

伴随着中国经济改革和发展的进程，我们期待着山东财经大学有更多更好的学术成果问世。

山东财经大学校长

2018年12月28日

前　言

会计准则的制定质量和执行效果一直是理论界和实务界共同关注的焦点。新出现的经济活动和会计业务缺乏应有的会计规范约束，增加了企业会计处理的难度和成本。财务报告信息质量的高低与会计准则制定与执行的质量有直接的影响，与社会经济系统的有效运行密切相关。但是，实施会计准则过程中出现的问题日益严重，会计准则频繁更替、财务报告虚假舞弊、上市公司信任度指数下降等现象越来越引起会计准则的重要利益相关者——政府的重视。鉴于此，减少资本市场财务虚假舞弊现象，提高财务会计报告质量，保护投资者利益，维护利益相关者的合法权益，保留我国特有的经济交易事项的会计规范，实现公平高效的会计准则成为会计领域的研究重点。本书以系统理论、动态管理理论、宏观经济政策以及利益相关者理论为基础，从公共管理的角度，以一个全新的视角来研究会计准则的动态周期及其运行规律，为会计准则的制定者和评估与监管者提供理论依据和启示。本书主要研究内容及创新之处如下：

（1）在宏观经济政策周期的基础上提出会计准则动态周期模型。

会计准则的动态周期是由一系列活动构成的思想和行为不断调整、不断变化的过程。会计准则无论制定得多么科学和正确，都不可能与复杂多变的现实完全一致；随着时间的推移、会计活动的推进以及环境和条件的变化，会计准则还会遇到一些新情况、新问题，会计准则的制定者只有根据这些新情况、新问题，适时灵活的应付和处理这些问题，才能使会计准则顺利实施，实现既定的会计目标。

影响会计准则动态周期长短的因素很多，需要解决的会计问题、实现的会计准则目标、会计环境的运动等因素有关。会计准则设计的目标越高，会计准则生存的环境变化越多，会计准则的动态周期越长；反之，会计准则动态周期越短。

(2) 会计准则动态运行系统是由会计准则主体、会计准则客体、会计准则环境组成，会计准则的各个子系统是会计准则动态周期运行的载体，各个子系统对实现动态系统总目标的贡献率不一。

会计准则动态系统包含的一整套相互联系的因素，包括政府、社会团体、会计制度以及社会全部的法律和价值观。按照宏观经济政策理论将会计准则系统划分会计准则主体、会计准则客体及会计准则环境。会计准则系统内部各因素的配合与运转的好坏直接影响到会计准则的运行是否顺畅，并决定会计准则效果的好坏。会计准则动态系统能否顺利展开，发挥其应有效能，很大程度上取决于利益相关者对会计准则各子系统的认知程度。实证结果显示：执行子系统的贡献程度最高，其次是制定子系统。结论得出了各子系统对实现总目标的贡献率，区分了各子系统对总体动态系统的重要程度，以及影响各子系统的因素的相关度。

(3) 结合动态理论和宏观经济政策理论分析会计准则动态周期模型的各个运行阶段，彼此之间是相互联系、相互影响的循环系统。制定是核心；执行是关键；评估是检验；监管阶段是发现并纠正偏差，提高会计准则绩效；终结阶段则意味着一个周期的结束，同时也是新会计准则的开始。

会计准则除符合经济政策制定的规律之外，预期收益和成本也是必须要考虑的。从公共管理理论来看，会计准则是政府提供的公共产品，是各个利益相关者共同协商和利益妥协的结果，因此应追求会计准则经济后果的公平和效率。本书提出了精英理论、博弈模型和系统理论三种途径，为会计准则的制定提供新的研究思路。会计准则影响企业运营和发展，新旧会计准则下各影响因素对企业的影响相同，均表现为公司负债率越低、社会对公司财务报表越满意、公司的社会贡献能力越强、经营活动的净现金流量越多，则公司的利润增长率越高，公司的成长能力越强。但在新会计准则下上述影响的效果更加显著，更有利于企业成长与发展。因此，新会计准则的实施有利于社会进步与经济发展。

现在的会计准则监管是某个阶段或某个时点的监管，是一种静态的、片面的监督管理活动。会计准则的动态监管是对整个会计体系实时的、动态的监管，能够即时获得反馈信息，并且在各个监控点之间互动，强调的是事前管理，先设定目标再着手计划工作，注重从预防的角度解决问题，从而杜绝“救火”式行动。任何一个社会经济体都会面临约束，业绩取决于组织链条中最薄弱的环节，通过识别这些经验瓶颈，监管并强化这些约束条件，使企业在极短的时间内实现生产运营及盈利上的显著改善。

会计准则的动态评估是对会计准则的效益、效率、效果及价值进行判断的一种政治行为。由于不同的国家或地区都会有自己独特的宏观经济政策存在的经济环境和政策环境，因此会计准则的调整和变化模式也会有所不同。通过会计准则的有效评价，判断一项会计准则是否收到了预期效果，该项会计准则是继续实施还是调整终结，调整一项准则往往是新会计准则的开始，在宏观经济政策理论中终结不仅是结束，也意味着修正和调整。

目 录

第1章 导 言

会计准则动态系统中的制定质量和执行效果一直是理论界和实务界共同关注的焦点。自从2007年新会计准则颁布和实施以来，新会计准则的显著变化再次引起人们的高度关注和热切探讨。财务报告信息质量的高低与会计准则制定与执行的质量有直接的影响，与社会经济系统的有效运行密切相关。但是，实施会计准则过程中出现的问题日益严重，会计准则频繁更替、财务报告虚假舞弊、上市公司信任度指数下降等现象越来越引起会计准则的重要利益相关者——政府的重视。鉴于此，减少资本市场财务虚假舞弊现象，提高财务会计报告质量，保护投资者利益，维护利益相关者的合法权益，实现公平高效的会计准则成为会计领域的研究课题。本研究以系统理论、动态管理理论、宏观经济政策以及利益相关者理论为基础，从公共管理的角度，以一个全新的视角来研究会计准则的动态周期及其运行规律，为会计准则的制定者和评估与监管者提供理论依据和启示。

1.1 研究背景、意义和目的

1.1.1 研究背景

本研究把会计准则当做一项宏观经济政策，运用动态管理理论、系统理论、公共管理理论来研究会计准则的特征及对经济领域的影响。会计准则作为会计理论和会计实践的桥梁，在实施过程中即使高质量的会计准则也不一定会取得预期效果、达到预设的目标。问题可能存在于会计准则的执行阶段，会计目标得以实现的途径是会计准则的有效执行，只有高效的会计准则执行才能实现会计理想。会计准则的有效性是制定的会计准则既与会计准则自身设计及质量有关，也与有效的执行等其他因素有关。会计准则评估的作用是判断一项会计准则是否收到了预期效果，并对评估结果做出分析，提出政策建议。通过对会计准则的全程监管尤其是会计准则的制定和执行加以监督和控制，确保会计准则在经济领域得到贯彻实施，纠正和控制会计活动中出现的偏差。会计准则终结既是旧会计准则的了结，也是新会计准则的开始。会计准则的这五个阶段构成了会计准则的动态周期，这也表明会计准则并不是平面的、静止的，它是在这个动态周期中不断循环、发展和优化。本课题的研究背景有以下几点：

完善和高效的会计准则体系和稳定有序的会计生存环境是会计信息真实、准确、有效的保障。财务会计报告披露制度是现代企业制度的要求与规范市场秩序的基础，它附带的经济后果对社会经济的持续健康发展至关重要。因此，企业财务报告质量问题一直是全社会共同关注的焦点。资本市场发展及成熟后，以上市公司为主的对外公布的财务报告质量成为会计信息治理的重要议题。

（1）20 世纪二三十年代在西方国家爆发的经济危机对社会经济和秩序产生了巨大的影响，企业对外公布的财务报告舞弊的问题暴露出来。为了进一步规范企业的会计行为，美国证券委员会先后公布《证券法》和《证券交易法》两部法律，赋予会计程序委员会制定会计准则的权力。从此，企业的财务会计报告有了统一的要求和约束。在对资本市场监管和公认会计原则的双重保障下，美国开始走向会计规范化的道路。

随着社会的发展，发达国家占多数的上市公司虚假财务报告信息和大量的盈余管理在 20 世纪中期愈演愈烈，财务舞弊案件层出不穷。进入 21 世纪，美国的世界通信、安然等财务欺诈案；英国的 Centrica 丑闻、法国的 Vivendi 丑闻以及英国的财务报告舞弊案件；日本活力门公司进行不正当会计操作，伪造巨额盈余，欺骗投资者和社会公众，爆出轰动一时的日本活力门财务会计报告舞弊丑闻。公然违背会计准则，任意进行盈余管理，是上市公司财务会计报告中存在的主要问题。大量财务报告丑闻的发生扰乱了投资者信心，破坏了投资环境，影响了资本市场的有序发展。

在财政部的会计信息质量抽查中显示，80%的财务报表存在不同程度的信任问题，社会公众对上市公司信任度不足。会计信息大面积失真，伪造财务报告、少报财务风险、直接或间接虚报利润是我国上市公司目前会计违规操纵的主要表现形式，会计信息质量不过关等现象成为会计领域急需解决的问题。

（2）在严峻的社会现实下，各国都积极采取措施解决上述问题。美国的会计准则曾被认为是最具体、最完善的，是各国会计准则制定者学习的典范，在大量财务舞弊案的背景下，人们开始怀疑这些会计准则的适应性和准确性，美国出台了《萨班斯－奥克斯利法案》，进一步规范企业会计行为；同时，欧盟等国开始制定惩罚机制，我国在会计治理和监管上也加大了力度。

在采取这些措施的同时，各国会计准则的制定者对会计准则的有效性进行探讨，重新研究会计准则体系的模式，试图从会计准则自身找出解决会计问题的可行方法。如何制定出高质量高效率的会计准则，如何使会计准则能更好地为经济发展和社会进步服务，成为世界范围内会计理论界和使用者共同关注的热点。

2007年，我国会计准则制定机构对会计准则体系做了多次修改，会计准则问题得到一定程度的改善，但会计信息失真，财务会计报告舞弊现象仍然存在。针对这些问题，2007年我国颁布了新的会计准则体系，并首先在上市公司执行。新的会计准则体系与国际会计准则更加趋同，内容更全面细致和规范。然而，高质量的财务会计信息获得来源于高质量的会计准则，但这并不是唯一的条件，单纯强调会计准则质量有时并不能解决主要问题，只关注某一个会计环节作用有限，关键要对会计准则进行整体的、系统、多角度地深入研究，使制定出的会计准则真正能够符合会计活动的交易实质，提高财务会计报告质量，保护众多投资者的利益。

1.1.2 研究意义

当前，我国会计准则存在诸多问题。会计准则频繁更替，增加了企业会计处理的成本和难度等。由于我国特殊的国情，许多特有的经济交易事项在国际财务报告中并没有相应的会计准则来界定，这就需要我国会计准则制定机构根据具体国情制定专门的会计准则。程序上的合法、健全的法律机制以及内容设计合理是目前对会计准则研究的几个主要角度，且大多是对策性研究，当前我国急需制定出符合国情的会计准则，减少财务虚假舞弊，提高上市公司会计信息质量，确保我国资本市场的持续健康发展。

研究宏观经济政策视角下的会计准则的动态周期运行过程具有理论和现实意义。

1. 理论意义

（1）有利于实现跨学科的交叉研究，充实会计准则研究的理论基础。

会计准则不仅仅是一个经济问题，也是一个决策问题、社会问题，应该超越过去以契约经济学、博弈论和委托代理理论为基础的研究界限，借鉴宏观经济政策学、系统理论和动态管理等相关理论，分析会计准则作为一种利益群体博弈的产物和宏观经济政策对经济领域的运行和发展产生的影响。

（2）有利于建立会计准则制定、执行、评估、监管以及调整等子系统理论框架，探索会计准则动态周期的形成和运行机制。

本研究从会计准则动态运行的视角，采用新的会计范畴，探索高质量会计准则的形成途径，研究建立会计准则动态周期的系统理论框架，充实对中外财务会计虚假舞弊现象的理论解释，探索会计准则动态周期的形成和运行机制。

任何一个社会经济体都会面临约束，业绩取决于组织链条中最薄弱的环节即公共管理理论中的木桶现象（也被称为短板理论，即约束资源、经营瓶颈），通过识别这些经营瓶颈，发现并强化这些约束条件，使企业在极短的时间内无须大量额外投资的情况下，实现生产运营及盈利上的显著改善。

2. 实践意义

（1）有利于提高财务会计报告的质量。

会计信息质量取决于会计准则的质量，本研究主要研究会计准则的制定、执行、评估和监管等环节对会计准则体系的影响，这对减少资本市场财务虚假舞弊现象，保护投资者利益、净化资本市场交易环境有重要意义。本研究将运用实证分析的方法对会计准则的制定、执行、评估、监管等环节的贡献率做出检验。

（2）有利于提高会计准则体系的连续性和稳定性。

从1992年至2005年末，我国的会计准则多次修改，甚至在公布实施一年后有的会计准则开始修改。会计准则在较短时间内容频繁变更，使大多数企业难以适应。从2007年开始，财政部颁布新的38项会计准则并首先在上市公司实施。企业会计处理的成本和难度在频繁、多次变动中，增加了负担和费用。

因此，连续性和稳定性成为会计准则使用者的期望。鉴于此现状，会计准则的动态周期研究将会计准则看作事前管理，对整个会计体系进行实时、动态的监管，从而杜绝“救火”式行动。传统会计是事后管理，根据历史业绩，采取措施纠正问题，无法在第一时间发现并解决因问题所造成的损失。运用宏观经济政策理论、系统理论和动态管理理论，分析和界定会计准则的所代表的经济实质和目标，制定出有利于企业和社会长期发展稳定的会计准则。

（3）有利于正确把握和建立具有中国特色的会计准则，推动我国会计准则与国际会计准则趋同，积极推进会计领域的国际协调。

有专家指出，我国在推进会计国际协调方面，要积极争取确认、计量和报告原则的实质相同，而不应该是简单追求形式的完全相同。经济全球一体化的加速发展和世界各国的分化加深，脱离世界经济这个大环境和市场规律发展自己的社会经济是行不通的。在会计领域，会计准则的国际化在每个国家都会经常提到，很多国家正在努力与国际会计准则接轨，但不能失掉自我。

同时，我国经济的快速发展也受益于20世纪90年代以来逐步推进的与国际接轨的会计准则。实施会计准则国际化成为经济发展和改革开放的需要。在过去，我国计划经济体制是会计制度建立的基础，在改革开放以后，尤其是与外界的经济往来增多以后，由于会计准则的不一致，导致外资方看不懂我国会计报表，我国的会计人员不明白外资企业的财务报告。因此必须建立与市场经济相符合的会计准则体系，满足与国外逐渐增多的经济往来的需求，参考、学习国际会计惯例，建立既适合我国实际情况又符合国际会计惯例的会计准则。

1.1.3 研究目的

围绕会计准则的一系列活动和行为都是以提高会计准则质量为最终目的，会计准则是由一系列活动构成的并是一个不断调整、不断变化的过程。会计准则无论制定得多么科学和正确，都不可能与复杂多变的客观现实完全一致；同时，随着时间的推移以及会计准则环境的变化，会计准则还会遇到一些新情况、新问题，只有适时、灵活、正确的处理这些新情况和新问题，才能顺利实施会计准则的目标。

把会计准则的动态周期运行过程与会计准则动态运行的影响因素及会计领域的现状结合起来，在宏观经济政策的视角下，结合公共管理理论和系统理论进行全方位、多层次的系统研究，运用研究宏观经济政策的方法和理论，力求在运行模式和制度规范两个层面上提出更加合理、更具创新性的会计准则结论，使最优会计准则提供最优会计信息，规范经济行为，促进经济发展。

1.2 国内外研究现状

目前，围绕会计准则的研究主要有三个研究视角：会计准则的制定、会计准则的执行和会计准则的监管。下面分别从以下三个角度综述当前会计准则的研究现状。

1.2.1 会计准则制定的角度

从会计准则在美国诞生以来，会计准则制定一直是研究重点。进入21世纪，由于世界各国财务舞弊频发，引起了学者对会计准则制定的热议。财务会计的发展过程是追求制定高质量会计准则的过程。会计准则是财务会计研究领域的重要内容，同时也是财务会计信息披露的规范，对会计准则制定研究的角度主要有：会计准则制定机构的选择、制定权归属、制定人员的来源构成、制定内容的详简、制定过程的公开独立性等。本书对现有文献进行了梳理：

1. 国外相关文献

A. C. 利特尔顿（Ananias Charles Littleton，1953）对会计理论内涵的定义是比较早的，利特尔顿提出理论是信条的整合体，是解释、证明和信念整合起来的。他们来源于生活和经验，是相互联系并且有逻辑关系，对会计原则的制定有重要影响。[①] 泽夫（Stephen A. Zeff，1998）教授所撰写的《“经济后果”学说的兴起》，是一篇被广泛引用的经典论文。他在文中指出，社会和经济后果“已经成为当今会计的中心问题”，经济后果学说引发了会计领域真正的思想革命。

理查德·G. 施罗德（Richard G. Schroeder，2015）认为会计准则有多种类型的制定模式，各国具体国情不同，所适合的制定模式也不相同。各国应根据本国的经济情况、政治体制、历史因素以及本国会计领域发展现状等因素，选择合适的会计准则制定模式。鲍尔、科塔里和罗宾（Ball R.，Kotare S.，Robin A.，2008）提出准则制定程序充分的核心是准则制定机构的广泛代表性、准则草案讨论时间的充分性以及准则制定程序的公开透明性等。

目前，世界上大多数国家包括 IASB 在制定会计准则时均采用了充分程序。由于任何一项会计准则制定都会涉及各方面和各主体利益，那就带来了不同的经济后果，因此会计准则在正式发布前一定要经过公开讨论和充分酝酿的过程；而且要使会计准则高效率、高质量，又具有透明、可比和充分披露的信息质量特征，就必须有科学充分的准则制定程序，让社会各利益相关者充分参与准则的讨论和制定。在准则制定过程中，引入会计准则制定充分程序是极其必要的，应对充分程序的基本原则进行更加深入的研究和改善，提高会计准则的质量，进一步完善会计准则的制定程序。科鲁克·雷（Korok Ray，2007）认为会计准则的公平、公正、科学、效率和权威性的实现，取决于会计准则在制定过程中制定机构的独立性及其利益相关者的充分参与。制度是历史的和现实长期重复博弈的结果。会计准则及其制定权的安排作为一种基本的社会经济制度也是利益相关者长期重复博弈的结果。同时，拉尔夫·埃沃特

① A. C. 利特尔顿：《会计理论结构》，美国会计学会 1953 年版，第 15 ~ 19 页。

(Ralf Ewert, 2003) 提出在资本市场发展和经济全球化的前提下，各国会计准则有趋同的倾向。虽然会计准则具有规则导向作用，并在现阶段体现了一定合理性，但也已经暴露了很大的弊端。美国的会计准则已从“规则”转向“原则”，这种变化既满足了本国经济发展的需要，也意在谋求其在全球公认会计准则制定中发挥其主导作用。罗伯特·赫德曼（Robert K. Herdman, 2010）认为会计财务报告反映的是商业交易的经济实质而不是形式，一个理想的会计准则应以原则为基础，成为最优准则的判断标准和核心。

就会计准则制定与政治的关系而言，威廉姆·斯科特（William R. Scott, 1999）认为会计准则制定既是经济决策的产物也是政治决策的产物。利益冲突的各方利益相关者之间的协调由会计准则制定者完成，由于管理阶层和利益集团的基本利益需要保护，因此制定出的会计准则不一定获得各方利益相关者的支持。[①] 夏安（Shyam Sunder, 1997）分析了利益集团与会计准则制定的关系问题。他认为，会计准则从普通法转向官僚机制时，只有极少数人能参与准则的制定和决策过程，由于会计准则会涉及众多利益集团的利益，所以越来越多的利益集团对准则制定机构产生不满，会计准则制定越来越需要技术的支持，制定模式面临巨大变革。当会计准则威胁到利益集团的利益时，这些利益集团就会联合起来操纵会计准则的制定，准则制定机构的权威性受到严重冲击。劳伦斯·雷夫森（Lawrence Revsine, 1995）撰写了《选择性不实财务披露假说》一文，总结了不实披露财务会计信息的原因：股东、会计准则制定者和审计师都会从不实财务披露中获得好处。他认为，由于平滑的盈余流被市场理解为具有更低的违约风险，所以企业就会进行会计操纵，不实或伪造的会计报告可能会带来更多平滑的盈余流，股东会拥有更多剩余的企业盈余，他们收益会更大；企业在确定收益时，经理们或者其他企业中上层领导者会更偏好于选择较为“宽松”的会计准则，这样便于他们有更多的选择空间，机会主义行为产生了；会计人员为了降低他们与客户之间的冲突，也会倾向于这种“宽松”的会计准则。有时，源于自我保护和利他主义的混合动机，甚至连准则制定者们也会流露出对模糊实情报告准则的偏爱。

---

① 威廉姆·斯科特：《财务会计理论》，加拿大普伦特恩斯霍尔公司 1999 年版，第205～216 页。

如果在职业判断上存在偏差，那么应该受到攻击的是偏差本身，而不是进行判断本身是否必要。罗斯·斯金纳（Ross Skinner，2015）在所撰写的《在危险中判断》一文中，讨论了判断在会计决策中不可或缺的作用。他指出，规则无法为使用者提供判断。

2. 国内相关文献述评

与此同时，国内学者结合我国国情也沿袭这一思路展开研究。

葛家澍（1999，2002）认为高质量的会计准则制定标准是制定高质量的会计准则的基础和保证。要在保证准则质量的情况下，降低准则制定的额外成本。要制定高质量的会计准则，就必须综合考虑多方利益相关者的利益，规范完善制定程序，增加会计准则的透明度，经受得住社会各界的监督与考验，这对提高我国社会主义市场化的质量也至关重要。赵西卜（1999）认为会计准则的制定者和制定程序应是独立的，会计准则要实现标准化。由于会计准则易受到所在区域环境的影响和制约，所以制定会计准则时要注重中国具体国情，与中国体制和经济环境一致，制定出有中国特色的会计准则。

任何准则和规律都是社会发展到一定阶段的产物，会计准则也不例外。栾甫贵（2004）认为会计准则模式的内容和形式随着社会发展和环境不同而有多种表现形式。不同的会计准则模式有其共性，也有其差异性。共性表现为它们的目标都是规范会计行为，差异性表现为会计准则的制定者、制定形式、准则的强制程度等方面存在差异。不同的会计准则模式在发展中相关借鉴、相互贯通，在不同的经济环境中发挥其应有作用。张先治、晏超（2013）系统分析了我国会计准则的变革，将会计准则变革分为了整体、具体和细节三个不同的层面，着重分析整体层面和具体层面的变革动因，并且从宏观和微观两个层面阐述了会计准则变革对经济社会发展本身产生的影响，建立起了会计准则变革宏观和微观影响的总体框架。

就会计准则制定与政治而言，王竹泉（2003）提出由于会计准则会涉及各方利益相关者的利益，利益相关者就会在一切可能的情况下参与会计准则的制定和决策，他们参与地越充分，会计准则的内容将越显客观公平，会计准则的可操作性就越强，发挥的作用就越大，制度性失真的可能性也就越小。会计准则是各利益集团之间相互竞争或妥协的产物。会计准则执行具有的经济后果会对不同利益集团带来不同的影响，有的利益集团从中受益，有的则受损，从本质上来说这是经济利益的分配问题。各利益集团会出于本集团利益的考虑，想方设法参与到准则的制定过程中，更改后的会计准则就会导致社会财富的重新分配，从这个角度来说，会计准则是不同利益关系人之间相互博弈的产物（阎德玉，2010）。刘端（2005）认为会计准则的制定过程不仅是经济规范的实现过程，同时也是一场政治较量和博弈。只有经过不同利益相关者之间重复博弈，才能实现会计准则的制定和完善。社会利益主体的决策行为会影响会计准则的制定与完善是否具有合理的基础。如果各利益主体都为对方考虑，所制定的会计准则必然会有合理的存在价值，人们会自觉接受和遵从。从纳什均衡的角度分析，会计准则是重复博弈后形成的一套规范会计行为的体系、方法。如果会计准则真达到了纳什均衡，人们便没有理由违反这项规则，否则就会受到惩罚。林钟高（2007）从众多利益主体角度为了本主体的利益进行相互交易、相互争执，在反复的交易争执过程中，利益主体会达成一种“妥协”，这种“妥协”便是会计准则。在公共选择过程中，各利益主体的地位不同，具有的实力和影响力也不相同，实力强的利益主体相较于实力弱的利益主体而言，必然会占据会计准则制定的主导地位，尽力挖掘有利条件使会计准则向他们“倾斜”，但由于最终的规则多少体现了弱势群体的利益要求，会计准则的非中性并不能否认它是一种契约的结果。其重要意义在于节约会计交易费用，达到会计准则公平效果，实现社会资源的有效配置。

就会计准则制定的导向来看，栾甫贵（2008）在现代市场经济和现代企业制度的背景下，新会计准则的制定要在原来的基础上考虑新的影响因素，融入新的会计理念和思路，结合财务管理的现金化本质，从会计准则的全方位、多角度分析，对原来准则的确认标准、计量方法、规范重心等方面进行改进和完善。李桂荣（2004）认为原则基础模式有优点，在多数情况下发挥了积极作用，但也有缺点。在我国，会计准则的制定程序也不是一成不变的，要根据具体国情和现有的实施条件，综合客观理性的设定与调整，不能盲目跟从。陈继云（2013）认为市场基础是市场各方参与者具备基本的职业道德素养和良好的职业判断能力。会计准则一旦出现问题首先要看市场基础是否完善，一味偏向原则基础模式并不能解决关键问题。吴孝桥（2008）比较了规则导向和原则导向，分析投资者、企业管理层和监管者三方的博弈分析、规则导向和原则导向的效用函数，认为规则导向转向原则导向不可一蹴而就，提出以建设意义的原则为基础，同时保持适当数量的规则[①]，是我国会计准则制定基础的现实选择。陈国辉、崔刚（2012）认为无论是规则导向还是原则导向，二者都有共同的出发点，即都希望能够对现行财务会计实务提供切实有效的规范和指导。但由于各种因素的制约，在具体实施过程中会形成不同的治理风格与技术特征，前者倾向于程序理性，而后者倾向于实质理性或者结果理性，如果实质理性能够通过程序理性得以合理实现，那么将是一种完美的结合状态。[②]

就我国会计准则制定的模式来看，刘峰（2004）构建了会计信息质量的影响因素的基本框架，认为会计信息质量受到会计准则、法律风险、外部机会等因素的共同影响。其中，法律风险对会计信息质量的影响程度要高于会计准则的影响，所以要加强法律风险对会计准则影响的研究。王建新（2005）从社会效果最大化的角度来探讨优化我国会计准则的必要性。认为我国会计准则制定更适宜用公共利益理论来指导。会计准则必须面向时代化、国际化，才能指导推动资本市场的发展，适应我国具体国情的需要。朱七光（2011）从博弈论角度，以美国和欧盟为例对会计准则制定程序中的整治过程进行了分析，认为美国和欧盟的会计准则制定主体——国际会计准则理事会（IASB）和财务会计准则委员会（FASB）遵循一个极为相似的程序，但它们却被植入了截然不同的政治环境中，对于一个相似的新会计准则，即使两个会计准则制定主体有着极为相似的偏好，其结果也将迥然不同。美国的会计准则制定权一直都在民间，资源的委托方和受托方为了保护自身的利益，必定积极参与到会计准则的制定过程中，在美国的会计准则中，随处可以见

---

① 原则和规则都需要，关键问题是需要确定原则和规则应各占多少比重，以及应如何达到两者之间的平衡。这是学者们今后应该更加深入研究的问题，“适当数量的规则”并不是我们想要的答案。

② 陈国辉、崔刚：《论会计准则的制定：原则导向抑或规则导向》，载于《会计师》2012年第6期，第6~8页。

到会计准则使用者各方的声音（胡恬静，2010）。[①] 林斌等（2014）提出会计准则存在的价值之一是要反映会计域秩序，会计准则质量的高低关系企业能否提供高质量的财务会计报告。为了提高会计准则的质量，要尽可能与国际会计准则进行协作，促进会计准则的全球趋同。罗勇（2007）提出会计准则制定应减少使用模糊的字眼，尽量减少备选方案，有明确的会计目标，从成本和收益的角度制定会计准则，减少会计方法的可选择性，正确把握会计的中国特色和会计国际趋同的"度"。吴联生（2006）认为会计信息的规则性失真是客观存在的；利益相关者之间发生利益协调和利益冲突是不可避免的情况，会计准则便是在这样的背景下形成的。会计域秩序是利益相关者的利益协调和冲突的结果，它是影响会计信息是否真实对等的关键因素。了解熟悉动态的会计域秩序，建立高效有序的动态机制是提高会计准则质量的重要途径。施先旺（2010）认为产权经济关系与会计准则的各项活动有密切联系，会计准则的制定应体现产权价值运动，产权价值运动及其所体现的产权经济关系要渗透到财务会计的各个领域。裘宗舜（2004）认为需要解决准则制定的工作方法等会计准则体系中存在的问题，需要变更与财务报告和审计结果相关的法律框架体系；财务会计报告的编制者、注册会计师、审计委员会等要具备基本的职业道德素养和良好的职业判断能力，目标导向的会计准则实施后到达到预期目标。薛清梅、黄炫霖（2015）提出国际会计准则理事会执行的应循程序是有效的。评论意见对下一步的讨论稿的修订产生显著影响。我国的组织、企业甚至个人应积极参与到国际会计准则的制定中去。张先治、晏超（2015）以制度变迁影响理论、经济后果理论、外部性理论为基础，将会计准则变革的效应分为预期效应和非预期效应，构建了会计准则变革的非预期效应系统框架，把非预期效应划分为未实现的预期效应、后续间接效应、超出效应、事前效应。

3. 评价

由以上文献可以看出，对会计准则的关注和研究开始较早，历时较长。会计准则本身对财务会计报告质量的影响非常大，这是包

① 胡恬静：《中美会计准则的制定比较》，载于《中国商界（下半月）》2010 年第 7 期，第 83 ~ 85 页。

括中国在内世界各国的共识。会计准则的制定模式、制定主体的独立性以及民主程度，由此以高质量财务信息为目的的各项研究迅速开展。

高质量的财务报告是财务会计的目标，而高质量的财务报告要求高质量的会计准则。因此，如何制定高质量的会计准则是财务会计研究永恒的主题。虽然目前国内外研究机构对会计准则的制定已经作了大量充实的研究并形成了诸多研究成果，但至今没有一个国家或国际组织的会计准则能够提供完美的财务会计报告，这说明会计准则制定模式的研究还要继续。

虽然我国对会计准则体系建设、与国际会计准则趋同等方面的研究成果很多，但在会计准则理论与实践中，仍不可避免地存在一些问题。

（1）与其他学科领域的交叉减少，缺乏与其他研究领域的沟通与融合，尤其对政治学、社会学领域还未涉及。现有成果基本以契约经济学、制度经济学、委托代理理论为研究基础。

（2）精于某个具体问题的研究，缺乏系统性。对影响会计准则制定的各个因素在过程中如何发挥作用，以及主导因素和互动关系等研究较少。

（3）缺乏对会计准则制定的多角度分析，层次性不强。由于会计准则的制定受内部和外部诸多因素的影响，从动态管理、宏观经济政策等方面也可以进行研究。所以，在制定会计准则时，要多角度、全方位分析与研究，以此提高会计准则的认可度有效性。

1.2.2 会计准则执行的角度

随着安然事件的爆发，被公认最完善的美国会计准则受到质疑，同时引发了对会计准则执行的关注。同样，随着我国新企业会计准则的颁布，会计准则的有效实施也成为关注焦点。自 2007 年 1 月 1 日新会计准则在上市公司施行，并逐步扩大实施范围，经过各方面的共同努力，较好地实现了新旧会计准则的平稳实施、顺利过渡。会计信息的有用性需要有效的会计准则执行机制作为基础。会计准则执行是会计准则制定的后续，准则的执行关系到准则制定目标的实现。高质量的会计准则并不一定能产生高质量的会计信息。一个制定得再完美的准则，如果难以执行或者得不到有效执行，就形同虚设。

因此，单纯强调准则质量的高低于事无补，问题的关键在于执行，会计准则得到正确执行的重要性日益凸显。专家、学者和社会民众从不同角度研究了会计准则执行问题的讨论，观点各异。

本书从以下几个方面对相关文献进行梳理。

1. 会计准则执行基本问题的认识

A. C. 利特尔顿（Ananias Charles Littleton，1953）从会计准则与会计执行之间的关系入手，阐述了研究执行会计准则行为的重要性。企业交易中的有用性需求只有在会计行动中才能揭示，会计行动与会计规则联系在一起才能为会计行动使用。①

戈德与夏安（Gode，Sunder，1997）从执行效果的评价来分析会计准则的质量。认为能够执行的会计准则才是有用的，如果无法判断企业是否遵守了某项会计准则，这就意味着该项会计准则的效果不明显，实用价值不大，需要改进。②

弗罗斯特、鲍尔等（Frost，Ball et al.，2005，2008）提出会计准则的制定和执行与财务系统的激励制度有关，同时也受该国的政治经济制度影响，提高会计信息质量，加强对优良信息的提供者激励将更有利于会计准则的执行。

楞次、梅纳德（Leuz，Menard，2002）认为契约的采纳与成功取决于执行契约的能力，在影响因素中制度环境起决定性作用。外部投资者的法律意识与会计准则质量相关。

达斯克等（Daske et al.，2008）在分析了26个国家执行国际财务报告准则（IFRS）③ 的执行效果，提出具备严格执行机制和制度环境的国家提供的财务报告好于其他国家，采纳国际财务报告带来的资本市场

① A. C. 利特尔顿：《会计理论结构》，林志军等译，中国商业出版社1989年版，第216~233页。

② 戈德、夏安：《是什么让市场在这方面具有影响力?》，载于《经济学季刊》1997年第112期，第602页。

③ 国际财务报告准则（IFRS，International Financial ReportingStandards）是国际会计准则理事会（IASB）所颁布的各国在跨国经济往来时执行的一项标准的会计制度。IFRS是全球统一的财务规则，是按照国际标准规范运作的财务管理准则。用于规范全世界范围内的企业或其他经济组织的会计运作，使各国的经济利益可在一个标准上得到保护，不至于因参差不一的准则导致不一样的计算方式而产生不必要的经济损失。

收益就越大。

郭道扬（2002）从会计法律制度体系的建立与执行过程可知，会计法律制度的制定机制与执行机制的统一问题是会计法律制度充分发挥其规范制约作用的关键，既不可无法可依或因法制缺位而导致法制控制缺位，也不可有法制不依或执行法制不严。所以，要正确处理会计法律制度的科学制定与严格执行，保障市场经济正常运行与健康发展。王涛、刘国文（2007）认为，会计准则执行需要由管理归口、机构健全、权力制衡的组织机构来实施。如果准则执行权力不受制衡，会产生任意解读准则、以法谋私、以情枉法、知法犯法和权大于法的现象，影响会计准则执行；如果职责不清、管辖权不归口，则会出现执法依据不统一、政出多门和相互扯皮的现象，并在执法过程中滋生地方保护主义或部门保护主义，从而使会计准则得不到普遍有效的执行。①

王跃堂、孙铮和陈世敏（2001）在1998年《股份有限责任公司会计制度》实施后，对新的市场效果进行了实证检验，得出的结论是：提高会计信息质量依靠两个方面，一是通过会计改革建立高质量的会计准则，二是提供有效的支撑，即完善的准则执行机制。

林钟高（2007）认为应该构建准则自我执行机制、第三方私人执行机制以及公共强制执行机制等会计准则执行机制。形成高质量的会计信息，一是需要可依据的高质量的会计准则，二是需要能够有力实施的准则执行机制。会计政策选择过程是会计准则在执行过程中形成的一个衍生问题，不同的利益相关者会产生不同的会计选择行为，也会导致不同的投资决策行为和利益分配结果，进而影响社会资源的配置效率。

吴水澎等（2007）提出了会计准则存在的公共领域是程序与结果的统一。在会计准则执行过程中，会计准则生成的会计信息的真实性是程序理性与结果理性二者的结合。黄秀云（2009）基于契约理论视角对会计准则执行机制的性质和实施条件进行了分析，提出会计准则执行机制的性质为显性契约与隐性契约的联结，提出了会计准则执行机制的框架体系：正式制度与非正式制度相结合，即被动履行机制与主动履行机制相结合。

① 王涛、刘国文：《会计准则执行机制影响因素分析》，载于《财会通讯·综合版》2007年第11期，第85～86页。

徐中波（2011）认为会计准则执行在经济政治、社会法律、心理因素等方面应有补充，西方国家侧重行业自律，准则有较大的弹性，而我国是以统一会计准则来规范会计行为，准则弹性较小。政府及其他权力机构将准则视为一种能够实现其既定目标的手段，通过权力强制某一项准则的通过与执行。①

綦好东（2004）提出会计准则的质量评估应从会计准则本身和会计准则实施效果两方面入手。一方面，会计准则本身的质量主要表现为准则制定程序的规范性、内容的可操作性，以及根据会计准则规范形成的财务会计信息能否具有相关性、可比性和可靠性。另一方面，对会计准则实施效果的评估标准主要看加工生成的财务会计信息质量的高低，即会计信息是否能够满足有效执行会计准则所依赖的外部环境条件和会计信息使用者所需要的基本会计信息。

曲晓辉（2011）利用契约理论、演化理论、寻租理论、博弈理论、嵌入性理论、认知理论和社会规范遵从理论七项理论来解释会计准则执行问题，通过整合，提炼出具有高度概括性和丰富衍生性的三个核心观点，即有限理性、经济自利性和社会嵌入性，从而最终形成了一个会计准则执行的理论解释框架。

张涛、王广乾（2013）从探讨会计、会计准则、经济学契约理论的关系入手，以契约理论的分析视角分析了会计准则执行中的相关因素对于管理层会计程序选择的相关路径，以此为基础构建了企业会计准则执行的契约理论模型。滕剑仑、韩家彬、王苏生（2012）认为，会计准则执行理论起源于生物演化论，执行效果则取决于冲突理论。通过分析各种不同的契约形式，将契约形式设置到会计准则执行因素模型中，来分析研究各种因素，例如经济契约完善程度、社会契约控制程度以及非制度安排契约等因素对执行效果的影响，这有利于规范会计执行机制，充分发挥准则执行机制的作用。

2. 会计准则执行的影响因素

欧洲会计师联合会（简称 FEE）（2002）认为虽然各国对会计的确认和计量方法的差异缩小了，但他们的会计准则执行机制有显著差异，

① 会计信息是会计准则执行的产物，也是一种“公共物品”，政府作为权力机构，势必会对公共物品的提供产生影响，因此，政府的强制干预将对会计准则的执行产生直接的影响。

甚至缺少较好的执行机制。[①]

普雷斯曼（Pressman，2006）通过实证检验，认为会计准则执行的成本将会影响准则的有效执行及收益。[②] 杜兴强等（2009）研究结果表明，如果某项会计准则的被关注程度很高，说明它与某个特定公司的联系很密切，相关性很高。在执行会计准则时，这些特定公司会特意关注市场做出的反应，并倾向于有利于自己发展的会计准则，极力避免执行不利于自己的会计准则。杨雅棋，董婷婷（2010）认为经济环境是影响会计准则体系建设的根本因素，即经济模式、经济体制、经济发展水平、国家财政能力和资本市场发达程度等；[③] 稳定的政策、法规和良好的政治环境等，是执行高质量会计准则的有力保障，为会计的发展创造了更好的条件。

鲍尔、科塔里和罗宾（Ball，Kothari，Robin，2000）认为，会计实践不是仅由会计准则决定，会计实践比会计准则更具有路径依赖性和细节性，会计准则的创新滞后于会计实践，会计准则决定了会计实践的程度，在国际比较中存在显著的差异。同时，他认为会计准则质量与会计准则的执行具有较强的相关性，但会计实践并非由会计准则唯一来决定，遵循会计准则的激励依赖于会计准则执行机制下的惩罚力度，在国际化背景下，仅研究会计准则制定是不完全和具有潜在误导性的。[④]

雷·鲍尔、阿斯托克·罗宾（Ray Ball，Astoka Robin，2002）对中国香港地区、新加坡、泰国和马来西亚等的会计准则与财务会计报告进行了研究，得出的结论是：特定会计准则指导下的财务会计报告对财务管理者和会计审计师们的激励是非常敏感的，只关注会计准则的制定是不够的。这些国家、地区的会计准则是公认的，但会计准则的执行机制效率较低，管理者们为了自己的利益也会交出低质量的财务报告。另外，虽然他们制定的会计准则与美国的会计准则非常接近的，但是在及

① 欧洲会计师联合会：《关于 IFRS 在欧洲执行情况的讨论文件》，www. fee. be，2002 年 2 月 18 日。

② 普雷斯曼：《关于金融欺诈及其成因：投资者过度自信》，载于《美国经济学和社会学杂志》1998 年第 57 期，第 405 ~421 页。

③ 杨雅棋、董婷婷：《影响会计准则执行质量的因素分析》，载于《价值工程》2010 年第 6 期，第 6 ~7 页。

④ 鲍尔、科塔里、罗宾：《国际制度因素对会计收益性质的影响》，载于《会计与经济杂志》2000 年第 29 期，第 1 ~51 页。

时确认经济损失等细节，仍然落后于美国。所以，高质量财务会计信息的取得，应完善会计准则执行机制、监管机制，优化财务披露的制度环境，不能简单地照搬照抄别国的会计准则。[①] 通过对东南亚国家会计准则的研究，雷·鲍尔等人（Ray Ball et al.，2002）发现会计准则不能只强调准则制定环节，高质高效的会计准则更需要提高本国会计准则的执行机制。这一观点对完善我国会计准则的制定和执行机制，提高我国会计准则与国际趋同有重要借鉴意义。

冯淑萍（2013）对会计准则执行和准则国际化的关系进行了较为明确的界定。她认为，我国会计准则的具体执行标准和执行机制还存在一些问题。任何会计标准，即使它再完美、制定地再完善，如果得不到有效执行或者难以执行就会成为一纸空文，会计国际化也就成为一句空话，应该同时强化会计准则标准的执行机制和会计标准本身的国际化。

刘玉廷（2004）提出在会计准则动态体系中，会计准则实施的难度要大于会计准则制定的难度。因为在会计准则实施过程中，既要想方设法使各利益主体了解、熟悉和掌握会计准则的相关内容、原则和方法，又要采取强化会计监管、提高会计工作人员的职业道德素养以及做好工作人员的继续教育工作等措施，并严格按照会计准则处理会计问题，这样才能保证会计准则的有效实施，实现会计准则的目标，发挥会计准则的存在价值。

姜英兵、严婷（2012）用实证的方法检验了制度环境对会计准则执行的影响。地区市场化水平越高、法律保护越好、政府干预越少、社会资本水平越高，上市公司的会计信息质量越高，会计准则执行效果越好。姜英兵（2005）在著作《论会计标准的实施》中，从信誉、激励、法律和管制角度对财务报告的影响等方面，分析了会计标准对会计报告质量和会计标准实施的产生的影响和后果；并结合会计准则的实施环节，总结出准则有效实施的标准和要求，建立了会计准则标准实施的制度框架。

霍普（Hope，2003）认为管理层动机（激励）、会计准则的质量以及会计准则的执行效果是操纵财务报告收益的主要因素。由于经营管理者的操纵，即使会计准则设计得非常严格，如不很好地执行，也能达到

① 雷·鲍尔、阿斯托克·罗宾：《激励与标准：四个东亚国家会计收入的性质》，www. uchicago. edu，2002 年 3 月 25 日。

盈余管理的目的。[1] 王富利（2005）提出产生会计政策选择行为的内在动因是会计本身的模糊性和不确定性，以及会计活动的复杂性。影响会计政策执行的外部因素有会计准则、利益相关者、公司治理、会计监督和职业判断等因素。通过分析这些外部因素与会计政策执行的关系，从一个新的视角对会计准则执行进行研究，提出提高会计信息质量、完善企业会计政策执行是会计准则有效执行的关键。郑开焰（2008）从利益冲突角度通过进行秩序、环境及职业伦理对会计准则执行力的影响的分析，对提高新会计准则执行力提出了具体准则的质量是关键；会计人员的职业道德建设是长远目标；构建会计“三位一体”监管体系是客观要求。[2] 闫明杰（2014）提出会计行为主体的动机影响会计信息质量，进而对信息使用者的利益产生影响，最终会产生伦理效应。将会计准则的执行机制界定为四个构成要素，自动实施机制、检查监督机制、奖惩机制、支持机制，并在伦理视角下对这四个构成要素进行了分析。郑伟（2015）以会计准则、会计信息与资本市场三者关系为视角，得出会计准则执行水平影响会计信息质量进而作用于资本市场效率的分析框架。会计准则执行的水平和效果，决定财务会计信息质量，而会计信息是信息使用者行动的基本依据，进而影响供求关系和价格波动，最终影响资源分配效率。

吴联生（2006）认为区分不同类型、不同行业的会计准则执行者是实施有效会计监管的首要前提。不同类型的社会群体在会计准则制定中的选择和行为不同，在会计准则执行中的选择和行为也不相同。因此，对不同的准则执行者采取不同的会计准则惩罚机制，才能影响他们对会计准则执行的行为和选择，才能让惩罚策略成为激励他们自觉遵守会计准则的动力。优化会计准则的执行必须从财务报告提供者、公司治理结构、政府和社会监管机构、会计审计部门以及会计制度弹性信息的披露等方面入手（胡成，2007）。

王涛、刘国文（2007）研究了会计准则本身对准则执行过程产生

---

① 霍普：《对会计准则和分析者的预测，预测的准确性：一项国际研究》，载于《会计研究杂志》2003 年第 41 期，第 235 ~ 272 页。

② “三位一体”监管体系是指单位内部监管制度、政府监管和社会监管，三者相辅相成，缺一不可，但就我国目前而言，以单位内部监管为基础，政府监管为主导，辅之以社会监管。

的影响。认为在会计准则执行过程中，会计准则设计的合理性、会计准则是否体现公共选择、会计准则执行成本的高低和信号传递机制的有效性四方面作为会计准则本身对会计准则的执行产生影响。

刘慧凤（2007）认为要实现财务会计信息的目标，提高会计准则的执行水平，改善会计准则的实施机制；将制约会计准则执行的所有影响因素整合成情景架构，从企业理性的角度讨论情景要素及其协同作用，并与会计准则执行行为联合起来，规范企业的会计准则执行行为。

宋在科、王柱（2008）认为会计政策选择是会计准则有效执行的必要前提。在与国际会计准则不断趋同的情况下，通过比较不同利益相关者的会计政策选择行为，发现企业会计准则的政策选择和制定与准则执行的关系越来越密切，会计准则系统的综合性、各环节之间的关联性越来越高。

向兆礼（2008）提出如果一项会计准则在执行之初就与人们的价值观念不相符合，即使这项准则从本质上能给公众带来根本利益，人们往往会对准则产生抵触情绪，难以接受。如果会计准则客体的行为调整与其原来的行为和思想习惯差距较大，则人们也不容易很快接受准则。因此，有效执行需要缩小调适量，采取渐进方式，便于人们对准则的遵从和接受。①

张宏（2011）从会计文化方面提出，会计文化是人们在长期的社会实践活动中逐渐创造和形成的一种精神文化，它在很大程度上影响和制约着会计人员的观念，并最终影响其会计行为。会计文化可以在价值观、社会责任感和思想观念上形成对人和企业的柔性管理，从而达到约束会计行为的目的。

陈志斌、刘子怡（2016）提出了一个关于“元驱动”和“场驱动”的分析框架，并分别构建“制度场域驱动模型”、“市场场域驱动模型”和“舆论场域驱动模型”，借助地方政府会计信息披露驱动因素的研究探索政府会计准则执行的驱动效应。

3. 评价

由以上文献可以看出，对会计准则执行的研究在国内研究的较多，

① 向兆礼：《会计准则执行影响因素探讨》，载于《财会通讯·学术版》2008 年第 7 期，第 34 ~ 36 页。

会计准则本身、会计准则对象、会计准则执行机构、执行人员的素质以及会计准则环境等因素是影响会计准则执行关键，也影响到会计准则执行的效率。

通过对以上文献的梳理发现，研究都只涉及其中一个或几个方面，会计信息失真及会计信息质量是研究的重点。在新会计准则实施执行以后，本研究从一个全新的视角，运用动态管理、系统理论，对会计准则执行进行研究。研究会计准则执行的目的在于提高会计准则实施的效果，建立一个高效的会计准则执行的制度框架，“有法必依、执法必严、违法必究”是会计准则执行机制的目标。

1.2.3 会计准则监管的角度

一项制定非常完美的制度，如果没有一套完整的、有效的监管机制，它将不会持续地运行下去。会计监管对于会计准则的可持续发展具有相当重要的作用。会计监管是对会计行为的监察和督促，其目的在于保证会计信息的真实、准确和完整，以最终提高单位经济效益。[①] 有效的会计监管有利于保障会计行为的规范化、会计信息的高质量、企业各项资产的安全和有效使用、企业行为的合法化，更有利于一个良好的社会经济秩序的形成。

会计监管的一般解释来自新古典经济学的规制理论，认为由于公共产品、外部经济和信息不对称等市场失灵问题的存在，会计信息产生的数量和质量达不到社会最佳量，而政府和公共机构通过颁布会计准则、审计准则、会计信息披露标准等，对会计信息加工、审计即披露行为进行约束，可以遏制会计舞弊和审计失责现象，保证会计信息及时准确供给，提高社会资源配置效率，维护市场公平正义。

进入21世纪后，随着世界性会计舞弊案的发生，强化会计监管效果，加强政府对会计行为的监管成为当前的主流意识。现有研究文献集中在以下几个方面：

---

① 会计信息在生产者、传递者与消费者之间流通，遵循商品货币形式与等价交换的原则，在交换中只发生使用权的转移，所有权并不会转移，同时会计信息的不对称性成为会计监管的重点。

1. 我国会计监管基本问题的认识

伍中信（1997）从产权理论角度对会计的监督职能进行了解释和再认定，认为会计的职能有两个方面：一是保护产权，二是界定产权。田昆儒（2000）在产权理论的基础上，对会计监督权利的内容和结构进行了探讨，进一步提出了企业产权会计论。并将会计监督权力的内容做了进一步细分，将其划分为四个层次，分别是自由权、权力权、请求权和豁免权。

王海民（2001）从法律角度，探讨了会计监管的内容和重要性。认为政府实施会计监管的内容不仅包括会计行为和会计信息，还包括相关会计工作人员。政府会计监管的主要对象是以财务会计报告为载体的会计信息质量。这种观点既强调了会计信息质量的重要性，又突出了政府在实施会计监管中的重要地位。

黄世忠等（2002）对会计监管的对象、类型以及主体形成方式进行了总结。认为会计监管的对象主要是企业，监管类型可分为会计职业监管和会计信息披露监管。会计监管的主体则是在市场和政府相互角逐的力量对比中产生的，而且行业自律和外部监管的主体也各有不同。徐经长（2003）认为会计监管的对象主要是会计师事务所和上市公司。会计监管的内容是在市场经济中，会计监管对象所从事的一切会计行为和会计活动，以及由这些会计行为和会计活动所带来的各种会计关系和经济后果。会计监管的主体可以分为政府机构和非政府机构两类，政府机构包括证监会、财政部等，非政府机构则包括注册会计师协会和会计师事务所。

王竹泉（2003）提出实施会计监管的目的是防范会计信息失真、保证会计信息质量，监督的内容则是企业的财务会计信息。会计监管的含义有狭义和广义之分。狭义的会计监管是会计的基本职能之一，是在会计核算过程中，会计人员和会计相关机构对本单位财务会计信息真伪和质量进行的内部监督。广义的会计监督则不仅包括对会计信息的内部监督，还包括债权人、投资者、政府相关部门和其他利益相关者对单位会计信息进行的监督管理。从广义和狭义两个角度界定会计监督的内涵，有利于保证会计监督的有序进行。

汤谷良、王仲兵（2003）认为会计监管的确切含义尚未统一，会计理论界对会计监管还存在“公证论”、“干预论”和“博弈论”等不同看法和解释。

刘玉廷（2010）从国际金融市场和中国的会计改革来看，由于会计目标与监管目标的差异，导致会计准则与会计监管规定分离的趋势，尤其是在金融保险领域，应加强会计规定与金融监管政策之间的协调与衔接。

吕玉芹（2013）分析了利益相关者会计行为理论，基于过程理论建立了会计准则监管分析框架，包括会计准则制定、会计准则执行和会计准则评估的活动监督，贯穿会计准则的运行过程始终。

2. 会计监管模式选择及政策效果分析

王军、陈毓圭、高一斌（1988）发表了《关于企业会计监督职能的反思》，认为会计的行政监督职能要通过强化外部会计监督体系来实现。他们首次提出把会计本身固有的监督职能与会计代表政府的行政监督职能区别开来。这一观点是会计监督改革的创新，为改革探索了新思路。

泽夫（Stephen A. Zeff，1995）认为，联邦政府与私人部门的合作是监管体制的首要因素。SEC 的监管机制不完善，私人部门的监管能力有限，但双方相互影响、相互牵制。[①]

普雷斯曼（Pressman，1998）认为，会计欺诈是对会计监管有效性的考验，欺诈的收益是巨大的，与受到的惩罚比较而言，收益大惩罚小。除非惩罚有实质的提高，否则欺诈的供给方不会有很大的变化。[②]

罗飞（2001）将会计准则看作公共产品，从信息的对称性角度对会计监督模型进行了研究。提出现代企业委托人和受托人或者代理人之间存在密切的利益关系，同时也存在信息不对称和利益不对称的问题，解决不好这些问题会造成巨大的经济和利益损失。所以，要建立和健全相应的监督机制，设置恰当的激励机制来减轻信息和利益不对称造成的

---

① 泽夫：《从美国公共/私营部门的角度来看待对金融移植的监管》，载于《会计瞭望》1995 年第 3 期，第 52 ~ 70 页。

② 普雷斯曼：《关于金融欺诈及其成因：投资者过度自信》，载于《美国经济学和社会学杂志》1998 年第 57 期，第 405 ~ 508 页。

损失，并协调委托人与受托人或代理人之间的利益关系。他还强调了会计监督的重要作用，会计监督是实现企业权利制衡的制度规范。提出要构建国有企业财务监督的新体制，就必须符合现代企业制度的要求，正确处理好由谁委派监督者、委派谁监督、委派的监督者监督什么及如何监督等问题。

谢德仁（2002）将注册会计师行业的管制模式分为自我管制、独立管制与政府管制三种模式。其中，从理论逻辑上讲，独立管制模式是最优的，但在实际运用过程中，要结合本国具体国情和实际实施条件，完善管制运作程序，提高管制效率，降低管制成本和负担，才能充分发挥独立管制模式的优势。

王竹泉（2003）以会计偏好行为为依据，对利益相关者的财务会计监督方式进行了分类，建立财务会计信息披露监管的博弈分析模型；实行分工监管，协调利益相关者个人理性与集体理性之间的矛盾，根据利益相关者的类型建立共同承担监督成本机制。

潘立新（2004）分析了推动监管机制运行的影响因素，建立开放型监管机制，既要强化自我执行的动力机制，又要依靠被监管者的支持，激励被监管者主动遵从监管规则，同时还要充分发挥市场风险机制的作用。

刘端（2005）认为会计监督就是一种权利和制度的安排，目标是规范和强化各方面会计行为。监督权力安排的是否均衡，如何影响参与人的会计选择行为方式是监督效果是否明显的关键因素。并以博弈论为理论基础，提出加大监督力度是解决会计监督的政策问题和优化监督体系的关键。

李明辉、曲晓辉（2005）就会计界对虚拟财务报告的看法进行了问卷调查研究，调查结果显示，导致虚假财务报告的诱因依次是会计准则和会计发行制度不完善，公司治理不完善和内部人控制，监管部门对虚假陈述行为的处罚不力，会计人员缺乏职业道德。此外，注册会计师缺乏独立性和诚信，国有股一股独大，以及缺乏有效的民事诉讼也是产生虚假财务报告的原因。

王竹泉（2006）提出推行国有控股公司投资主体多元化改革，是地方政府进行国有资本监管体制改革的新思路，并以国家为出资者，对改革后的监管体系进行了设计与创新。

李心合（2007）提出会计准则的监管分为管理方法和审计方法两种。监管模式要重视企业环境变化和管理模式变化，会计监管要从财务报告导向转为价值创造导向。管理视角下的会计监管更有现实意义。这一观点从管理学的角度进一步优化会计监督模式，使其更具有效性和可操作性，并明确提出会计监督中管理模式发挥了巨大作用。

为了总结新会计准则带来的效果，财政部（2008）在执行新会计准则一年后进行了评估，认为新会计准则的绩效考核指标和监管标准仍过多地侧重利润指标。为了追求短期绩效和规避监管约束，一些上市公司人为地操控报表盈余，少报风险，滋生短期行为。因此，要保证新会计准则的有效实施，就必须加强与多部门间的沟通协调，进行强有力的监管，形成监管合力。还要进一步完善监管体制绩效和考核体系，为新会计准则有效实施营造良好的外部条件和社会环境。

李志斌（2009）以组织社会学的规则理论为指导，解释了会计监督的规则属性，提出权力分享制衡机制是监管执行机制有效运行的核心要素。同时，强化内部控制和优化执行反馈机制有利于会计监管的有效运行。

张世兴等（1995）认为应该实行政企分开。企业要有独立管理和决策本单位内部事务、经营业务交易和制定发展规划等权利，政府作为国有资产的所有者代表要充当好对企业所有权进行管理和社会管理者的角色，不能过分干预企业自身的发展和制定企业政策。实行政企分开，有利于从根本上解决行政管理和经济监督相互混淆、相互干扰，甚至相互冲突的矛盾，为建立与现代企业制度相适应、与现代市场经济发展相融合的会计监督体系创造良好的外部条件和社会环境。卢茜（2009）认为政府的会计监管要逐渐从过程监管向结果监管转变。作为一种外部监管，政府监管的重点是以企业财务报告为载体的财务会计信息。我国政府对会计信息的监管，沿袭计划经济体制下“过程监管”的思路，用传统方法处理会计问题，仅关注会计账簿、会计凭证等会计资料。所以，应该推动“过程监管”模式向“结果监管”模式转变，达到预期目标。仇俊林、肖芳林（2008）认为会计监管是会计信息质量的必要保证。我国会计监管一直采用政府监管模式，事实表明，我国政府会计监管存在着权责不对等、多头监管导致权力之争、监管机构权力过度膨胀以及民事诉讼机制缺失等问题。为此，政府在进行会计监管时必须适度，建立、健全会计监管的法律、法规体系，理顺各监管主体之间的关系。

罗雪琴（2009）提出会计监管要有强大的制度保障，政府介入会计监管的力度越强，发挥的作用越重要，通过法律形式制定的会计准则更有权威性和强制性，会计在很大程度上取决于税法，所以要推动会计准则与税法法规的统一，两者的融合才能保证会计准则的顺利执行，更好地处理公司所有者权益与国家所有者权益的关系。

蒋晓凤（2009）认为，变革会计监管模式，逐步摆脱单纯依靠行业自律组织进行的监管，实行政府监管、独立监管、自律监管等多种模式，其中以政府监管为主导。会计以公司利益为导向，强调保护公司利益，所以会计准则允许公司在会计政策选择上有较大的弹性，同时会计信息披露还要满足银行和税务机构等利益相关单位的需求。

郭倩（2010）认为在优化产权的基础上改革企业管理机制，在内部控制监管实践中，来自企业内部的监管更是重中之重。闫晓宇（2010）加大内部控制的监督力度，控制舞弊行为，防范经营风险，通过建立有效的制约机制和健全的管理制度，让内部控制制度充当防范舞弊行为的防火墙。企业应当根据企业治理的要求和内部控制的目标来改进和完善企业内部控制。有效完善的企业内部会计制度能够使会计行为减少造假的环节和载体，从源头上杜绝信息造假问题。

蔡锡铭（2010）认为应该充分发挥社会监督的积极作用：一是加强注册会计师职业的独立性；二是提高注册会计师的职业道德观念和业务能力；三是明确和加强注册会计师的法律责任意识和风险意识，充分发挥媒体等社会舆论的监督作用，认真履行注册会计师的职责；四是提高现有资格认证标准，强化岗位培训和后续教育，严格会计监管队伍的资格审批制度。

张冬（2009）从经济学角度指出，政府会计监管能够控制会计信息的经济后果，对我国政府会计监管做了适度性分析，认为我国政府的会计监管存在着监管过度和监管不足并存的局面。①

李玉英、杨海瑛（2011）认为在我国，企业缺乏健全的内部控制机制，这是造成我国会计信息失真和会计监管效率低下的一个重要原因。应该从以下几个方面加强企业内部控制：首先，企业应该按照国家相关法律规定建立企业内部控制制度框架，并在此基础之上建立和完善内控机制和治理结构；其次，实行财务会计工作人员岗位责任制，明确各岗位的职责权限，使财务流程更加透明高效；最后，企业要规范审查机制并严格执行，定期对会计资料进行内部审查，使会计工作更加制度化、规范化。

王扬（2011）基于政府监督的视角提出了对会计监督的看法，认为政府监督作为最高层次的经济监督机构，具有很强的强制性、威慑力和权威性。在社会主义市场经济条件下，加强政府监督不仅是维护社会主义市场经济秩序的重要基础，也是有效进行单位内部会计监督的重要保证。目前，政府会计监督工作已经成为打击会计造假行为、保护国家和投资者利益、规范市场经济秩序的重要保障，成为促进财政管理改革、服务宏观调控、确保财税政策有效实施的重要手段。

徐佳（2014）提出政府监管层级多、监管机构自律性差和公司治理内外部产权不明晰等是制约会计监管的因素。针对上市公司提出了监管机制构建对策。理顺监管层级，加强对监管机构的再监督；完善上市公司会计监管法律法规体系；加强注册会计师行业的监管，充分发挥独立监管作用；完善上市公司治理结构，构建有效监管体制。

3. 评价

一个社会的发展必然离不开一个健全的监管体系，规范会计行为，保证会计资料真实、完整，加强经济管理和财务管理，提高经济效益，维护社会主义市场经济秩序等方面发挥作用。财务会计报告虚假舞弊是企业不遵从会计准则行为的结果，资本市场财务会计虚假舞弊是推动会计监管改革的主要动力。安然事件之后，限制 CPA 在会计师事务所和客户之间流动，采取审计师定期轮换制度，上市公司审计委员会的独立

① 适度性是政府会计监管研究领域一个重要的课题，如何做到适度性，学者们已做了很多的研究，但这却是一个理论上可以说的清楚、实践中很难做到的棘手问题。

性等一系列措施来加强公司治理和监管机制，提高会计准则的公平和社会效益最大化。

目前，我国会计监督模式是“内部监督为基础，政府监督为主导，社会监督为辅助”的模式。笔者认为，监管机制仅是外界对会计准则执行的督促与管制，如果没有强有力的法律来约束，即使再严格的监管也只是流于形式而已。我国会计领域对会计监督的研究多是从某个角度进行，缺少系统的、宏观层面的分析。

综上所述，从以上文献梳理可以看出，虽然包括中国在内的世界各国学者对会计准则进行了大量研究，取得了很多成果，但也存在一些问题：仅针对某个具体问题进行深入研究，缺乏对会计准则体系整体宏观的探讨，没有系统性的研究。会计准则的影响因素很多，不能只从制定、执行或监管等一个角度研究，本项目拟从宏观、系统的角度，分析会计准则的运行过程，寻找会计准则制定、执行等各个阶段的内在联系，建立一个合理高效的会计准则制度框架，完善会计准则规范要求，使高质量的会计准则为社会提供高质量的会计信息。

1.3 研究内容、研究方法及创新点

1.3.1 研究内容

本书以目前上市公司财务报告的信息质量问题，特别是财务报告舞弊问题为研究的重点，运用宏观经济政策的基本理论和方法、政治学模型、经济数学模型分析会计准则的动态周期的运行。首先分析何谓会计准则的动态周期，厘清传统经济周期、政策周期与会计准则动态周期的联系；进而在宏观经济政策周期的基础上提出会计准则的动态周期运行过程，并分析该模型的五个运行阶段，对会计准则的几个子系统进行分析和实证检验，考察各个运行子系统对会计准则的贡献率。最后在会计准则周期和实际数据分析基础上提出对我国会计准则的政策建议。本书的研究框架如图 1 -1 所示。

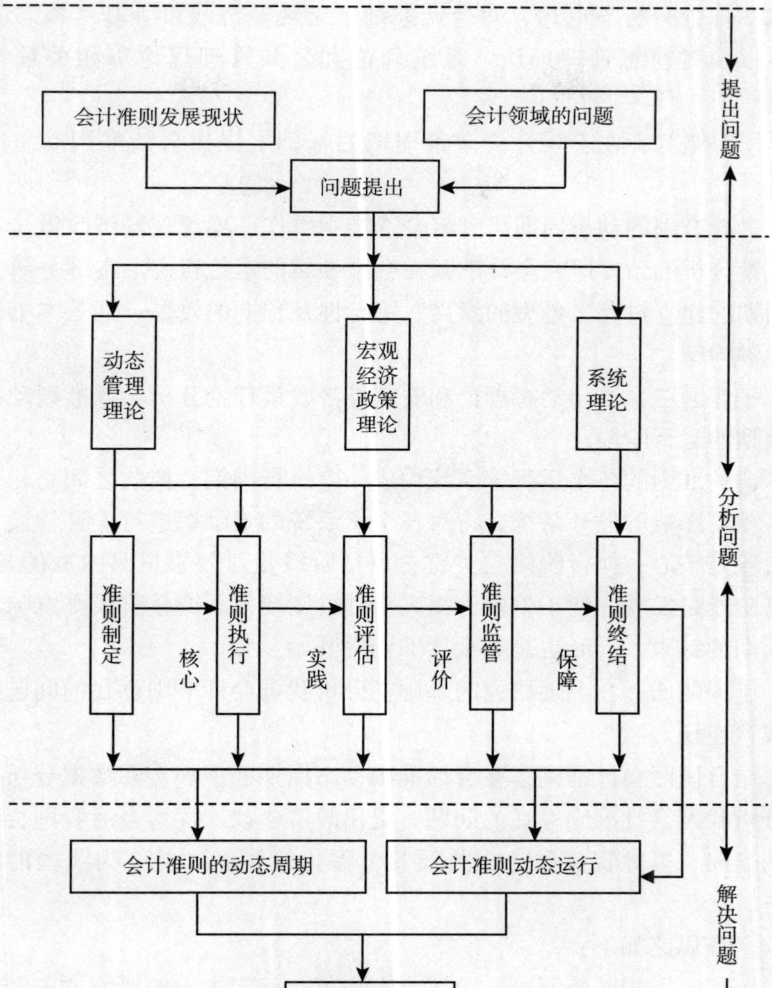

图1-1　研究框架

本书分以下几个子课题：

子课题一：论述本书的选题背景、选题的意义等，从会计准则的制定环节、会计准则执行环节以及会计准则的监管环节的角度进行文献综述，分析评价国内外与之相关的最新研究动态，提出本书的研究思路、研究方法、研究内容和创新点。然后对会计准则动态周期研究的基本理论分析与论述，对会计准则、宏观经济政策等基本概念的界定，以及对动态管理理论、系统理论和公共管理理论等相关理论的研究。

子课题二：在宏观经济政策周期的基础上提出会计准则动态周期模型。

会计准则的动态周期研究将会计准则看作一项宏观经济政策，从经济政策分析的角度研究会计准则在会计领域的运行轨迹。本部分研究动态周期的建立过程、模型的意义、可行性及预期的效果。这是本书研究的关键问题。

子课题三：结合动态理论和宏观经济政策理论分析会计准则动态周期模型的运行阶段。

会计准则的各个运行子系统构成一个运行周期，彼此之间是相互联系、相互影响的循环系统，将对各个子系统的贡献率进行实证检验，制定阶段是核心；执行阶段是关键；评估阶段是对效果最具权威的检验；监管阶段是发现并纠正偏差，提高会计准则绩效；调整阶段则意味着一个周期的结束，同时也是新会计准则的开始。

子课题四：在上述研究的基础上分析我国会计准则存在的问题并提出政策建议。

结合国际会计准则，在会计准则动态周期模型和实际数据分析基础上分析我国会计准则存在的问题，提出政策建议，探讨今后我国会计准则的走向，以此提高财务报告质量，保护投资者利益，为我国的经济服务。

研究思路如下：

第一，首先系统回顾并评述已有文献，确定本书的研究方向和社会价值。全面分析会计准则制定、执行以及监管等方面的研究现状和制度背景，为后续会计准则动态周期运行的建立奠定制度基础。

第二，搭建理论框架，为本书准备理论基础。对政策周期、动态管理、系统理论和公共管理理论进行研究，选取能够有效分析数据的经济数学模型，完成基本研究框架的设计。

第三，会计准则动态周期的运行分析。建立运行周期模型研究当前颁布实施的会计准则，寻找引发财务舞弊频发的原因，使会计准则发挥对会计活动的作用，为社会公众提供真实有用的会计信息，通过对会计准则动态周期的研究来创新和完善会计准则，为经济发展做出贡献。

第四，最后建议和总结。分析我国会计准则制定、执行、监管等阶段存在的问题，并提出政策建议。概述本书的主要结论并做进一步引申，指出研究局限和未来研究方向。

1.3.2 研究方法

（1）在演绎法与归纳法相结合的基础上，有针对性地研究会计准则的动态周期的运行过程，分析各个阶段的特点、途径和功能。

（2）运用博弈模型，分析各个利益相关者在会计准则制定中的行为特征、执行中的政府效力分析与监管中的最优监管模式的选择。

（3）利用经济数学模型，分析会计准则执行中不同利益相关者的偏好特征、宏观经济政策视角下会计准则评估方法的选取以及当前会计准则绩效评价体系设计中存在的问题、影响因素。运用成本—效益数学模型研究约束理论在会计监管中的作用。

（4）通过问卷调查等方法获取原始数据，为模型分析、实证检验提供第一手资料。在文献分析的基础上，对已有会计准则的制定效果和执行效果进行评价。

（5）本书研究的其他方法包括案例法、对比法、文献研究法等。

1.3.3 创新点

（1）会计准则是规范经济活动和企业会计行为的一项宏观经济政策，本书的基础理论是以宏观经济政策、系统理论、动态理论等为基础，从动态管理、系统管理并结合公共管理的方法来分析会计准则的动态系统的运行，跳出传统会计领域的研究局限，是会计准则研究的新视角。

（2）把会计准则看作是一个动态的、循环的和有生命的宏观经济政策辩证系统，提出会计准则的动态周期理论，会计准则动态周期着眼于整个组织的改善和盈利能力的提高。

会计准则的动态周期由一系列活动构成的思想和行为不断调整、不断变化的过程。会计准则无论制定得多么科学和正确，都不可能与复杂多变的现实完全一致；随着时间的推移、会计活动的推进以及环境和条件的变化，会计准则还会遇到一些新情况、新问题，会计准则的制定者只有根据这些新情况、新问题，适时灵活的应付和处理这些问题，才能使会计准则顺利实施，实现既定的会计目标。

会计准则动态系统就是围绕“动态目标”所展开的动态管理，促成会计准则的各个子系统效率的最大化，把一个复杂的问题从逻辑上予以简单化和清晰化，进而促成一个整体系统效率的最大化。

（3）运用约束理论的基本观点，提出会计准则监管中的约束点监管。

本书的约束管理理论作为一种新的会计准则研究的方法和工具，通过系统理论、宏观经济政策理论和动态管理理论准确界定会计准则的经济实质和目标，查找会计准则动态系统中的约束点，使会计准则的监管发挥有效的作用。

会计准则的动态周期研究将会计准则看作事前管理，先设定目标再着手计划工作，注重从预防的角度解决问题，从而杜绝“救火”式行动；传统会计是事后管理比较被动，根据历史业绩，分析其中存在的问题，采取措施纠正这些问题，忽略了纠正措施在未来经营环境下的意义，无法在第一时间发现并解决问题所造成的损失。

任何一个社会经济体都会面临约束，业绩取决于组织链条中最薄弱的环节即公共管理理论中的木桶理论（也被称为短板理论，即约束资源、经营瓶颈），通过识别这些经营瓶颈，发现并强化这些约束条件，使企业在极短的时间内无须大量额外投资的情况下，实现生产运营及盈利上的显著改善，带来财务收益。

（4）提出会计准则是政府提供的公共产品，是政治产物，是众多利益群体之间利益分配的会计约定，这种会计约定在政府的努力下追求会计准则的公平与高效。

会计准则是政府提供的公共产品，是调节利益在各个利益相关者之间分配的会计约束，努力追求会计准则的公平与高效。但是在现实生活中，由于利益集团、资源条件等的限制，会计准则总是呈现出有限公平和中度效率。

政府是会计准则的重要制定主体，在会计准则的制定过程中应充分考虑各个利益集团的利益分配，制定出的会计准则时既要符合会计领域的需要，也要符合宏观经济政策制定的一般规律。

会计准则作为政策的一种表现形式，是多个利益群体之间的相互协商而确定的特殊契约的交易过程，是一个寻求利益均衡的博弈过程，也是公共契约与私人契约的磨合过程，最终形成对全社会都有规范意义的公共产品。

第2章　会计准则动态周期运行的基本理论

宏观经济政策视角下的会计准则动态周期运行研究是多领域、跨学科的研究结果，与相关理论研究成果的支撑密不可分。会计准则理论与动态管理理论、宏观经济政策分析方法、系统理论以及公共管理理论之间是相互解释、相互支持的关系。

2.1　基本概念界定

2.1.1　会计准则

在20世纪30年代前，任何国家都没有会计准则，但每个国家的各行各业都有关于会计处理方法程序的规定和习惯，只是世界各国的会计处理方法以及财务报告的内容和形式、编制方法和规则都各自不同。公认会计准则就是在社会经济发展到一定程度时为了规范企业行为、便于利益相关者对会计信息的知晓和监管而制定的一系列规章和制度。最初的会计准则是从实践中抽象归纳出来的，即先有会计普遍认可的操作方法，然后才有会计准则。

（1）20世纪30年代，会计准则在美国诞生。在会计准则产生的早期，被称为“公认会计原则”（GAAP），一直到70年代。在1972年3月，美国“会计原则制定研究委员会”提交了《财务会计准则的制定》的报告，“会计原则”这一术语被“会计准则”代替。美国财务会计准则委员会也紧跟其后，认可会计准则。

我国在解放后由政府各部门统一了全国的会计制度，到20世纪90年代，中国也制定和颁布了会计准则。通过对会计工作实践的总结，上升为会计理论。随着经济体制的改革和发展，我国会计界不断充实、修订适合中国国情的会计准则，使其日臻完善。

我国在20世纪80年代初期的时候就开始引入“会计原则”“会计准则”等与国际接轨的会计术语。1990年4月财政部会计司发出《中华人民共和国会计准则（草案）》提纲。征求意见稿经过修改以后，主要内容包括10章78条，分别为：总则，基本准则，资产，负债，投资者权益，收入，成本和费用，利润和利润分配，会计报告，附则。《提纲》前言明确规定，会计准则规范会计核算，是会计法规的重要组成部分，是制定会计制度的主要依据，即会计法指导会计准则，会计准则驾驭会计制度，同时提出会计准则分为基本准则和应用准则两个层次。

由中国会计学会主持的“会计原则与基本会计理论研究组”的会议于1989年初在上海召开，这是我国历史上的第一次就会计准则问题召开的专门会议。在会议上，大会建议使用“会计准则”的术语，并且把研究组织名称改为“会计理论与会计准则组”。随后于1992年底，我国颁布第一项会计准则——《企业会计准则》。目前，随着会计准则这一术语的宣传与使用，会计准则的称谓已被广泛接受。

总之，“会计原则”“会计制度”“会计准则”“会计标准”等术语虽然多次出现在财务报告、理论刊物中，但是“会计准则”这一术语已被世界广泛接受和使用。①

（2）如果需要对会计准则进行定义的话，把其简单定义为：社会会计权威在特定情境中，为达到一定目标而制定的行动方案或行动准则，其作用是规范和指导有关组织、团体或个人的行动，其表达形式包括法律法规、行政规定或命令、具体行动计划及相关指南等。

社会会计权威是一个较为宽泛的概念，它既包括政府或执政党，又涵盖智囊团或咨询机构，泛指具有特殊权力、能够制定会计准则的政治实体。所谓特定情境是指特定的历史时期和特定的环境条件，以及会计准则特定的适用范围，即所谓的时空条件；会计准则目标是准

① 罗勇：《会计准则理论研究》，立信会计出版社2007年版，第1~5页。

则的灵魂，一般而言，制定会计准则是为了达到一定的目标，执行计划是指会计准则的具体性和可操作性，执行标准是会计准则的指导性和原则性。

通过一定的制定程序，适用一定范围的会计确认、计量、报告的标准被称为会计准则，它是由特定的会计准则制定机构和有专业知识的制定人员制定的一种行为规则，这些行为规范涉及对会计获得的确认、资产价值的计量及财务报告的编制等一系列活动，在特定社会范围内对各种会计行为起约束作用。① 会计准则的表现形式可以是多样的，准则、指南、解释等，这些不同形式的会计准则实质上是各种会计关系制度化的表现。② 制定高效的会计准则必须根据成本与效率原则、各个利益相关者的偏好来收集数据和编制，完全依赖市场机制和利益集团之间的自由竞争是不可行的，市场经济的有序竞争与发展必须一套科学、合理的制度来规范市场秩序，可以通过投票来制定这套规则。③

（3）会计准则的三个层面。会计准则主体并不全部参与所有会计准则的制定，社会中只有部分事务能够引起人们的普遍关注，吸引了众多的会计准则制定的参与者；而其他一些会计事务则因为不那么引人关注或只影响到少数人，结果就很少引起人们的注意或参与。根据问题涉及的范围和利益相关者参与程度的高低，从三个层面上去理解会计准则，即微观层面、中观层面和宏观层面。

①微观层面。微观层面是指个人、公司和社区向政府有关部门提出他们的会计诉求，努力寻求政府采取有利于他们的行动。微观层面的会计准则所涉及的是一个或数个个体、公司和社区具体与分散且十分迫切的利益需求。这里所要寻求的会计准则只适用于少数人。通常，无论一个或几个会计准则对努力寻求它的那些人来说有多重要，也不管最后的结果如何，只有少数人与其相关，参与的官员有限，会计准则的目标群体有限，只有这些人才关心这些会计准则的形成过程。

社会中的每一个人都有权利为自己寻求利益和资助，同时也并不干涉别人做出同样的努力。个人或团体从会计准则中获取的利益并不以牺牲他人或别的团体的利益为代价。例如，美国国会每年对国内税法所进

---

① 闫德玉：《会计理论比较与评析》，湖北科学技术出版社 2002 年版，第 186 ~ 195 页。
② 林钟高：《会计准则研究》，经济管理出版社 2007 年版，第 3 ~ 5 页。
③ 许家林：《西方会计学》，中国财政经济出版社 2004 年版，第 229 ~ 225 页。

行的具体修订及其通过的特定税收条例都能够用来说明这种微观层面的调整。这些税法给予某些团体或个人特殊的政策，使他们无须交付原来应该交付的捐税。尽管有关条款是以法律形式进行表述的，但它们按规定只适用于很少的一部分人，绝大多数社会公众根本注意不到或不去关心它们的存在。

②中观层面。中观层面是指在某一特定的会计领域内，一些与此相关的立法机构、行政机构和利益群体所形成的互动模式。中观层面准则作为会计系统必然涉及的范围，带着专业性色彩，表现出集中化的行动特征。当某些会计问题不再存在时，这个系统便会走向消亡，当会计问题膨胀时，这个系统便会发展壮大。

中观层面的会计准则在各个经济领域中产生，不仅与政府部门的分散性权利和专业化分工有关，而且与人们的愿望和兴趣有着密切的联系，不可能每个人对所有会计问题都感兴趣，也不可能都去关注。[①] 因此，中观会计准则系统在制定和运用会计准则时具有相当大的自主权。在现行的立法范围内，它们决定了与自己相关领域中政府的行动。

③宏观层面。宏观层面是某些会计问题已经引起了人们的广泛关注并形成了广泛的会计准则的争论。某一事务可能起初发生在微观层面，而后逐渐发展成为宏观问题；同样，会计问题也可能从中观系统进入宏观政治领域；当然，还有一些问题从一开始就出现在宏观舞台。

在宏观政治层面，人们参与的程度很高、范围很广。宏观会计问题常常因为显而易见和引人注目而引起会计界专家和学者的密切关注。宏观层面与其他层面的会计决策有很大不同。当某一问题从微观或中观层面进入宏观领域时，冲突的范围和影响的程度无疑大大扩展了；问题的变化常常会改变解决问题的方式；最后，在宏观方面的会计准则制定中，社会公众的整体利益更有可能得到充分的考虑。会计准则制定颁布以后必须得到社会的公认，对每一个企业都必须遵循与严格使用，有普遍适用性。同时，会计准则要想真正发挥解决会计问题，规范会计行为的作用也是以广大会计人员的理解和接受为基础的。

① 保罗·A. 萨巴蒂尔：《政策过程理论》，生活·读书·新知三联书店2004年版，第313～315页。

2.1.2 宏观经济政策

1. 宏观经济政策的含义

通常情况下，市场机制可以对社会资源进行合理有效的配置，能够保证整个经济处于相对平衡状态。但由于社会供求受各种各样因素的影响，市场机制不能充分地发挥作用，导致市场经济条件下经济运行出现周期性波动，出现资源配置缺乏效率或配置不当的现象，进而导致了“市场失灵”。所以，政府要做的是设定经济发展目标、制定经济政策，加强和改善宏观调控调整经济的运行方式，促使经济平稳有序地发展。

经济政策是指国家或政府为了增进社会经济福利而制定的解决经济问题的指导原则和措施，它是政府为了达到一定的经济目的在经济事务中的有意识的干预，因此任何一项经济政策的制定都是根据一定的经济目标而进行的。现代政策的重要特征之一是国家运用经济政策推动、促进生产力的发展和经济的繁荣，经济政策在国家管理、社会发展、人民生活乃至国际关系中都扮演着十分重要的角色，发挥着举足轻重的作用。经济政策有宏观和微观经济政策之分，宏观经济政策既属于国家的基本政策，又是国家总政策的重要组成部分，地位非常重要。①

“宏观经济政策”（Macroeconomic Policy）是指国家或政府有意识有计划地运用一定的政策工具，调节控制宏观经济的运行，以增进整个社会的经济福利、改进国民经济的运行状况、达到一定政策目标的解决经济问题的指导原则和措施。宏观经济政策是市场化和政策化的自觉性调节机制，是计划机制与市场机制相结合的最佳实现形式，是保证国民经济持续稳定增长的最主要宏观机制。宏观经济政策体系主要包括需求管理、供给管理，其中，需求管理是指通过调节总需求来达到一定的政策目标的宏观经济政策工具，包括财政政策和货币政策；供给管理是指通过对总供给的调节达到一定的政策目标，包括收入政策、指数化政策、人力政策（就业政策）和经济增长政策。本书主要是讨论需求管

① 按照政策学的分类方法，一个国家的政策在纵向层次上分为总政策、基本政策、具体政策。总政策决定国家的大政方针，带有指导性和原则性；基本政策带有全局性和战略性；具体政策带有执行性和直接操作性。

理中的财政政策和货币政策以及二者之间的结合混用。

2. 宏观经济政策的目标

在市场经济体制下，政府作为经济运行的调节者，只能在市场的自动调节机制无法发挥作用时给予一定的宏观指导，以促进经济向均衡方向发展；与其他方面相比，政府的行为主要是影响市场的总需求，所以政府可以采取积极的措施对总需求进行有效调节，使经济大致处于一个稳定状态；这就是美国著名经济学家约瑟夫·E. 斯蒂格利茨（Joseph E. Stiglitz，1997）的需求管理的宏观经济政策思想，他在著作《经济学》（*Economics*）中提到，宏观经济政策的主要目标是经济增长、低失业率和低通货膨胀率。[①] 从宏观经济政策的定义中我们可以看出，政府制定宏观经济政策是为了达到一定的经济目标，一般地，宏观经济运行有四个目标：充分就业、物价稳定、经济增长和国际收支平衡，四者之间有内在的逻辑联系。当然，在不同的时期和不同的经济条件下，宏观经济政策目标的侧重点也不同。

（1）充分就业。充分就业是宏观经济政策的第一个目标，劳动力自始至终是最重要的生产要素之一，只有保证劳动力充分就业，才能保证经济的正常运行和稳定发展；所谓充分就业并不是要达到全部劳动力都可以找到满意工作的理想状态，而是要保持一个较高的就业水平或者较低的失业率，具体来说，充分就业是指一切生产要素（包括劳动）都有机会以自己愿意的报酬参加生产活动的状态。[②] 但是究竟如何才算充分就业，直接测量就业程度是非常困难的，经济学家大都是根据失业情况来衡量是否达到充分就业的。

对于失业，凯恩斯（John Maynard Keynes，1936）认为，按照失业原因分为三类：摩擦性失业、自愿性失业和非自愿性失业。摩擦性失业是一种短期内的失业，是发生在人们转换工作过程中局部性失业。自愿性失业是指工人希望得到的工资高于其边际生产率，或者工人不愿意接受现有的工作条件和收入水平而未被雇佣而造成的失业。造成这种失业的原因主要是劳动者的主观问题，无法通过外界的手段（经济和政策手段）消除。而非自愿性失业则是劳动者有劳动能力并愿意参加工作，但

① 斯蒂格利茨：《经济学（下）》，中国人民大学出版社 1997 年版，第 30 页。

② 祁华清：《宏观经济学》，清华大学出版社 2007 年版，第 126 页。

是仍然找不到工作的现象。与自愿性失业不同的是，这种失业的客观性比较强，通过经济政策的调整完全可以消除。

除了上述几种失业类型外，还有结构性失业、周期性失业、季节性失业等。[①] 无论什么类型的失业总会对家庭或个人造成损失，因此，宏观经济政策将充分就业作为最重要的目标之一。不同的经济学家对于充分就业的认识也不相同，凯恩斯认为仅存在摩擦性失业和自愿性失业的时候就是充分就业，而有的经济学家认为空缺岗位数正好等于正在寻找工作的人数时就是充分就业，总的来说，他们都认为充分就业并不是百分百就业。

（2）物价稳定。物价稳定是宏观经济政策的第二个目标。物价的稳定不代表每种商品的价格固定不变，而是指商品价格指数的相对稳定。基本的价格指数包括：消费价格指数（CPI）、生产者价格指数（PPI）和国内生产总值折算指数（GDP deflator）。物价稳定是指商品价格的总体稳定，是一个宏观上的概念，主要是维持一个相对较低并且稳定的通货膨胀率，这种通货膨胀率不会对经济造成危害。而高通货膨胀率会使货币价值下降，储蓄率降低，不利于资本的积累和经济的增长；降低了本国产品在国际市场上的竞争力，导致出口的减少。相反，过度的通货紧缩也会对经济产生不利影响。所以，将物价稳定作为宏观经济政策的目标是为了控制通货膨胀和通货紧缩带来的对经济的冲击，缓和经济波动，使物价维持在一个相对稳定的水平。

实践证明，在市场经济条件下保持物价的绝对稳定是根本不可能实现的，如果使物价保持绝对意义上的稳定，会对市场资源配置功能的发挥产生不利影响。根据西方国家对通货膨胀的定义，即纸币的发行量超过商品流通中所需要的货币量而引起的货币贬值、物价上涨的状况。通货膨胀在多数西方国家已经无法完全消除，因此绝大部分西方国家认为通货膨胀只要不严重到阻碍经济的发展，一般的轻微通货膨胀是可以存在的，并将其看成是正常的经济现象。[②] 物价稳定作为宏观经济政策的

---

① 结构性失业是指因经济结构变化等原因造成的失业，既有失业又有职位空缺；周期性失业是指经济周期处于衰退时的失业；季节性失业是指由于季节变化导致季节性需求而造成的失业，属正常性失业。

② 按通货膨胀的程度划分，分为“爬行式”，即价格总水平上涨年率不超过 2% ~3%；“温和式”，即价格总水平在 3% 以上两位数以下；“奔腾式”，即价格总水平在两位数以上并发展速度很快；“恶性”，即超级通货膨胀，物价上涨特别猛烈，且呈加速趋势，开始成倍增长。

第二个重要目标同样关系着人们的日常生活乃至生存问题，不容小视。

(3) 经济增长。宏观经济政策的第三个目标是经济增长。经济增长是指在一个特定的时期内（较长的时间跨度），一个国家人均产出（或人均收入）水平的持续增加。经济增长率是衡量一个国家和地区在一定时期内经济发展水平变化程度的重要动态指标，体现一个国家或地区的总体经济实力增长的速度。经济增长率必须保持一个适度的值，既要满足经济社会发展的需要，又要适应人口的增长和技术的进步。将经济增长作为宏观经济政策的重要目标是因为：首先，随着国家之间竞争的不断加剧，经济的快速增长是一个国家在激烈的竞争中立于不败之地的基本条件。其次，劳动力的充分就业和社会资源的公平分配完全依赖于经济的增长，经济的发展有助于拉动需求创造更多的就业岗位，同时，经济的发展代表着物质力量的增强，只有先将社会财富这块“蛋糕”做大才能考虑如何将其切好。最后，经济的增长并不是只享受成果，也要考虑其增长的成本。伴随着世界各国经济增长而来的是环境污染、资源枯竭、城市拥堵等一系列问题，这些问题源于经济的增长并对其产生阻碍作用，已经引起了世界各国的普遍关注。

(4) 国际收支平衡。随着经济全球化的深入发展，国与国之间的联系也越来越密切，任何一个国家都无法脱离世界这个大系统而单独存在与发展。因此，各国之间势必存在着经济往来，而国际收支平衡则反映了一个国家宏观经济的总体情况及资本的流动情况。国际收支平衡是指一国国际收支净额为零，即没有国际收支赤字也没有国际收支盈余。一个国家长期处于国际收支的赤字状态和盈余状态都是不利的，因为国际收支的赤字需要用外汇储备或外债来弥补，但是当外汇储备和借款不足时，就会引发国内的通货膨胀；相反，国际收支出现盈余时就会使国内的消费和投资减少，进而导致失业率增加和经济的衰退。如果说充分就业、物价稳定和经济增长是从系统内部的角度分析宏观经济政策实施的目标的话，那么从开放性的角度来看，国际收支平衡则是宏观经济政策应该努力追求的另一个重要的基本目标。

3. 宏观经济政策的工具

目标确立之后，最重要的是要运用合理的政策手段来实现以上目标，在市场经济体制下政府用来调节经济的手段主要是宏观经济政策。

在现实中，宏观经济政策的工具是多种多样的，政府通过搭配混合运用各种工具来实现既定的经济目标。当经济出现微小的波动，偏离目标不大的情况下，宏观经济政策工具可单独对经济进行调整；但一般来说是用多种政策工具相结合的方法共同对经济进行调节。由于不同的宏观经济政策本身所具有的属性具有独特性，致使其在发挥调控作用时会产生不一样的结果，但有时我们也会发现不同政府在面临类似的经济问题时采取了不同的调控政策最后却产生了相同的效果。如何选择合适的政策工具解决市场中出现的问题是值得各国政府仔细研究的重要课题。当前的研究成果显示，有效需求管理、供给管理和国际经济政策是比较常用并且行之有效的宏观经济政策工具，但其中最常用的是需求管理，包括财政政策和货币政策，所以主要对这两种政策做简要的介绍。

（1）财政政策。财政政策是指在市场经济中，政府通过调节自身的财政收入和支出来调节总需求以实现经济的稳定发展。在经济衰退时期，政府通过发行国债，增加财政支出，减少税收来提高总需求水平，降低失业率，促进经济复苏的政策称之为扩张性财政政策。把通过增加财政收入或减少财政支出以抑制社会总需求的政策称之为紧缩性财政政策，也称作盈余性财政政策。就财政而言，它包括收入、支出两个方面内容，财政收入主要是指税收和公债两个部分，而财政支出的主要内容是政府购买和转移支付。

（2）货币政策。货币政策是政府或中央银行为影响经济活动而采取的措施，尤其是指中央银行通过控制货币的供给来调节利率，然后通过利率的调整来影响投资和总需求。一般认为，货币政策主要有两种类型：一是扩张性的货币政策。在经济萧条时，中央银行通过扩大货币的供应量来降低利率水平，而利率的降低导致投资的增加和社会总需求的提高，从而促进经济的增长。扩张性的货币政策主要是应用于经济衰退期，目的是为了刺激经济的回升。二是紧缩性的货币政策。在经济过热时，中央银行通过减少货币的供应量来提供利率水平，而利率的提高导致社会总需求的减少以及物价水平的降低，减缓经济的增长速度。紧缩性的货币政策主要是用于出现经济过热和严重通货膨胀现象时，目的是为了抑制消费、维持物价的稳定给经济降温。货币政策调节经济的主要工具有公开市场业务、调整贴现率和改变法定准备金率等。

（3）财政政策和货币政策的结合使用。在现实生活中，财政政策和货币政策在政府干预经济的过程中共同起着至关重要的作用，但并不是说经济运行中出现的任何问题二者都能够解决。事实上，财政政策和货币政策在调节经济中都存在很大的局限性。根据它们各自对调节经济所起的不同作用和局限性，政府必须在财政政策和货币政策之间进行选择，或者二者选其一，或者二者结合使用。在市场经济下遇到的经济问题是非常复杂的，所以根据以往实践，政府在干预市场经济时往往是采用两者混合使用的方式。财政政策和货币政策有多种多样的混合使用方式，而以下四种方式是最基本也是最常用的组合方式：财政政策和货币政策同时采取扩张性方式；扩张性财政政策和紧缩性货币政策的同时使用；紧缩性财政政策和扩张性货币政策的同时使用；财政政策和货币政策同时采取紧缩性方式。四种基本混合的政策效应如表2－1所示。

表2－1　　财政政策和货币政策的混合

	扩张性的货币政策	紧缩性的货币政策
扩张性的财政政策	利率不定，收入增加	利率上升，收入不定
紧缩性的财政政策	利率下降，收入不定	利率不定，收入减少

不同的经济环境应该选择不同的财政政策和货币政策的组合。同样，经济环境也分为以下四种情况：①当经济处于严重萧条的时候，可采用扩张性的财政政策和扩张性的货币政策相结合的方式；一方面增加社会总需求，另一方面降低利率，避免挤出效应。[①] ②当经济处于萧条期但不太严重时，可采用扩张性的财政政策和紧缩性的货币政策相结合的方式。一方面刺激需求，另一方面抑制通货膨胀。③当经济出现通货膨胀但不太严重时，可采用紧缩性的财政政策和扩张性的货币政策相结合的方式。一方面用减少社会总需求，另一方面降低利率，刺激投资，遏制经济的衰退。④当经济发生严重通货膨胀时，可采用紧缩性的财政政策和紧缩性的货币政策相结合的方式。一方面提高利率，抑制投资，另一方面控制社会总需求。

当然，经济因素是决定财政政策和货币政策是单独使用还是混合使

---

① 挤出效应（Crowding Out Effect）指政府支出增加所引起的私人消费或投资降低的效果。

用的决定性因素，但政治等其他因素也是决定政策选择的重要因素。由于政府运用两种政策干预经济并会产生直接影响国民收入组合比例及分配的结果，进而会对不同阶层和不同利益集团造成直接影响。因此，政府在选择合适的宏观经济政策时一定要小心谨慎、考虑周全、兼顾各方利益。

2.2 基本理论

2.2.1 动态管理理论

动态管理指在以企业为主体的经营管理活动中，通过对外部环境变化的提前感知和对企业内部产品属性数据的掌握与分析，对企业现阶段特别是今后的经营策略和管理手段进行优化和指导以及对长期目标实现过程中的短期目标进行不断地调整、修改和完善的一种管理模式。也就是说，企业在生产经营管理过程中要以变应变，通过不断地调整与优化管理模式来适应瞬息万变的内外部环境。企业的动态管理可以保证其竞争优势与企业活力，同样政府为保持其优势与活力也应该实施动态管理。新公共管理理论认为，政府管理要借鉴商业管理模式，采用市场化管理的形式来促进政府的高效率。正是基于此，动态管理理论不仅适用于企业管理，同样适用于公共领域内的政府管理。

1. 政府动态管理的概念及其重要性

政府管理的动态性要求公共管理者要持续的学习以便掌握足够的知识应对不断变化的环境并以此来影响国家未来的发展，也就是说，管理者要“因时而变、随事而制”，重新审查随着时间和环境的变化而变得不合时宜的规则和政策，使其变得更加符合当前的形势。政府的动态管理就是指政府能够持续地调整它的公共政策和项目以及改变政策的制定和实施方式，以实现国家的长远利益。①

---

① 梁文松、曾玉凤：《动态治理——新加坡政府的经验》，陈晔译，中信出版社 2010 年版，第 5 页。

在不断变化和要求日益严格的社会中，动态性就是要求当前的政策应满足当前的需要，进而使其在实现整个社会的长期目标时保持适应性和可持续性。这种动态性并不是进行了一次性改革之后就按部就班、循规蹈矩了，也不是仅仅指在遭受挫折时的恢复，而是为了长期的生存和发展进行动态、可持续的变革。在某个时期中，管理的结构即使是最合理的，但随着环境的改变也会变得失去作用。对于过去的经验和理念而言，只能停留在那时的形势和环境下，面对现在出现的问题却显得苍白无力了。因此，一个国家在制定制度时，必须考虑到当前的形势和环境，即高效、稳定的政策制度必须以适应当前的现实状况为前提。更加重要的是，这些制度在制定之初必须考虑到它们的灵活性，当环境出现变化或制度受到冲击时要求能够及时地改变或代替，以便充分地发挥出动态效果来应对变化的现实世界。政府管理的动态性和有效性不仅可以促进社会的发展和人民生活水平的提高，还能够节约自身的管理成本。公共制度的高效运行和管理使许多发展中国家保持经济的稳定增长和社会的均衡发展。由此可见，随着时间的推移和环境的变化，经济难以保持稳定，社会变得错综复杂，很难用一成不变的制度来把握整个经济社会的发展，所以，在这个全球化程度不断加深的时代，政府管理的动态性在可持续发展的经济和社会中显得尤为重要。

2. 政府保持动态性的必要性

一个国家经济和社会的发展离不开健全的政府制度，它体现了一国政府和人民、社会和企业之间的关系。良好的政府制度可以营造出促进社会进步和经济增长的外部环境，而不合时宜的制度则会阻碍良好商业环境的形成与国家竞争力的培养。国家竞争力主要体现在为企业提供一种适合发展的环境，在这种环境下，企业可以高效运营、不断创新，提高生产效率，进而增强整个国家的竞争力。

但是，政府制度往往是倾向于一成不变的。公共部门在提供公共产品或服务时，通常会忽视市场的竞争机制，垄断性行为成为政府提供产品和服务的手段和方式。由于公共产品和服务不受市场规则的限制，所以无法形成既定价格，或者无偿提供或者价格昂贵。

政府的资金主要来源于财政预算，而预算的形成则又容易受到政治因素的影响。政府制度对政府管理的绩效评价没有统一的标准，对于制度的改进和变革并没有像市场一样的激励措施。市场中投资者的高风险高回报在公共管理领域是不存在的，这就导致了公共管理者的极度保守，不敢进行变革与创新，无法灵活地处理问题，一味地遵循规定，他们只是根据自己过去的经验进行判断，出现错误通常会遭到惩罚，而个人成就却不会得到奖励。就是在这种环境下，政府才竭力推行静态管理模式，而静态管理模式又造成管理者的保守，导致这种现象一直循环下去，出现政府制度的乏力和政府管理的低效率。

整个公共管理体系是一个大的开放性系统，系统内部各要素之间存在各种各样的联系，并且都处于动态的发展变化之中；同时，又与外界环境（社会）不断地进行着信息、能量的交换，由于社会结构的动态化和社会价值观的日新月异，致使政府管理也要随之变化，进行动态化调节。由此可见，政府的动态管理势在必行。

3. 政府动态管理的框架

近代以来，有两种组织形式曾被广泛地用政府管理的机制：一是科层制[①]；二是公共企业。[②] 20 世纪 70 年代西方国家陷入了严重的“滞涨”困境，由此催生的以放松管制和市场主义为理念的新自由主义让公共企业的思想逐渐淡出公共管理领域，马克斯·韦伯（Max Weber，1920）的官僚制也正遭受着人们的质疑，如何走出传统的科层制形成更具冲击力的新政府管理模式，是如今值得研究和探讨的问题；政府的动态管理模式就为打破传统科层制提供了一个新颖独特的视角。[③]

政府的动态管理不是偶然形成的，也不是没有目的的。它体现了深思熟虑的领导意图和志向，以消除政府管理的两大阻碍为目的，即不能认识环境变化和不能进行保持有效性所必需的制度调整。政府动态管理的基本框架可以概括为“文化 + 能力→变革”的模式[④]（具体的系统框

---

① 科层制又称官僚制，由德国社会学家马克思·韦伯提出，是指一种由训练有素的专业人员依照既定规则持续运作的行政体制。

② 公共企业是指政府为了解决市场失灵问题，即出于向社会公众提供必不可少的公共产品和服务、解决外部效用问题、增进社会公正、调节和平衡宏观经济发展等目的建立和经营的企业。

③ 简·莱恩：《新公共管理》，赵成根等译，中国青年出版社 2004 年版，第 10 页。

④ 梁文松、曾玉凤：《动态治理——新加坡政府的经验》，陈晔译，中信出版社 2010 年版，第 7 页。

架如图 2－1 所示）。根据政府动态管理的系统框架我们可以看出：第一，制度文化是整个动态管理系统的基础。第二，三大动态能力——前瞻思考、反复思考和换位思考是动态管理的中心。第三，实现适应性政策的设计和实施是动态管理的导向。

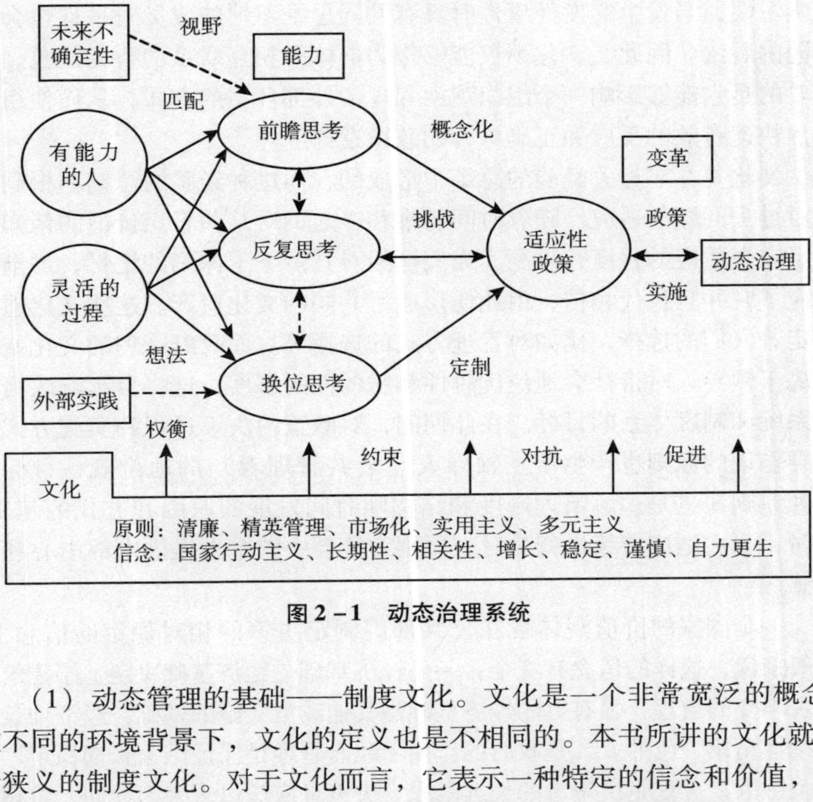

图 2－1　动态治理系统

（1）动态管理的基础——制度文化。文化是一个非常宽泛的概念，在不同的环境背景下，文化的定义也是不相同的。本书所讲的文化就是指狭义的制度文化。对于文化而言，它表示一种特定的信念和价值，而这种信念和价值是在群体的产生和发展过程中经过不断的积累和总结经验形成的，并且被整个群体所普遍认知。所以，文化可以理解为，在一个特定的组织中，通过对组织发展历史的深入学习以及经验共享，以达到指导整个组织朝可持续方向发展的目的。

文化是在过去的成功实践中形成的。文化以历史为基础，如同一个过滤器为组织筛选信息，决定着组织所看所想，决定着组织的世界观、价值观，进而影响组织对制度和政策的选择。文化是由对过去经历的认知、思考和反应构成的。文化之所以成为在快速变革时期的基础，恰恰是因为它为认识和回应变革提供了正确的价值观和思维方式。而价值观、行为准则和思维方式是文化的表现形式。

价值观决定了一个组织为什么要采取行动和采取行动后要得到什么结果；行为准则就是指导组织成员行动的隐含的规则；由于文化的存在，使组织中的不同成员达成一种默契，即通过学习和共享形成统一的思维习惯，当发生突发性事件时具有共同思维习惯的成员对事件也会有共同的看法。因此，文化不仅能够作为群体间相互联系的行为规范，更重要的是它能够影响一个组织观察和理解外部环境的方式，从而使组织做出快速有效的反应和正确可行的政策选择。

文化是在对过去经验的总结中形成的，而这种经验的总结归根到底是对过去问题的适应。随着时间的推移，人们对某些思想价值的认知达到了完全适应的程度，以至于人们已经对其留下了深刻的记忆，逐渐地适应了它并且代代相传，由此便形成了共同的文化遗产。这些文化遗产决定着人们的选择，比如对管理方式的选择等。而政府管理的文化基础取决于领导人对待社会地位优越性和脆弱性的态度，这将会影响政府管理系统和制度体系的目标。在此期间，对政策的决策过程和实施方式起指导作用的原则也产生了。领导人（公共管理者）的地位观、目标制定和原则演进是理解治理制度和结构随时间发展的原因和方式的基础。同时，当它适应持续性变化时，原则为社会中的个人提供内部中心和稳定感。①

一个国家的价值观体现在公共部门制定决策的相对稳定的信念上，一般来说，这样的信念有三个：一是经济基础。经济基础决定上层建筑是亘古不变的道理，强有力的经济基础是其他政策实施的基础，经济增长的持续性是第一位的。二是政府的作用。政府管理是保证国家长期稳定发展的关键因素。三是决策者的长远眼光。决策者应该以未来为导向，将短期利益和长期利益相结合，保证国家的长远发展。这仅是一般应遵循的信念，公共部门在制定决策时在保证以上三个信念的前提下应该注重本国的国情，根据实际情况制定出合理有效的决策。国家的价值观有了信念的支撑，而国家的制度文化则应该以其核心价值观作为基础。根据成功国家的管理经验，其核心价值观应该包括：诚实和正直；人是关键资源；以结果

① 梁文松、曾玉凤：《动态治理——新加坡政府的经验》，陈晔译，中信出版社 2010 年版，第 100 页。

为导向；自力更生；国内稳定。当然，核心价值观的确定也应由国情决定，以本国的实际需求和发展现状来确定核心价值观。

因此，政府的动态管理应重视文化、理念及心智模式①的变化，因为它们引起制度的变革，进而需要重新考虑、设计和更新相应的公共政策。

（2）动态管理的三大能力——前瞻思考、反复思考和换位思考。政府的动态管理的重心在于改革创新认知能力。思维革新、政策创新和执行得力是政府动态管理的动力。所以，公共管理者不仅需要有理想愿景和切际目标，更需要有能够开发组织功能以实现系统地配置知识等资源去解决问题的核心认知能力。② 主要的三项动态管理认知能力是：前瞻思考、反复思考和换位思考，其特征在表2-2中进行了归纳。

表2-2　　系统的动态治理能力

动因	前瞻思考	反复思考	换位思考
路径 政策选择、实施、适应及创新	未来不确定性 远见卓识 新目标 投资 超越现状 未来至现在的意义	内部问题 事后认识 更好的质量 改进 超越过去遗产 当前至未来的绩效	外部实践 洞察力 新思想 创新 超越现有边界 外部到内部项目
过程 灵活的结构、系统	探索与预期 感知、测试 战略化 影响	理解与探究 评估、分析 重新设计 实施	搜索与研究 发现、试验 评估 定制化
人 精明领导、招聘、更新及保留	预警信号 前景构建者 挑战隐性假定 诚信的	面对现实 问题解决者 挑战当前成就 坦率的	向他人学习 知识经纪人 挑战既定模式 相关联的
原则：基于价值和理念的行动指南 目标：治理的战略紧迫性 地位：独特环境和制约因素			

① 心智模式又叫心智模型，是指深植我们心中关于我们自己、别人、组织及周围世界每个层面的假设、形象和故事，并深受习惯思维、定势思维、已有知识的局限。

② 宋煜萍：《动态治理在中国：何以可能与如何可为》，载于《学术研究》2012年第12期，第70~73页。

①前瞻思考。前瞻思考是指分析错综复杂的环境，并从中梳理出未来发展的趋势，并理解其对社会经济目标实现的指导性，及识别社会利用新机遇和处理潜在威胁的战略投资和选择的能力。其目的是为了能够对未来产生更有远见的认识，对当前制度进行评估，利用发展的眼光看待当前的战略和政策并为未来做好准备。这种思考方式不同于平时的思考方式，它是采取从未来到现在的思考顺序，从外到内地看待外部环境中的不确定因素是如何影响理想的结果和目标的现实。

任何组织或个人都不可能对本来就无法预见的未来做出预测。前瞻思考只是让人们认识到在不确定的环境中未来的发展是可信的。它只是帮助公共管理者重新梳理思维，辩证地看待世界的变化，重新构思应对当前问题并适应未来发展的战略。只有这样，他们才能够对现实世界的运行方式产生质疑，发现现实政策中阻碍未来发展的弱点，并提出新观点。前瞻思考让人们始终保持一种灵活性，使人们做好应对未来可能发生的变化的准备，从而在遇到突发性事件时能够做出迅速地反应和冷静地处理。同时，通过前瞻思考可以在变故突然来临时减小组织成员的恐慌度，使他们更加有自信。

②反复思考。反复思考是指充分掌握当前的政策和规划，并对其进行重新设计以取得更好的质量和效果的能力。其目的是为了利用实际的数据和信息识别环境的变化，并有效地改进当前制定的政策和制度。这种思考方式的时间顺序是从现在到未来，由内到外的分析如何将现有的制度和政策的绩效与理想中需要达到的效果进行比较。

反复思考的重点是精确的反馈信息。如果拥有关于政策实施后果的精确反馈信息，能够根据后果的反馈情况明确造成该后果的真实原因，并且知道运用何种知识去采取行动的话，完全可以放弃反复思考的能力。但实际情况并非如此，由于系统中的干扰因素太多，无法及时准确地掌握反馈信息，也无法真正理解反馈信息的意义，难以找出造成该后果的潜在原因。即便我们拥有识别错误信息的专业知识，也可能没有运用它们的政治愿望和资源。反复思考要求领导者愿意而且敢于面对当前的绩效和反馈的实际情况，并且有勇气挑战现状。他们要想有充分的活力进行改革，就必须要自信谦虚，鼓励开放式对话与互动。他们还需要具有分析解决问题的能力，深入探究问题的根源，以期彻底解决问题并重新设计系统，取得更好的结果。领导者一旦发起了变革，反复思考就变得更加具有挑战性，通过反复思考可以客观公正地评价初次变革中出现的问题，并总结经验继续完成接下来的变革。

③换位思考。换位思考指跨越传统边界，将别人的先进思想和经验为自己所用，从而改变现有制度，实现制度和政策的创新。但并不是说单纯地吸纳和模仿，而是要通过学习他人，获得深刻的见解来满足国家当前的需求。换位思考的目的是通过吸取其他国家或地区的实践经验，了解他们是如何制定政策并通过何种方式执行政策，然后将这种认识转化为系统的知识，并根据自己国家的实际情况制定规划并加以实验。换位思考的时间视角是从现在到未来，从外向内的考虑问题。

随着社会的进步和经济发展，遇到的问题也越来越复杂，因此，解决问题不能单靠静态的政策和制度，必须依赖学习他人的成功经验并转化为自身的知识来设计出符合本国公民的解决方案。换位思考的方式就像是一座连接不同文化和思想的桥梁，可以从中发现新观点并总结出新的政策和管理方法。通过与其他领域的联系，可以让人们从新的视角来审视自己的政策，并发现自身政策的不足和能够解决新问题的创新方法。一个社会如果能激励人们努力探索解决问题的新方法，学习他人经验并对自己产生的新思想进行实验，那么，这个社会的发展就会变得更加迅速和创新能力就会有大幅提高，在变化莫测的环境中持续成功的可能性就会越大。

（3）政府动态管理的导向——适应性政策的设计和实施。政府的动态性管理要求公共管理者要具有较强的主观能动性和认知能力，并在此基础上，不断地将其所学到的新知识、领悟的新思想融会到政府管理的理念、政策和结构之中，从而制定出更具适应性和可操作性的政策并用良好的政策执行来满足社会公共需求。

政府适应性政策的设计和开发的重要标准是现实主义。如果在政策设计之处没有将运作条件的现实考虑进去，那么无论是国民对此的准备、机构的能力还是利益相关者的支持都不会对政策的实施起到积极作用的。政策的设计和开发中的不足不能仅仅依靠有效地执行来弥补，起初没有一个周全的政策设计再完美的执行也将是徒劳，如果是这样，在政策的实际运行当中会出现许多新的问题，到时会更加难以解决，可能会出现只有完全推翻现有政策才能彻底解决问题的情况。一旦一项政策的制定被提上议程，具体的制定过程就由主持机构和领导人决定，所以，政策的设计是公共部门领导人影响力最大的一个环节。政策设计出来就是为了执行，政策的有效性是通过执行来检验的，也就是说一项政策是否合理有效要看执行后是否能够达到预期的效果。

政策的执行过程也就是实施过程，并非是一个离散的活动，而是一个相互联系相互依存的综合系统。该系统有一个封闭的循环反馈过程，也就是说，政策实施的动态过程是从问题的确认开始到政策的设计开发，再到决策的执行，最后到对国民的影响，然后再回到开始。整个政策的实施过程如图 2 –2 所示。

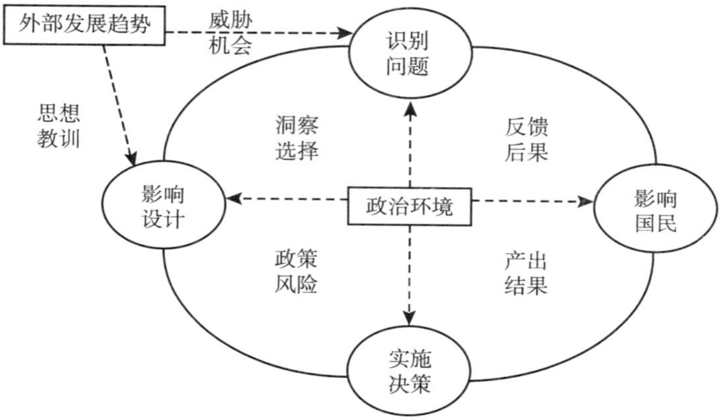

图 2 –2　政策实施周期

整个政策的实施过程是动态的。环境的变化、偶然事件的发生及整个系统的发展趋势都会导致对整个政策的重新审视。政策制定的构想和替代方案是在外部环境提供的思想和经验中发展起来的。而且政策是在能够执行的前提下制定出来的。政策过程并不是一个简单的线性过程。政策过程的每一个环节都有可能暴露出问题。在寻求问题的解决方案的过程中可能会出现新的想法，这样可能使这个问题被重新定义或者重新考虑待解决的问题。在探求政策设计影响的过程中，利益相关者可能会给出新的观点，那就需要进一步的研究和分析，力求使这些观点对政策的实施产生积极的作用，保证整个政策实施过程的高效性和动态性。政策的实施可能会出现意想不到的后果，或者出现一些没有预料到的新问题，或者对公众产生了无法控制的影响，这些反馈信息导致了对问题进行重新审视的需要，同时也体现了政策实施过程的动态性。

4. 政府动态管理开发的杠杆

政府动态管理开发的杠杆包括两个方面：一是实施能人领导；二是持续化的学习和适应能力。

（1）实施能人领导。[①] 公共部门的领导者作为政策制定和实施主要参与者，他们的能力和素质将会对政府的动态管理起到决定性的作用，对于人才的培养，尤其是领导人，是发展动态管理能力的核心问题。对于如何确保政府拥有诚实有能力的领导人，并使其成为管理动态性的来源，有以下五条关键原则。

①动态管理需要领导人具有战略视野和全方位的发展手段。政府如果缺乏有能力和忠诚的领导人，动态管理是不可能实现的。当需求变化和新机遇产生时，具有动态能力的领导人被要求去调整政策、项目和计划，并创造性地实现既定目标。有能力的领导者常常会主动地进行选择和采取行动，尽量避免处于被动状态。没有动态的、有道德的领导人，动态管理是不可能实现的。领导人具有战略眼光才能从整体上把握政策的变化，在出现机遇时才能牢牢地抓住机遇完成自己的使命。

②作为一项长期投资来管理人力资源的发展。领导人的发展离不开对人力资源长期发展的渴望。它不是一次性的项目和偶然的计划。组织机构需要从长计议，着眼于未来的战略需要，去发展拥有合适能力的正确人选，而不仅仅是为了短期的绩效改进。只有这样的组织承诺，才能发展对战略和政策拥有长远眼光的领导人。政府管理事务是复杂的、多方位的，且涉及各方利益。领导人需要长期发展自己去理解和处理社会和政治微妙之处的能力。因而人力资源政策要在一定时期内既能保持足够数量的领导人，又不损害领导人更新的需要，这才是至关重要的。

③人事管理系统必须基于绩效和潜力。任人唯亲会削弱有能力的领导人的激情，并最终导致优秀的人才离开组织。一个良好的人事管理系统必须建立在以绩效和能力考察人才的基础上，应该具备明确且合法的评价标准来具体说明哪些构成绩效、领导人潜力因素以及一个可以接受的评估程序。

① 梁文松、曾玉凤：《动态治理——新加坡政府的经验》，陈晔译，中信出版社2010年版，第262～265页。

④人事问题是最纷繁复杂的，需要持续的创新而不是一劳永逸的解决方案。决定最适合的程序和系统来招聘、更新和保留公共部门领导层内忠诚并有能力的人，这是一个永无止境的学习、适应和创新过程。对结果的持续监控和对系统的不断精炼对动态管理而言是至关重要的，因为人事问题永远不会得到完全解决。左右为难和意想不到的后果是新思想和创新方式的重要组成部分。计划和解决方案可能在一段时间内有效，而后就可能出现意料之外的结果，由此需要进一步的创新和变革。

⑤选拔领导人应当基于价值观、绩效和潜力，同时也要保持领导人在个性和表达方式上的多样性。一个良好的领导系统，应该根据候选人价值观与组织目标的一致性、信誉和绩效的记录以及是否具备担当未来领导工作的潜力等标准来评选领导人。随后，这些领导人只要不违背既定的规范，应该就可以按照自己的方式为组织作出贡献。才能和观点的多样性是动态的治理方式，持续审查、感知、适应、改变、创新和学习的治理方式所必需的。

（2）持续化的学习和适应能力。动态、灵活的发展路径源于学习与适应的结果。一些发展路径可能是为了回应反馈信息而逐渐对现有系统进行改变，也可能是为了获得更准确的结果而对系统中的某些特性进行微调。另一些发展路径可以为利益相关者带来更高的效率和不断改进的服务。在一些情况下，当长期解决方案不清晰或者需要很多时间和资源来实现时，临时性的系统和实践可能会用来试图满足当下的需要，但学习和试验依然继续。严密的研究、学习、反思与整合的过程通常会带来新知识、新观念与创新的政策。这些动态路径仍然会受到传统观念与烙印的影响，但不会遭遇完全的阻碍。

随着制度的发展，这些学习与适应能力以及应对新挑战的想法与解决途径，在整个组织中会成为习惯做法。反馈与结果被用以进一步改进政策。新的想法与发展态势将会被评估其潜在的应用性与适应性。适应性的变化源自有魄力的领导能力，这是创造有竞争力的动态组织的关键。

2.2.2 系统理论

1. 系统思想的内涵

古希腊是西方文明的起源，现代所用的词语也有许多出自希腊文，系统一词便是如此。系统的释义中最重要的是要素、联系和整体三个词，系统具体是指各个要素通过彼此之间的相互联系组成的整体。它构成某种整体性和统一性。系统的定义是：由处于一定环境中的相互联系和相互作用的若干组成部分结合而成，并为达到整体目的而存在的集合。

系统作为一个概念，它是古代人类通过社会实践活动逐步产生的。整个自然界就是一个大的系统，人类自从有生产活动以来，就无时无刻不在与自然这个大系统发生联系。在此过程中，形成了古代农业、天文、工程、医药方面的系统知识，在不知不觉中反映出了朴素的系统思想。

系统思想在我国有着悠久的历史。在我国古代，人们不知道何为系统，但从古代人民朴素的自然观上可以看出系统思想的影子。古代人民为了发展农业，开始关注天象的变化，促进了古代朴素宇宙观的形成。他们将宇宙看成是一个整体来研究其结构和变化，研究环境的变化对农业的影响。虽然这都是古人当时通过经验总结出来的，有着传统封建思想的束缚，但是这都为今后系统理论的产生奠定了思想基础。欧洲古代系统思想主要体现在世界本源的有序性和整体性。认为客观事物的存在和运动是稳定的、规则的、重复的以及相互关联的；同时，认为世界是以一个整体的形式存在的，是不可能被割裂的，而且这种整体性源于空间的连续性。19世纪自然科学取得的伟大成就为马克思主义哲学的产生与发展提供了丰富的材料，因此，指引后人不断前进的辩证唯物主义世界观展现在人们的面前，此时的系统论则是其重要的组成部分。唯物辩证法就是将世界万物以及变化过程乃至整个世界看作是由各种各样的相互之间存在着直接或间接联系的事物和过程所形成的一个大的整体。恩格斯（Friedrich Von Engels，1886）在《自然辩证法》中提到："宇宙是一个体系，是各种物体相互联系的总体。"系统的概念和思想虽然由来已久，但随着时间的推移学者们将其不断地深化与完善，其中在马克思和恩格斯的著作中也有阐述。"系统"、"有机系统"和"系统发展为整体性"等概念在马克思的著作中多次被提到。比如，马克思（Karl Heinrich Marx，1857）在《政治经济学批判导言》中描述了社会发展的系统形式是五种社会形态依次更替前进。马克思主义认为，经济基础、上层建筑和社会意识形态这三者共同构成了社会经济形态这一个大系统，正是由于三者之间存在的联系并且不断进行着矛盾运动才促进了整个社会的发展变化。马克思的其他著作中也包含了丰富的系统思想与方法。自此，系统思想已经变得相当成熟，为系统理论的诞生奠定了思想基础。

2. 现代系统理论的产生

系统理论诞生于20世纪40年代。当时，随着自然科学和技术的发展，人们的生产和生活方式出现了许多新的变化。由于科学技术的进步和生产力的发展，人类对改造世界的渴望与日俱增，并且能力也日渐增强。怎样将人力、物力和财力合理协调地整合在一起，使三者同时达到最优效果，成为当时人们需要思考的问题。于是，人们开始转变思维，从过去单纯地、分离地考虑问题转变为综合地、系统地考虑问题。系统理论作为一种新的科学方法和科学理论，就是在适应当时人们这些需求的基础上产生的。

（1）系统理论产生的理论前提。系统理论产生的大的前提是辩证唯物主义和唯物辩证法的深入发展，以及现代科技理论有向整体化、综合化发展的趋势。

就如前文所说，19世纪自然科学的进步为马克思主义的产生与发展创造了条件。例如，能量转化、细胞学说和进化论的发现，让人类认识到了自然界的万事万物都是有联系的。基于这种对事物之间、过程之间以及领域之间相互联系的认识，才有了唯物辩证法的创立与发展。辩证唯物主义认为：物质世界是由无数相互联系、相互依赖、相互制约、相互作用的事物和过程形成的统一整体，这种普遍联系及整体性思想就形成了系统论的理论前提。

恩格斯曾经说："我们就能够依靠体验自然科学本身提供的事实，以近乎系统的形式描绘出一幅自然界联系的清晰图画"。[①] 整体性是现代科学理论发展的趋势，而且社会科学和自然科学的界限模糊化，两者相互渗透，加快了整个科学体系的整体化发展进程。

生物机体论是系统理论产生的直接理论前提。机械论和活力论是生物学史上一直争论不休的问题。机械论把生物学简单地归结为物理和化学两个问题，主要观点是一种原因只能产生一种结果，反过来一种结果

① 恩格斯:《路德维希·费尔巴哈和德国古典哲学的终结》，人民出版社1972年版，第36页。

只能由一种原因引起。而活力论则强烈地反驳机械论的观点。他们认为生物机体中有一种超自然的力量——“活力”。它支配着整个生命过程。20 世纪初，新活力论的代表人物德国人杜舒里，通过他的实验证明了不同的原因可能产生不同的结果。这给机械论的观点以沉重的打击。虽然活力论把支撑生物整个生命过程的力量归结为超自然的活力是不太现实的，但是它指出不能把生命现象简单地看作是机械、物理、化学过程。随着活力论的提出，把生命看成是一个有机整体的机体论也随之出现。这就是系统理论的直接理论前提。

（2）现代系统理论的诞生。著名的数理逻辑学家、哲学家英国人怀海特（Alfred North Whitehead，1925）在 1925 年发表文章《科学与近代世界》指出自然现象的最终单位是事件，实在的本质就是“变”，它是一个不断活动和创造进化的过程。① 与此同时，美国学者 A. J. 洛特卡（Alfred J. Lotke，1925）1925 年发表了《物理生物学原理》②，德国人克勒（Khler Wolfgang，1927）1927 年发表了《论调节问题》，都提出了系统理论的一般原理。

在以上诸多思想的影响下，美籍奥地利生物学家一般系统论的创始人贝塔朗菲（L. Von Bertalanffy，1955）发表文章表达了系统思想，提出来生物学的有机概念，主张要从整体性和系统性的角度分析生物有机体。他认为，发现不同层次上的组织原理是科学的目标。1955 年贝塔朗菲发表专著《一般系统论》成为系统理论领域的奠基性著作，到 20 世纪 60 ~ 70 年代该理论受到人们的重视。1972 年发表的《一般系统论的历史和现状》把一般系统论扩展到系统科学范畴。1973 年修订版《一般系统论：基础、发展与应用》再次阐述了机体生物学的系统与整合概念，提出开放系统论用于生物学研究，并用一组联立微分方程对开放系统进行了数学描述。他认为生命现象的组织性、有序性和目的性是相互联系的，这就是贝塔朗菲（1955）一般系统论的核心所在。

（3）现代系统理论的发展。

①普里高津（Ilya Prigogine，1969）的“耗散结构”学说。1969 年比利时物理学家普里高津（1969）提出了“耗散结构”学说，作为一种系统理论，它阐述了开放系统是如何从无序状态进入有序状态的。在

---

① 丹皮尔：《科学史》中译本，商务印书馆 1979 年版，第 625 页。

② A. J. 洛特卡：《科学学译文集》，科学出版社 1980 年版，第 325 页。

封闭系统内形成有序状态是很容易的，在开放系统形成稳定状态就不是那么容易了，有序性来自非平衡状态，当系统处于非平衡状态时，它就会不断地和外界进行能量或物质交换，这样就会慢慢地变得稳定和有序。

②哈肯（Haken，Hermann，1969）的“协同学”学说。西德物理学家哈肯于1969年提出协同学一词。协同学是研究各种不同的系统从混沌无序到稳定有序的演化规律的新兴综合性学科，属于另一种系统理论。协同学不仅适用于非平衡状态中发生的有序变化，也同样适用于平衡状态，因为这是由系统本身的属性决定的，是各个子系统之间的协同导致了有序的发生。哈肯认为，开放系统的有序结构是处在一种动态平衡的状态下，系统结构的稳定性是以每个要素总是处在不断地吸收和排出的过程中，持续地重复着这个过程使整个系统保持平衡稳定。这一理论更加严密地解释了复杂系统从无序到有序的问题。

③乌也莫夫（А. И. Уемов，1983）的“参量型系统理论”[①] 学说。苏联学者乌也莫夫（1983）在《系统方式和一般系统论》一书中提到，系统方法是联系唯物辩证法与实践的中间环节，他通过研究事物之间相互联系的原理，论证了一般系统的范畴体系。在此基础是演绎出两种用来描述各种系统的一般系统参量，并且他还运用计算机对一般系统的规律进行了研究。进而去研究哲学、物理学、教育学等领域的使用课题。

3. 系统理论的基本观点

（1）整体性。整体性是系统的最基本的属性，整体性观点则是系统理论中的一个最基本的观点。单独的一个要素是无法构成系统的，系统必须是由两个以上的要素构成的。世界这个大的有机整体是由无数个小的整体所构成的，所有的事物、现象及过程都可以称作是一个整体。正如亚里士多德的名言“整体大于它的各部分的总和”，这句话成为系统理论的一个基本定律。一个系统的性质不同于它的组成要素的性质，各个组成要素之间相互联系、相互作用才使得整个系统显现出它所具有的特征，也就是说，系统中的一个要素独立存在时所具有的性质与它作为整个系统其中的一个要素时使整个系统所具有的性质是完全不同的。

① 乌也莫夫：《系统方式和一般系统论》，吉林人民出版社1983年版，第75～86页。

单从数量上讲也许一加一等于二，但是如果考虑到“一”的质量，也许一加一就会大于二。所以说系统整体的属性与功能是由要素的性质、要素的数量和系统的结构三个方面所决定的。

（2）相关性。要素、系统和环境之间总是处于一个不断联系、相互作用、相互制约的状态下，三者缺一不可，这就是所谓的“相关性”。系统中的要素是无法脱离其他要素而单独存在的，其中一个要素发生了变化必然会引起其他要素的变化，进而是整个系统的变化。也许一个要素的变化不足以彻底地改变整个系统，但一个要素的变化也可能致使其他要素发生连锁反应从而改变整个系统的状态即所谓的“蝴蝶效应”。[①] 恩格斯认为“辩证法是关于普遍联系的科学”。世界上每一个事物或现象都与其他事物或现象相互联系，这种联系是各种各样的，比如因果联系、系统联系、结构联系等，这些联系在整个世界构成了一个联系网络，在分析事物或现象之间的相关性时，应该从整体出发将整个联系网络综合起来分析，只有将内部和外部两个方面结合起来考虑，才能正确地认识系统。

（3）动态性。一切实际系统由于其内外部联系复杂的相互作用，总是处于无序与有序、平衡与非平衡的相互转化的运动变化之中。任何系统都有一个生命周期，都会经历一个从新生、成长、成熟到衰退的不可逆的过程。系统的这种变化就是它的“动态性”。系统的存在本身就是一个动态过程，看似稳定的系统结构不过是动态过程的外部表现而已。系统的动态过程中的有序性又体现了系统的目的性，系统的有序方向就是系统运动的目的。在动态系统中，有序状态可以分为两种，一种是平衡的，该状态一旦形成就很难改变，大多是微观世界里的有序；另一种是非平衡的，该状态的形成必须以系统的内外差异为前提，只有存在差异才能使系统与外部环境进行并长期维持物质、能量和信息的交换，大多是宏观的有序。无论是生物界还是无机物质都存在朝有序化发展的现象。为了使系统的效益最大化，就必须使系统在动态的前提下实现平衡。系统的动态观点在实际生活中表现为我们不能静止地看待问题，而是要用发展的观点研究问题，要如实地将事物或现象看成是一个发展变化的动态过程，并明确目前的事物或现象处于动态过程的哪个阶

① “蝴蝶效应”是指在一个动力系统中，初始条件下微小的变化能带动整个系统的长期的巨大的连锁反应。这是一种混沌现象。

段，从而全面地把握整个系统。

（4）结构性。结构是系统的基本属性。系统的结构是系统内部各要素之间的具体联系和作用的形式。系统存在的一个重要前提就是具有稳定的结构。只有系统内部各要素的稳定联系形成有序结构，才能保持系统的整体性。系统的结构具有稳定性，系统中的各个要素是不断变化着的，它们需要进行更新换代，但只要整个系统的结构不紊乱，那么这个系统就会继续保持它原有的状态和性质。系统之所以能一成不变地保持自身的稳定，不是因为内部元素的不变性，而是元素之间的稳定的联系造成的。系统的结构还具有一定的层次性，大的系统由无数个小系统构成，而小系统还包含许多子系统，纵向就构成了多个层次的垂直系统，在横向上则有众多并立的平行系统，从而形成结构复杂的交叉层次。系统的层次越高，结构和功能的种类就越多。

（5）环境适应性。系统不可能脱离环境而存在，同时每个存在的系统都必须是和环境相适应的。因为现实中的系统都是开放的，和环境的接触是无法避免的，它无时无刻不在与环境进行着物质、能量和信息的交换，这样才能保证这个系统在整体上是保持稳定的，否则，系统就会瓦解。系统处于一定的环境之中，难免会受到外界各种各样的干扰，而且系统内部的各元素之间的相互作用也不总是那么顺畅的。如果系统无法承受内部的或外部的变化，那么它就会崩溃，系统只有经受变故的考验之后能够继续保持或恢复自身状态，才能永续。单纯地看一个系统的功能是看不出来的，只有把这个系统放在一个合适的环境当中才能体现出它是如何发挥作用的。系统和环境之间是可以相互影响的，外部环境可以影响系统的结构和功能，而系统通过向外部环境输出新物质、能量和信息来改变整个环境。环境适应性也是系统理论的重要观点，只有保证系统内部各要素之间还有系统与外界环境之间都能平衡稳定、协调统一，才能是整个系统向更好的方向发展。

4. 系统理论在管理领域的应用

系统理论是尽可能地把一切组织——公共的和私人的，大的和小的——一般化。系统理论给现代管理理论的研究注入了新的活力，尤其是在公共管理方面，系统理论成为公共管理理论的最新理论。根据系统理论的基本观点，公共管理中的每一个要素都不是孤立存在的，它们之间都有着密切的联系，同时与其他系统也发生着各种各样的联系。在公共管理中，系统是一个理性化的概念，所以为了达到最优化管理的目标，必须运用系统理论对公共管理进行充分的系统分析。公共管理领域引入系统理论可以加强我们对影响目标实现的各种行为和活动之间关系的认识。公共管理中的系统理论认为，个体之间存在相互联系，某个部门或组织的行为对其他部门或组织是有影响的。在公共管理中，管理者的主要职责之一就是对下属各部门进行监督，制定一个总体目标并以其为标准来引导和纠正下属部门的行为。系统理论在公共管理领域的应用标志着公共管理已经从以前的公共行政阶段进入了现代化的公共管理层面。一个系统既可以封闭的又可以是开放的，这两种状态分别代表两种不同性质的管理体制。

（1）封闭系统模型。该模型认为公共管理系统是封闭的（见图2－3）。组织被认为是完全孤立的，与外界（服务对象、社会和各种环境）毫无联系，甚至连对其授权并给予财政支持的立法机构都仅仅当作一个输入变量。而组织的控制核心是一个我们看不到的内部结构，其中，公共管理机构负责从信息输入到结果（物品、政策或服务）输出的转化过程。有些大型组织的一个普遍趋势是通过在系统内塑造许多环境因素来努力减少对不确定环境的依赖。① 这样的组织是内向的、有效率的装置。

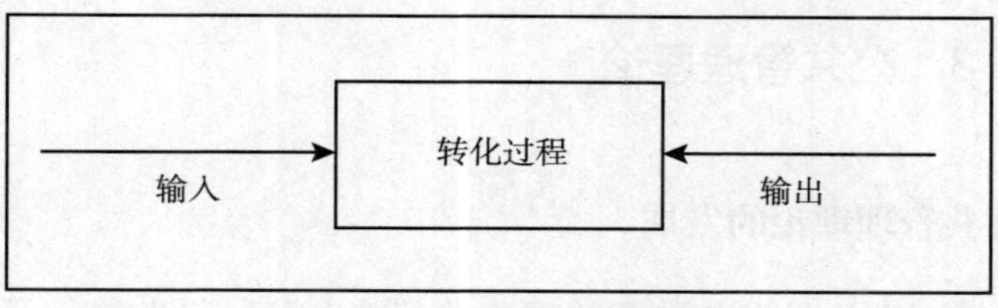

图2－3　封闭系统模型

（2）开放系统模型。随着政府职能的多样化和社会的急剧变化，封闭系统的模型被认为是与政府所面临的任务不相符的，所以建立了新的开放系统，见图2－4。

① 詹姆斯·W. 费斯勒、唐纳德·F. 凯特尔：《行政过程的政治——公共行政学新论》，中国人民大学出版社2002年版，第57页。

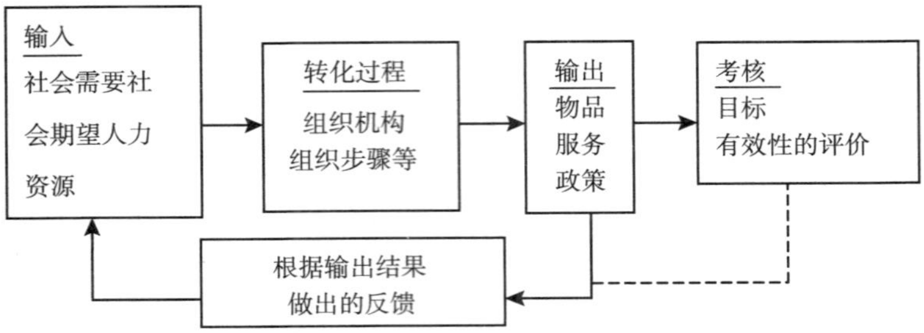

图 2-4 开放系统模型

大多数组织系统理论家运用系统途径把组织看作一个开放的系统，即系统与环境相互作用，由于存在信息反馈机制①，系统本身能及时地发现并纠正错误，所以开放系统在理论上被认为是可以自我纠正的系统。组织是一个开放的系统，它接受资源输入（如设备、雇员等的能量），经过生产、转换，产出输出（产品或服务）。② 开放系统是外向型系统，政府是为社会服务的组织，正确地处理组织内部和外部环境之间的关系是政府完成其公共管理使命的前提。开放系统理论中，首先应该保证系统本身正常运转，要充分利用输入系统内部的资源，减少不必要的浪费，提高系统输出产品或服务的效率，尽量避免日常工作中的无效劳动，并制定出能够满足公众对公共物品和服务的合理要求的制度或政策。

2.2.3 公共管理理论

1. 公共管理理论的发展

公共管理理论是在公共行政理论的基础上发展起来的，因此，我们可将以威尔逊（Thomas Woodrow Wilson，1887）的《行政学研究》为标志的公共行政时期视作“前公共管理时期”。根据历史的发展，我们

① 外界对系统输入物质、能量和信息，经过系统的处理，向环境输出新的物质、能量和信息，输出的结果返回来与系统预期的目标相比较，以决定下一步措施，这种过程叫做“反馈”。

② 但是，一些输入的资源不能转化为产出而是被消耗在维持系统本身的运转中，这部分资源在公共管理领域就是经常性支出。

把公共管理理论的发展分为公共行政时期和公共管理时期，而公共行政时期又分为传统的公共行政时期和新公共行政时期。

（1）传统公共行政时期（1887～1960年）。传统公共行政时期的开始是以美国行政学家伍德诺·威尔逊（Thomas Woodrow Wilson，1887）在1887年发表的《行政学研究》为标志。公共行政与私人行政的根本区别就是公共性，再加上当时公共行政学的核心理论是以"经济政治二分论"为基础的"传统官僚理论"，所以才将那时的行政学称为传统公共行政学。

传统公共行政时期以管理主义为理论取向，深受古典管理学派理论[①]和行为管理学派理论[②]的影响，经历了一个从科学管理到行为主义的转变过程。韦伯的官僚制理论是传统公共行政的指导理论。该理论比较重视处于法制条件下的层级制组织结构模式，注重机关内部的规范管理，同时反映出西方国家官僚行为从人格化到法制化的转变、公共职位从政党分赃制到常任文官制的转变、行政管理从一般化到专业化发展的过程。

（2）新公共行政时期（1960～1980年）。这个时期最为显著的特点是，官僚制受到批评，而公共政策的研究受到重视。对当时盛行的政治与行政二分论存在质疑，并逐步摒弃，更多地开始注重社会公平与价值问题。一个"新"字体现了公平与效率的结合，将道德观念与行政伦理引入到行政过程分析，而且开始运用公共选择理论来反思官僚制理论的缺欠。该时期是从管理到政治的过渡时期。新公共行政学很明显地受系统学派理论和新管理主义理论的影响。

（3）公共管理时期（1980年至今）。20世纪70年代末，尤其是到了80年代，一场翻天覆地的变革席卷西方国家，以至于使整个世界都发生了根本性的变化。公众的价值观和民主意识都有了比较大的改变，多元化的价值观促进了需求的多样化，民众有了了解政治、参与政治的强烈愿望，一切变化均促使政府的管理向更加先进的方向转变。但是，

---

① 该理论出现在20世纪初的科学管理阶段，代表理论有泰勒的科学管理理论和法约尔的一般管理理论。该学派的管理理论通过对时间、动作与效能的研究，开创了一个追求效率的时代。

② 该理论出现在20世纪30～60年代的行为科学阶段。代表理论有：梅奥的人际关系理论，马斯洛的需要层次理论，麦格雷戈的人事激励理论等。行为学派理论强调人的主观能动性，提倡尊重人理解人。

当时的状况并不能满足民众和政府的需求，陈旧的传统公共管理体制造成了行政机构大规模扩张并且财政预算也有最大化的倾向，由此可见，高成本、低效率已成为当时不争的事实。西方国家的经济此时面临着强所未有的危机和挑战，大多数国家陷入了经济停滞不前、政府工作效率低下、公众的强烈不满情绪的问题中，导致人们对传统的公共管理体制彻底失去希望，与此同时，也点燃了人们追求新公共管理体制的热情。

基于这样的背景，一场声势浩大的公共管理改革运动在西方国家拉开了帷幕，英国、美国、新西兰和澳大利亚成为改革运动的发起者和带头者，其他西方国家也紧随其后，相继进行了政府改革，此次改革运动中产生的理论是将西方经济学、政治学、工商管理学和社会学等的理论、方法、原则及技术融合到对公共部门的管理中来，形成一套新的、高效的、高质量低成本的、反应灵敏的、应变能力强的、有更健全责任机制的“新公共管理”模式，这就是著名的“新公共管理”运动。“新公共管理”理论使政府管理从一个僵化老旧，以官僚制理论为基础的模式发展到了一个新的阶段，传统公共行政学理论的诸多弊端阻碍了公共管理理论的发展，但就是在这种逆境当中，人们对其进行反思和批判，促使了公共管理理论的形成。进入 90 年代之后，许多新兴的工业化国家和发展中国家也加入了改革的浪潮，如韩国、菲律宾等。但是，各个国家有各自不同的改革内容、方式和措施，这些改革也被理论界给以不同的名称，比如说“重塑政府”“企业型政府”“再造公共部门”“市场化政府”等。

综上可见，新公共管理思想是在西方社会特定的政治、经济条件下发展起来的，在此基础上，为西方公共行政的发展指明了方向，引导西方国家政府走上了企业化管理之路。这场旷日持久的改革运动一直持续至今日，对西方国家乃至全世界的政府管理理论与实践产生了重大影响。

2. 公共管理理论的理论渊源

由于时代背景的不同，每个时代产生的理论都有每个时代的特点，公共管理理论具有两个明显的时代特征：一是在政府管理中，更加注重与外部环境的互动。二是更加客观理性地看待公平与效率的关系。将实现公平前提下提高效率作为政府今后改革的目标和方向。就公共管理学而言，各个国家的政府改革运动作为其催化剂，促进了公共管理学的建立和发展。大家都熟知的是公共管理是以管理学理论为基础来处理公共事务，但公共管理的另外一个特点也非常重要，那就是以经济学理论的视角来研究公共问题，即以经济人假设为理论的逻辑基点。其主要的理论渊源有公共选择理论、委托代理理论、交易成本理论和治理理论。

欧文·E. 休斯（Owen E. Hughes，1998）认为，随着20世纪70年代经济学理论的深入发展，新古典经济学对市场价值的重新认识深刻地影响和改变了公共官僚组织。当时经济学的快速发展，尤其是将公共选择理论、委托代理理论和交易成本理论等经济学理论的运用，促进了新公共管理的发展，传统公共行政观念在官僚高层人员的思想中被新公共管理所取代。①

克里斯托弗·胡德（Christopher Hood，1991）指出，新制度经济学和管理主义是组成新公共管理的两种不同理论；新制度经济学运动是在可竞争性、消费者选择和透明等理念的基础上逐步发展形成的，并且该运动特别强调了激励结构，这些理念与强调森严的等级制和消除交叉重叠的传统军事化官僚制的“良好行政”理念大相径庭。②

（1）公共选择理论。公共选择理论作为许多国家政府改革的指导性理论，兴起于20世纪40年代，但直到80年代才引起广泛重视。公共选择理论是基于这样一种认识而产生的：为什么一个人会因为从经济市场进入了政治市场而一改以往只为追求自身利益最大化的利己主义思想变为只为他人谋取利益的利他主义思想呢？“经济人”假设依然是公共选择理论的基本假设前提，“自利”是经济人的基本属性，同样在公共管理领域所有的公共管理者都是自利的，为了将个人的自利行为导向以公共利益为主的政治行为，公共选择理论将政治环境市场化，用经济学的理论来分析个人在公共领域内如何对不同的决策和制度做出相应的反应。以詹姆斯·布坎南（James M. Buchanan，1962）为代表的公共选择学派用经济学的方法和假设来研究公共选择者的政治行为。该学派的主要观点是：一是公共选择是由投票表决一致同意的方法决定政策选择

① 欧文·E. 休斯：《公共管理导论》，彭和平、周明德、金竹青译，中国人民大学出版社2001年版，第12～17页。

② 陈国权、曾军荣：《经济理性与新公共管理》，载于《浙江大学学报》2005年第3期，第66～73页。

的一个过程，但实际上大多数的公共选择是采取多数同意的原则；二是公共部门的决策机制是政治家决定公共产品的提供，但政治家关心的是如何赢得选举，从而使公共选择出现非效率和不公平的结果，导致政府失灵；三是政府失灵有两个方面：行政与立法勾结，形成利益集团与政治竞选导致官员的短期行为；四是权力扩张导致寻租和行贿受贿，政府是寻租的根源。[①]

（2）委托代理理论。委托代理理论又称合同理论或契约理论，是20世纪30年代，由美国经济学家伯利和米恩斯（Berle，Means，1932）提出，倡导所有权和经营权的分离。在公共管理领域，选民和政治家之间、政治家和官僚之间构成了委托代理关系。委托代理理论的核心是委托方对代理方的制约，加之委托代理在公共管理领域的普遍存在性，致使其成为公共管理要在政府之外选择代理人的重要理论依据。公共产品作为非市场性质的产品，应该由代理人——官僚来提供，但是由于官僚机构垄断地位的存在，以及公共部门内部缺乏激励机制，导致政府机构存在严重的委托代理问题。官僚可能为了自身利益完全违背委托人的意愿进行公共产品或公共服务的生产。同时，由于委托人和代理人之间的信息不对称，有可能使两者之间产生逆向选择和严重的道德风险。

委托代理理论为解决公共部门的委托代理关系提出有效的办法，首先，就委托代理问题的严重程度来说，私人部门要比公共部门轻，所以该理论认为，应该将其所有权和经营权进行分离，用签约外包的方式将委托代理问题转移给私人部门处理。再次，就委托代理成本来说，该理论认为，建立有效的竞争机制可以减少委托人的代理成本同时提高代理人的投机成本。最后，就个人的主动性和积极性来说，该理论认为，采取激励措施可以提高个人的积极性，固定报酬机制不能有效地激励个人为公共利益付出，反而会加重官僚的偷懒的动机。

（3）交易成本理论。交易成本理论又称交易费用理论，1937年由英国经济学家科斯（Ronald H. Coase，1937）提出。该理论的核心思想是认为市场交易是有成本的，即“运用市场机制的费用”。与市场价格相比，企业的组织协调更为有效，可以节约交易费用，所以企业成为代替市场的新型交易形式。

① 陈宪、曹闻民：《公共管理通论》，国家行政学院出版社2007年版，第51～66页。

交易成本理论在经济领域得到认可后，也被广泛地应用于其他领域，特别是公共管理领域。比如在交易成本理论的指导下，新公共管理理论推翻了官僚机制，将市场机制运用公共领域，并将控制权从官僚手中转移到选民手中；将管理者的自己的目标和使命或部门的目标和使命作为推动政府管理者前行的动力，打破了以前照章办事的规则；公共管理者把公众利益放在第一位，为他们提供更多可选择的机会；把更多的时间和精力放在创造盈余上，而不是只关注财政拨款；实行分权制，主张参与式管理；公共管理者不应该只将目光锁定在提供公共物品和服务上，而应该加强对各部门和公民个人的激励，并努力解决他们社群中存在的问题。

（4）治理理论。治理（Governance）这一概念虽由来已久，但真正地将其视作指导公共行政改革的理论基础是在20世纪90年代。1989年非洲国家的公共管理危机已经严重地阻碍了经济社会的发展。为此，世界银行声称非洲国家必须重新审视现有的公共管理制度，改革公共管理框架和规则，尽快摆脱公共管理危机，建立“良好治理”的制度。从此，治理的概念才被熟知和广泛地运用。

在西方学者看来，治理并没有一个统一的认识，不同的学者对治理的理解和所站角度不同导致治理被赋予了诸多界定。詹姆斯·罗西瑙（James N. Rosenau，1995）作为治理理论的主要创始人之一将治理定义为一系列活动领域里的管理机制，这部分定义主要体现在他的代表作《没有政府统治的治理》和《21世纪的治理》中。治理与统治有着本质上的区别，治理的主体不一定是政府，并不是依靠国家的强制力来实现的，它是一种在共同目标支持下的管理活动。[①]

公共管理者的权力是公民授予的，公共权力的使用应取得社会共同体的同意，在此条件下，市场失灵的问题政府是无法完全解决的，而对于个人对公共产品的需求问题，政府也略显无力。对于在公共领域出现的问题，市场是无能为力的，即市场失灵，这是众所周知的，冗员导致的机构恶性膨胀、部门利益以及政府的寻租行为也会导致政府的失败。既然存在这种现象，就要想方设法弥补缺陷，在市场和政府都失败的领

① 詹姆斯·N. 罗西瑙：《没有政府的治理》，张胜军等译，江西人民出版社2001年版，第5~6页。

域，可以寻求第三部门[①]帮助。在市场失灵领域，任何国家都不可能仅靠政府来解决一切公共事务，私营和自愿性机构越来越多地参与公共事务的解决中来。治理理论认为，政府管理是一个自上而下的动态管理过程，并非传统公共行政管理政府垄断型管理，主张通过协商合作来对公共事务进行处理，这与公共管理中扩展管理主体，加强非政府组织和私营部门的参与的思想是一致的。

3. 新公共管理理论的基本观点

（1）英国学者胡德的观点。英国学者胡德（Christopher Hood，1991）将新公共管理的特征和内涵描述为如下七个方面：

①像企业职业经理人一样管理。在公共领域，充分发挥专业管理人员的作用，实现管理的职业化。②实行绩效考评。设置明确的绩效目标，注重标准与方法。③加强对产出的控制。看重结果而不是过程，充分利用资源来达到预期的效果。④将单位分散化。公共领域的单位分散化，也就是说，将大的单位分割成更小的单位，财政对其各自拨款，小单元之间保持适当联系。⑤引入竞争机制。竞争机制会促进公共部门的高效率和公共产品的高质量。⑥模拟私人部门管理方式。灵活的人事制度，明确的奖赏机制，运用私营企业管理方法进行管理。⑦遵纪守法和厉行节约，提高资源利用率，反对浪费。[②]

（2）美国学者奥斯本和盖布勒提出的十大原则。具有企业家精神的政府思想在以美国为代表的西方国家兴起，并不是偶然的，而是有其特定的经济、政治、社会背景。

1992 年戴维·奥斯本与特德·盖布勒（David Osborne，Ted Gaebler，1992）出版了《改革政府——企业精神如何改革着公营部门》一书，将具有企业家精神的政府包含的内容概括为十个方面：

①政府的催化作用：把握总体方向而不是身体力行；②政府的社区化：高层向下级授权；③政府的竞争性：服务中体现竞争性；④政府的使命感：防止循规蹈矩；⑤重视结果：结果重于过程；⑥顾客导向型：以满足顾客的需要为主，而不是满足统治者的需要；⑦事业心：注重收益，避免浪费；⑧前瞻性：预防为主，防治结合；⑨分权：参与与合

① 第三部门，即“通过志愿提供公益”的非政府组织（NGO）或非营利组织（NPO）。

② 王军义：《新公共管理理论在我国的适用性分析》，苏州大学硕士学位论文，2006 年。

作；⑩市场导向：重视市场的力量。[①]

（3）世界经合组织的观点。世界经合组织将新公共管理归纳为八个方面：

①将权威进行转移；②提高绩效，加强控制，实现责任制；③加强竞争性；④公共物品的灵活性提供；⑤灵活的人事制度和完善的人力资源管理；⑥重视信息技术的开发与运用；⑦提高管制质量；⑧中央应起到指导性作用。

（4）澳大利亚学者欧文·休斯的观点。欧文·E. 休斯（Owen E. Hughes，1998）将新公共管理的共同特性归纳为六大要点：

①传统行政模式已被彻底推翻，重视结果优先和个人责任制；②力求摆脱官僚制，为了使人事制度更具灵活性；③建立绩效评估体系，以"三 E"［经济（Economy）、效率（Efficiency）、效益（Effectiveness）］作为绩效评估体系的推动力；④在公共管理人员身上应该体现鲜明的政治色彩，避免中立；⑤区分把握整体方向和事必躬亲；⑥政府职能被私营化和外包等方式削弱。[②]

4. 新公共管理理论的内涵

新公共管理理论是"公共性"与"管理性"的有机结合。"公共性"是新公共管理理论的基本价值理念。从"公共性"角度分析，政府与 NGO 拥有绝对的公共权力，与企业不同的是，他们承担着每个选民赋予的公共责任。他们秉着公平有效地向公众提供公共物品和服务的目标，不断地制订与实施公共政策，目的是有效地增进公共利益并使其分配得更加公平。"管理性"是新公共管理理论的基本工具理念。从"管理性"角度分析，在社会生产力不断进步的过程中，有效的"管理"是不可或缺的重要环节，"管理"不仅能够对劳动力要素进行有效的组织，而且还可以对技术类活动进行有效的组织，例如信息技术、组织技术以及物资形态商品的生产技术等。由此可见，管理是一项特殊的组织功能，并且作为管理者必须具有相当的能力，还要有合理的"管理权限"。新公共管理理论最重要的理念就是"让管理者来管理"，秉承

---

① 戴维·奥斯本、特德·盖布勒：《改革政府——企业精神如何改革着公营部门》，上海译文出版社 1996 年版，第 89～97 页。

② 欧文·E. 休斯：《公共管理导论》，中国人民大学出版社 2001 年版，第 113～125 页。

这个理念，良好的管理就变得相对容易了。在新公共管理理论看来，公共部门完全可以借鉴私营部门良好的商业经验来达到对公共事务良好的管理。

结合新公共管理理论产生的背景、理论渊源以及西方学者们各自不同的观点，我们可以将新公共管理理论的基本内涵做如下归纳：

（1）促进政府的市场化管理，建设“小而强”的政府。既然传统垄断型政府管理模式导致管理效率和生产效率低下，管理费用和生产成本过高，而私营部门的市场化模式又可以通过竞争来保证管理和产出的高效率以及低成本，为何不将市场化管理模式引进政府的管理模式中来呢？这就是公共管理者思考的问题。他们认为，应该以市场化的管理模式来进行公共资源的配置，只要是可以通过市场解决的问题，就让市场去解决，这样才能提高公共产品与服务生产者和供给者的工作效率。也就是说，要打破私人部门和公共部门的界限，同时公共部门要摆脱其在公共物品与服务供给上的垄断地位，通过委托代理让更加有效率的和充满竞争的市场去代替自己去完成公共物品与服务的提供。但如果公共服务的市场化又重新导致作为代理人的私营企业的垄断性的产生，那么同样是没有效率的，这样的改革就是毫无用处的。公共部门之所以会选择私营部门作为代理人来替自己完成提供公共物品服务的任务，还有一个重要的原因是私营部门的管理理念和技术是优越于公共部门的，因为私营部门的根本目的是利润最大化，所以他们会千方百计地提高自己的管理水平和技术水平。

（2）完善政府的动态治理理制度，实现自由化政府管理。传统的政府管理模式在处理公共事务时一旦出现问题，首先想到的是增加人员，导致机构膨胀臃肿，但当前的问题处理完毕后，这些冗员就处于闲暇无事可做的状态，所以领导为了让他们看似忙碌，就会安排一些无关紧要的事情让他们去处理。这样的政府是无法成为一个高效率的政府的。新公共管理理论者认为，政府的管理应该处于一个动态治理①的状态下，在不确定和迅速变化的环境中，政府应该持续学习以便深入理解可能影响国家未来的发展的各种内外因素，例如重新审查可能随着环境变化而变得不合时宜的规则和政策，使全球知识广泛应用于国家的独特

① 动态治理是指政府能够持续调整它的公共政策和项目以及改变政策的制定方式，以实现国家的长远利益。

环境。公共管理者是专业人士，阻碍他们实现高效率的并不是他们自身的能力，而是那些繁文缛节和不必要的规章制度。现实中的管理者具有非常有限的管理权限，在处理公共事务时缺乏灵活性，无法对变化的环境和顾客的需求做出及时准确的回应。因此，政府的改革应该充分考虑到管理者的管理权限的问题，给予管理者合理的管理权限，以便让其在政府冗杂的规章制度中脱离出来，让管理者充分释放自己的能量，真正地做到“让管理者来管理”。

（3）强化结果意识，完善责任机制与绩效评估体系。新公共管理者认为，政府管理应将最终的输出结果作为考核的标准。只要结果是好的，即使在过程中产生了负的外部性，好的结果也是可以弥补的；如果结果是坏的，那么再完美的过程也都是白费力气。正如企业中有一种ROWE（只注重结果的弹性工作制）[①] 的工作机制，虽然政府管理不能完全效仿这种机制，但可以从中得到一些启发，可以对提高政府工作人员的工作效率起到一定的作用。同时，新公共管理摒弃了以规则和程序为本的事前控制，建立起了一种新的责任机制，即以结果为本的事后控制体系。该体系使得控制方式由向政治官员负责的间接责任制转变为以顾客为中心的直接责任制。

（4）借鉴企业管理经验，提倡企业家型管理者。私营部门的管理方式是优于公共部门的，这个观念几乎在世界上的每个国家都能得到认同。私营部门讲究效率，公共部门讲究公平，将私营部门在实践中获得的良好的管理经验传给公共部门，使市场原则和效率进入国家行政，那么就实现了公共部门效率与公平的结合。比如，在公共领域存在一个长期困惑的问题，公共管理者无法在一个有效的激励机制下来完成自己的工作，私营部门却不存在这个问题，他们有很好的管理技术和激励体制。这就要求公共部门要充分吸收借鉴企业先进的管理经验，创造一个更有效率的政府。对于公共管理人员自身而言，他们有着和市场中的理性经济人一样的内在倾向，即自身利益最大化、机会主义、逃避责任以及存在道德风险的行为等。人本身是没有差别的，而差别在于后天所处的环境，公共管理者在各种规章制度的压制下，无法疏导自身的经济人

① ROWE（只注重结果的弹性工作制）是美国百思买公司一项激进的实验，旨在重塑公司工作环境、实现工作/生活的平衡达到空前高度，以及重新定义工作自身的本质。也就是，打破了规规矩矩上下班的传统，认为只要及时高质量地完成任务，无论在什么地方工作都可以。

的倾向，从而导致低劣的政府绩效；而私营管理者则处在一个竞争的环境中，完全可以利用市场机制来将自己自身的倾向转为为自己谋取利益的行为，致使自身经济人的倾向与组织获得最大利益的动机相吻合，从而促进双方的共同发展。因此，政府改革的重点应该放在设计一个合适的制度来疏导人自身的自利、机会主义和风险意识的倾向，使管理人员获得充分合理的管理权威，促进管理者形成自愿高效为公众服务的动机。

第3章 会计准则的动态周期

经济发展背后的核心是制度变迁，制度变迁涉及两个重要因素，一个是制度，另一个是技术。制度反映的是人和人之间的关系，而人和自然之间的关系体现在技术上。人在社会上有两件事，一个是制度，一个是技术。技术是人对自然的利用方式，制度是处理人和人之间关系的方式。技术的变迁会导致经济的巨大发展和变化，新经济的出现导致经济周期发生变化，经济周期的波动使得与经济周期密切相关的政策周期的改变，作为宏观经济政策之一的会计准则也会随之发生调整，这种调整是要适应经济和政治的需要。本书借用宏观经济政策分析的理论和方法来研究会计准则，其中一个重要的目的就是阐述经济周期与政策周期对会计准则动态周期的影响与作用，把握会计准则动态周期的构成与运行轨迹。

3.1 会计准则与经济周期、政策周期

3.1.1 经济周期

经济周期理论研究经济周期性波动的原因、性质、后果与对策，也是宏观经济研究的一个永恒主题。经济周期也被称为经济循环，是指资本主义市场经济中生产与再生产过程中出现的经济增长与经济紧缩的交替更迭以及循环往复的一种现象。①

---

① 刘崇仪：《经济周期论》，人民出版社2006年版，第38～47页。

在当代，技术和制度是互动的，也有互替的一面。所谓互动，是很多制度变革与技术变革相关，比如近代的工业革命、市场扩张与交通通信技术的变革等都是相关的。同时，制度也在推进技术的变革，如专利法的颁布，对技术创新有很大的推动作用。因此，在这种制度环境下，出现了一系列新的经济现象，即经济全球化和信息技术革命构成的新经济。新经济条件下的经济周期呈现出新的变化与特征。

1. 经济周期的长度

波长的衡量是相邻两个波峰之间的距离或者相邻两个波谷之间的距离。表 3－1 显示了 1857 年以来的经济周期长度，使用相邻两个波峰之间的距离来衡量。可以看出，新经济条件下经济周期的长度大大延长了，1990 年 7 月到 2001 年 3 月是历史上最长的一次周期，长达 128 个月。

表 3－1　　1857 年以来经济周期长度　　单位：月

1857. 6 ~	1860. 10 ~	1865. 4 ~	1869. 6 ~	1873. 10 ~	1882. 3 ~	1887. 3 ~	1890. 7 ~
	40	54	50	52	101	60	40
1893. 1 ~	1895. 12 ~	1899. 6 ~	1902. 9 ~	1907. 5 ~	1910. 1 ~	1913. 1 ~	1918. 8 ~
30	35	42	39	56	32	36	67
1920. 1 ~	1923. 5 ~	1926. 10 ~	1929. 8 ~	1937. 5 ~	1945. 2 ~	1948. 11 ~	1953. 7 ~
17	40	41	34	93	93	45	56
1957. 8 ~	1960. 4 ~	1969. 12 ~	1973. 11 ~	1980. 1 ~	1981. 7 ~	1990. 7 ~	2001. 3
41	32	116	47	74	18	108	128

资料来源：根据美国国民经济研究局（www. nber. org）发布的数据整理。

为了更直观地观察经济波动周期长度的变化，把 1857 年以来经济周期按照 1 ~ 31 依次编号，绘制各次周期长度变化的轨迹，如图 3－1 所示。从图中可以明显地看出新经济条件下经济波动周期长度的突出变化。

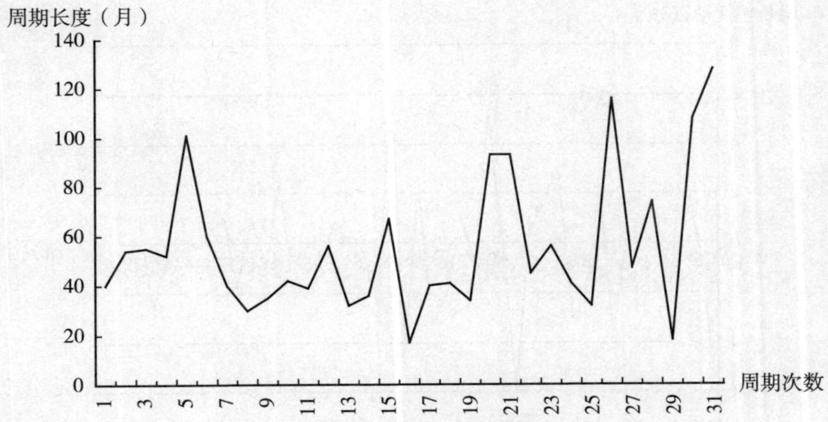

图 3 -1　1857 年以来各次周期长度

2. 经济周期的波幅

两种方法衡量周期波动的幅度。一种方法是一个周期内的波峰（peak）与波谷（trough）处经济指标的差距，一般用实际 GDP 的波动来衡量；另一种方法是实际增长率指标的波动，一般用实际 GDP 增长率的波动衡量。

表 3 -2 列出了自 1948 年以来各次经济周期的 GDP 波幅。

表 3 -2　　1948 年以来各次周期的 GDP 下降幅度　　单位：%

1948Q4 ~ 1949Q4	1953Q2 ~ 1954Q2	1957Q3 ~ 1958Q2	1960Q2 ~ 1961Q1	1969Q4 ~ 1970Q4
28.1	53.8	73.3	13.6	6.5
1973Q4 ~ 1975Q5	1980Q1 ~ 1980Q3	1981Q3 ~ 1982Q4	1990Q3 ~ 1991Q1	2001Q1 ~ 2001Q4
135.7	113.9	140.0	90.0	4.5

资料来源：GDP 数据、周期时间来源于美国国民经济研究局网站（www. nber. org）。

图 3 -2 为 1959 年以来美国实际 GDP 增长率变化值的波动情况，可以看出，无论用哪一种方法来衡量，20 世纪 90 年代以后经济波动幅度都大大降低了。

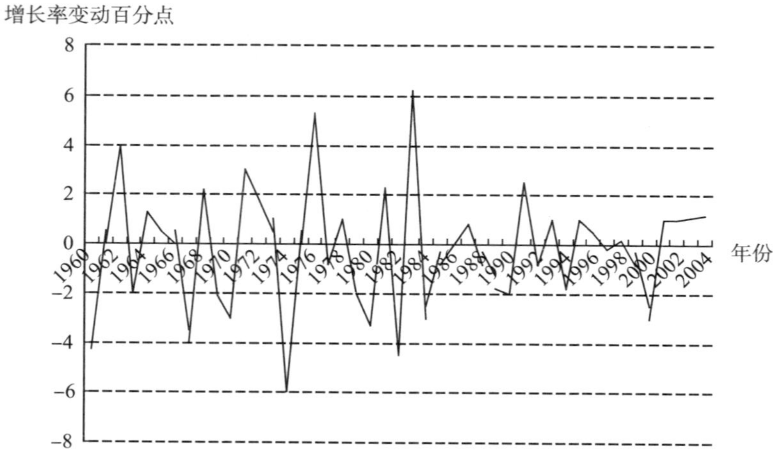

图 3－2　1959～2004 年美国实际 GDP 增长率变动值的波动

资料来源：根据 2005 年美国总统经济报告数据绘制，The White House：Economic Report of the President，Government Printing Office，2005.

3. 菲利普斯曲线的轨迹

20 世纪 90 年代初经济学家将失业率定在 6.5% 和 7.0% 之间，如果失业率低于这个水平，那么通货膨胀将会加速。因此，为了让对通货膨胀缺乏忍耐力的公众保持信心，不能让失业率降到 6.5% 以下。这些数字是依据长期的历史经验得出的。

图 3－3 表明了 20 世纪 60 年代以来美国经济中通胀和失业之间的运行轨迹。在 60 年代，当失业率降低到 5.5% 以下时，通胀率就会上升。

在 70 年代早期，失业率增加到 5.5% 以上时通胀就会降低，但是 1973 年石油价格冲击带来了通胀的急剧加速，到 70 年代末期，6.5% 以上的失业率才能减轻通胀压力。

20 世纪 80 年代早期只有失业率上升到 7% 以上通胀才会显著降低，80 年代末期和 90 年代早期，只要失业率降到 6.5% 以下通胀就会上升，失业率增加到 6.5% 以上通胀才会降低。

到 20 世纪 90 年代中期，生产率开始快速增长，通胀和失业的协同运动偏离了原有的轨道。90 年代中期失业率降低到 6% 却没有导致通胀的加速，然后失业率降到 5%，90 年代末期降到 4.5%，也没有引起通胀的加速。这表明菲利普斯曲线的轨迹发生了变化。

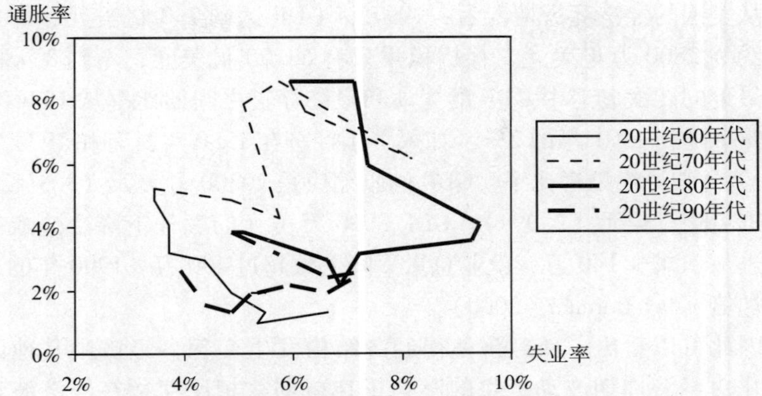

图3-3　菲利普斯曲线的变化

资料来源：J. Bradford DeLong：Do We Have a "New" Macroeconomy? *NBER Innovation Policy & the Economy*，MIT Press，2002.

从上述对经济周期的描述可以看出，新经济中既有稳定经济的因素，又有引起经济波动或加大经济波动幅度的因素，总之对经济的影响非常大。

4. 存货与经济周期

同样，反映到企业的经济活动中，新经济改善了存货、减小经济波动幅度，使产业结构和就业结构发生转变，有效地促进了微观经济的发展。下面以存货为例分析经济周期的变动在会计范畴的表现。

GDP变动和最终销售变动之间的差异就是存货变动。企业生产和销售之间的差异被存货的消散和积累吸收了。因此，当企业改良存货投资行为时GDP和最终销售之间的差距或比率就会缩小。从微观经济来说，当经济周期发生衰退时，一个重要的原因是企业的存货管理不善。当存货较少时，存货与GDP的关系不是很明显，但在分析经济的周期性收缩时存货管理的重要性就显露出来。[①] 在经济处于衰退期时，企业发现

① 布林德（Blinder）在1981年指出，一个典型的衰退中存货投资下降占实际GDP从波峰到波谷下降的50%～100%。

自己的存货规模过大，急剧地减少产量，消化存货，减少总需求，改善经济波动。

从美国的经济运行情况看，1997 年 GDP 达到 7.3 亿美元，即日产量大约为 2800 万亿美元，存货积累只有 63.20 亿美元，不到 3 天的产量。最近的四次衰退中 GDP 的变动和最终存货之间的比率从 1974 年的 3.26% 下降到 1991 年的 2%。如果美国经济在 1990 年具有和 1973 年同样的 GDP 和最终销售比率，GDP 的收缩应是 20300 万美元（3.3%）而不是 12400 万美元（2.0%）。GDP 8000 万美元的额外下降会造成就业人数进一步减少 140 万，就业总量下降人数超过 400 万，1990 年的衰退将会加倍（Jay Berman，2000）。

因此可以看出，新经济使得经济结构发生变化，经济中其他因素的变化对经济周期波动产生的影响正在减弱，相反存货在经济波动中的作用比过去明显，存货波动的减小对经济波动的幅度减小的作用加大。

3.1.2 政策周期

1. 政策周期

20 世纪 60 年代，美国政策科学领域专家琼斯提出了政策周期这一概念，政策周期的提出对整个政策科学领域的发展起了极大的推动作用。政策周期是将政策划分为几个阶段，即政策制定、政策执行、政策评估、政策监控以及政策终结构成。琼斯认为，新的宏观政策不是凭空想象的，它是在继承原有政策的基础上为适应新的社会环境对原政策进行调整和修改，形成新的政策的过程，是一种新旧政策的循环替换产物。①

政策分析的框架是尽可能在结合社会现实和考察现有政策制定和执行的分析框架，这是政策周期理论的最初设计理念。琼斯（Charles O. Jones，1984）认为，政策过程架构的基本要素有：感知、界定、汇

① 政策周期理论也被称为政策的过程模型，通过阶段性的描述，对政策进行程式化的分析。过程模型一直是理解和研究公共政策的基础架构。尽管在政策科学领域对此一直存有许多疑虑，但并没有动摇阶段分析方法在政策过程分析中的主导地位。

集或累加、组织、确立议程、方案形成、合法化、预算、执行、评估和终结。[①] 公共政策的过程模型实际上是把政策过程视为一种政治行为的生命过程来加以描述的。一个政策的实际生命过程依据具体的政策内容和环境而异，甚至逻辑程序也会发生很大的变化。

一个完整的政策周期包括制定—执行—评估—监控—终结这几个阶段。制定是周期的核心；执行是政策理想的实现关键；评估是一种对政策效果的权威检验；监控是周期运行过程中的连接点，在政策周期的每个环节都必须有这项活动，通过政策监控，能够及时发现并纠正政策偏差，从而提高政策绩效，实现政策目标；政策终结则意味着一个旧周期的结束。

政策周期的运行程序如下[②]：

（1）矛盾问题的产生。世界上没有一个国家是不存在社会问题的，也没有哪个国家的社会秩序是完全公正和安全的，任何社会都存在着急需解决的社会问题。每一个社会在发展的过程中，都会遇到问题和产生困难，使社会成员的正常生活秩序被打破，这些问题和突发事件很容易引起人们的关注，这时政策出现了，因此，公共政策是解决社会问题的途径。社会中旧的问题刚刚解决，新的问题又出现了，在这个实践过程中社会不断发展，人类不断进步。

（2）社会问题的界定。在社会中，每天都会产生很多问题，有的问题是私人问题或少数人的问题，只有那些能够进入到政府的视野中，引起政府的关注、进入政府的议事日程中才能转化为政策问题。社会问题的界定需要判断和分析该问题的内涵和界限，问题的性质、严重程度和关联性，可能进入到政府的视野和关注的途径。

（3）政策议程的建立。由于社会中的问题复杂多样、千差万别，政府没有能力都给予关注，即使注意到了某些问题的重要性，有时由于各种因素的制约也无法全部解决。因此，政策议程成为社会问题上升到政策问题的关键环节，也是唯一问题获得解决的途径。政府部门在日常的工作中那些常规性的政策议程消耗的资源并不多，大量的时间和精力用于了解决新问题上。

① 琼斯：《公共政策研究概论（第三版）》，布鲁克斯/科尔出版公司1984年版，第27～29页。

② 谢明：《政策分析的理论与框架》，中国人民大学出版社2004年版，第57～58页。

（4）政策方案的设计与规划。当某个社会问题被政府纳入政策议程之后就意味着进入了解决问题的政策方案的规划阶段。政策方案的设计与规划是政策制定过程的核心，政策规划的主体有两类：一类是政府机构；另一类是社会组织和公民。这两类主体对政策方案进行策划、设计、评估和选择。

（5）政策方案的执行。由政策制定主体对政策方案设计和选择以后，就进入到政策执行这个阶段。在政策执行过程中，政策执行者应该对政策方案充分理解，组织和搭配和执行人员，建立执行机构，利用各种社会资源，有效地解决社会问题，实现预先设计的政策目标。

（6）对政策执行效果的评价。政策周期模型中的评估是对政策执行以后的政策效果的绩效评价，在评价时依据一定的判断标准对政策效果给出一个公正和客观的结论，这个结论也是确定今后政策的价值和取向的依据。

（7）政策的修改调整与终结。在政策评估的结论的基础上对政策的走向做出决策。当有的政策已完成使命或者已不适合政策环境的变化时，这些政策就不适宜再继续实施，应该对其终结或者进行必要的调整；有的政策需要重新调整或界定政策目标等，这也恰恰是政策周期所反映出的，即政策是不断调整和完善的。当政策退出以后，要及时出台新的政策来规范这个领域，因此政策进入新一轮循环。

每一类政策都有各自的政策周期，它们的时间长度、变化方式和运行轨迹都不同（见图 3－4）。决定政策周期的因素非常复杂。一般说来，解决社会问题的政策目标越大、政策的环境越复杂、政策执行的难度越大，那么政策的循环周期就越长；相反，政策的周期越短。当某些政策符合群众的利益，被社会接受和欢迎，那么这项政策人们就希望它的周期长一些，并以法律的形式固定下来，以便具有较强的稳定性；当一项政策不被人们看好，或损害了大众的利益，人们就希望它的周期短一些，尽快结束。①

① 陈振明：《政策科学》，中国人民大学出版社 2004 年版，第 350～351 页。

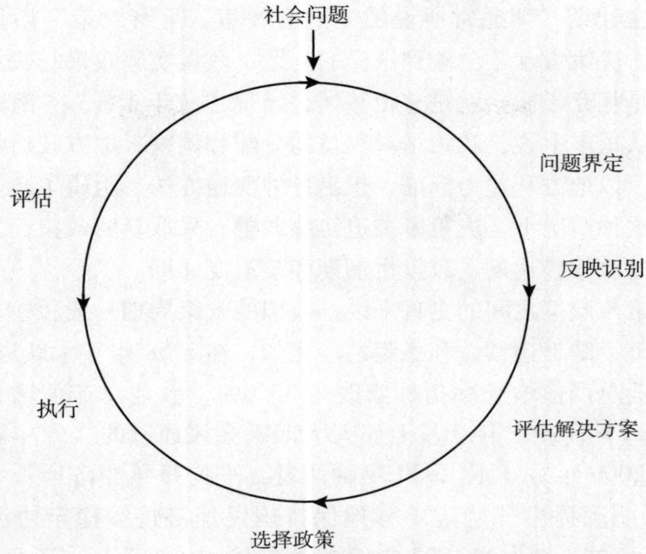

图 3-4　政策周期模型

2. 我国的政策周期

在我国，从一项具体政策来看，一是由于我国目前尚处于社会主义初级阶段，各方面体制、制度不完善；二是中国地域辽阔，各地区差异大，发展不平衡，一项政策并非完全按照制定—执行—评估—监控—终结的程序进行，表现为传达期、贯彻期和变通期，这是我国所特有的政策周期。①

所谓传达期，即“传达动员”阶段。传达动员形式有两种：一种是自上而下的有组织的内部传达；另一种是在全国范围内公开动员。前者借助政党的组织系统，后者借助现代通信工具，便于在极短的时间内集中各种资源。

所谓贯彻期，即“贯彻实施”阶段。针对不同的政策，制定具体政策和措施。使政策既被各个利益相关者理解，也能够顺利地执行并发挥作用。

---

① 胡鞍钢：《中国政策周期与经济周期》，载于《中国社会科学季刊》1994 年第 8 期，第 90 页。

所谓变通期，即通常所说的“上有政策，下有对策”阶段。政策执行之后，决策者常常会碰到这样的问题：政策实施效果与决策者的预期目标不是相互矛盾，就是差距甚远，出现“政策走样”“南辕北辙”。这是因为从根本上说，政策是对利益的分配和调整，地方政府从本地区利益出发，以地方利益为标准，想出各种变通方法，阻碍了政策的顺利推行。在这种情况下，决策者被迫实施调整，采取新的政策，又重新进入下一轮的政策传达期、政策贯彻期和政策变通期。

从政策与政策之间的更替来说，我国的政策周期一般较短，政策目标不断调整，缺乏连续性和稳定性。比如，在1958年“大跃进”期间，将当年工业总产值增长率指标修改为33.0%，农业总产值增长率指标修改为16.2%；1991年3月七届人大四次会议通过的“十年规划”目标是，在2000年GNP比1980年翻两番，平均每年经济增长率指标为6%左右，明确提出“坚定不移地保持国民经济持续稳定协调发展”。而到1992年的十四大和1993年的八届人大一次会议上，要求重新修改“八五计划”和十年规划，发展目标又改为提前到1995年实现GNP翻两番，经济增长率指标提高到8%～9%，经济发展指导方针改为“加快改革开放和现代化建设步伐”。

总之，政府交替制定和执行扩张性政策和紧缩性政策造成了政策的扩张和衰退的交替出现；形成了政策周期。政策周期的出现和交替形成了周期性的经济政策（经济扩张—经济紧缩—再扩张—再紧缩），导致了经济发展不断呈现繁荣—衰退—再繁荣—再衰退的循环变化过程。因此，政策周期与经济周期是密切相关的，对经济波动及波动幅度起着重要作用。

3.1.3 会计准则与经济周期、政策周期

从上述分析中可以看出，新经济的出现使得经济周期发生变化，经济环境的改变促使政策为适应经济形势而调整，并出台一系列新政策，从而形成政策周期。会计准则作为宏观经济政策的一部分，也呈现出周期性的特征。

经济领域的“经济政策周期”现象表现在经济扩张政策与经济紧缩政策的相互交替变动上。政策的本质是政治。政治和经济的区别是，

政治是人和人之间的利益冲突，经济是人和自然的那种关系。[①] 政治和经济放在一起，就是既要考虑人和人之间的利益冲突，又要考虑人和自然之间的关系，政策是人和人之间的行为规范，即人和人之间的互动均衡，经济是考虑人与自然的关系，会计准则本身是立足宏观经济政策，为经济服务的二者结合体，是利益冲突的解决办法，是一种利益均衡。

政策过程与经济过程不可分离，它们相互作用，相互影响。国家干预社会经济生活的主要手段是宏观调控，宏观调控的表现形式是出台一系列的公共政策。市场经济下，经济活动对政策的反映非常强烈，他们之间的相互关系非常密切。当某项公共政策与经济发展相悖时，经济就呈现出波动、社会发展就会萎缩乃至停滞；当公共政策的出台符合经济发展的需要时，社会经济就会快速、积极的发展。因此，公共政策的周期性变化必然会使经济发展有周期性的变化，经济的周期性变化反映在会计领域中使会计准则也出现周期性的变化，由此可以得出会计准则的动态周期是客观存在的。

我国政策周期变化与经济发展也呈现出来的周期之间的相互关系。周期性的政策变化使经济发展处于经济扩张期和经济紧缩期的交替变换之中，经济扩张期与历次党代会或重要人代会具有一一对应关系；每次经济收缩与历次政府经济紧缩政策相关。经济扩张政策与经济紧缩政策相互交替变动，构成了中国特有的政策周期。[②]

政府对经济生活干预的基本手段是制定和实施公共政策，以政策、法规及行政手段来弥补市场缺陷，纠正市场失灵。与宏观经济政策相比，会计准则也是一个复杂的过程，存在着障碍和制约因素，政府有时难以制定并执行好会计准则，导致某些会计准则的失效。会计准则的失效非但不能起到促进市场机制的作用，反而加剧了市场失灵，带来更大的资源浪费，甚至引发社会灾难，这是非市场缺陷及政府失败的一个基本表现。

---

① 在制度经济学中，“制度”是指人和人之间的行为规范，或叫人和人之间互动的均衡；经济是考虑人与自然的关系，制度经济学是考虑这两者的。制度经济学与政治经济学之间有区别，政治经济学解释人和人之间的利益冲突，但冲突没有解决的办法。

② 娄成武：《公共政策学》，东北大学出版社2004年版，第49~54页。

1. 会计准则的变迁及其寻求均衡过程

会计准则的历史变迁是在社会经济发展的过程中会计准则体系的变化、调整、发展。企业生存环境、物价水平的变化等诸多因素导致了会计准则的历史变迁。

从宏观经济政策的角度来看，会计准则的微观世界的变迁是会计准则寻求均衡的过程，是社会中各个利益相关者追求各自利益最大化的决策结果。当会计准则能够满足社会各界的需求时，它就处于均衡状态，此时会计准则是稳定的。随着各个利益集团势力的变化，势力变强的利益集团对利益的分配开始不满，要求重新设计会计准则，以获得更大利益，这时均衡在改变，从而使会计准则的均衡点发生改变，在找到新的均衡时意味着下一个会计准则周期开始了，会计准则的变迁就这样周而复始地运动着并向帕累托最优的会计准则体系前进。①

以王建新的论证为例解释会计准则的变迁和会计准则均衡的运动过程。在图 3－5 中，TR 代表会计准则的总收益；TC 表示会计准则的总成本；MC 代表会计准则的边际成本；MR 代表会计准则的边际收益；π(AS)表示会计准则的利润；AS 表示会计准则系统。三个公式和会计准则均衡模型演示了会计准则变迁的过程，见图 3－5。②

$$TR(AS) = \Delta AR(AS) + \Delta RR(AS) \tag{3-1}$$

$$TC(AS) = PDC(AS) + CC(AS) \tag{3-2}$$

$$\pi(AS) = TR(AS) - TC(AS) \tag{3-3}$$

在图 3－5 中，会计准则的总收益随着会计准则的不断完善，它的收益也不断增加，此时是增函数，但随着会计准则总收益增加的潜力慢慢减小，上升速度变慢，会计准则的边际收益开始下降，当会计准则超出环境因素的制约时，出现负的边际收益，此时会计准则的总收益下降。会计准则的总成本 TC 也是会计准则变迁的增函数。随着社会环境和经济因素的日益复杂，准则的变迁成本越来越高，边际成本 MC 也呈上升趋势。由于社会环境和意识形态关系到会计准则的总成本和总收益的大小，当环境因素和意识形态发生变化时，总成本和总收益也将发生

① 王建新：《我国会计准则制定及其效果评价》，中国财政经济出版社 2005 年版，第 17～18 页。

② 林钟高：《会计准则研究》，经济管理出版社 2007 年版，第 265～267 页。

变化，使会计准则（AS）的均衡过程向上演进，一直到找到新的均衡点才结束本轮的变迁。

由于会计准则制定者的有限理性与个人偏好和经验的限制，颁布实施的会计准则不可避免地在某些方面存在漏洞，当这样的会计准则缺陷被某些利益集团发现并利用时就会扰乱会计领域的正常秩序，此时会计准则的制定者就会填补漏洞，对会计准则补充、解释或是重新制定。以 2003 年我国对八项资产计提减值准备的规定为例，企业在使用资产减值准备时给股东和经营者留下了企业经营业绩的盈余管理空间，扰乱了会计秩序。在 2007 年新的会计准则设计颁布后我们发现颁布的新资产减值准则，明确规范了资产减值的判断以及减值信息的披露等，填补了会计准则的设计漏洞，遏制了企业随意操纵利润的财务舞弊行为。

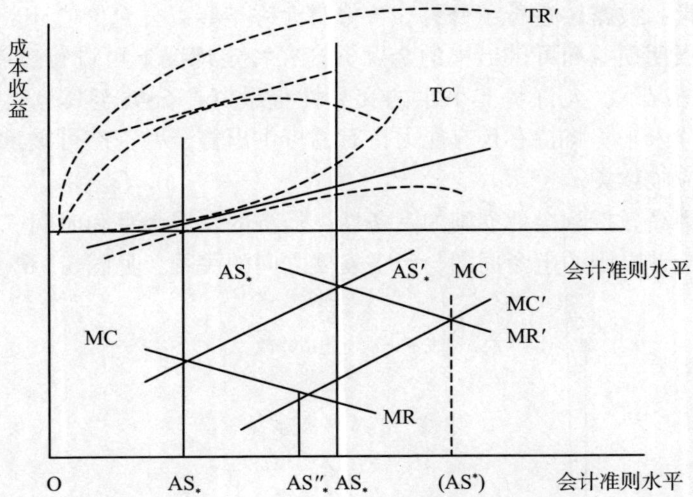

图 3－5　会计准则变迁的均衡模型

2. 会计准则与经济、政策周期

会计准则作为政府干预社会经济生活的手段之一，在记录社会经济的发展情况时，会计准则与经济发展之间的相互关系就更加密切了。当会计准则促进经济发展的要求时，经济就蓬勃发展；当会计准则阻碍经济发展时，经济就呈现出波动、萎缩乃至停滞状态。由于经济本身是一个运动的周期过程，周期性的变化必然会对会计准则的发展产生影响，使会计准则的发展随着周期性的经济波动变化呈现出不同的发展周期。在经济持续发展的情况下，会计准则会趋于稳定和高效，当经济出现波动时，会计准则也会跟着经济而变动。

经济危机、经济案件尤其是财务舞弊案件的出现是促使会计准则体系变革和新会计准则颁布的催化剂。以琼民源事件为例，琼民源事件发生后有了《关联方关系及其交易的披露》的会计准则，世纪星源事件促使我国出台了《收入》的会计准则。因此，我国每一项具体会计准则的发布，都有一定的背景和原因。2008 年的金融危机使世界各国经济都受到巨大冲击，IASB 为刺激世界各国的经济复苏，从会计准则的实际和制度上做出了很多修改。IASB 在 2008 年底对《国际会计准则第 39 号——金融工具：确认与计量》和《国际财务报告准则第 7 号——金融工具：披露》进行了修订。该修订允许某些以公允价值计量且其变动计入当期损益和可供出售的金融资产在特定情况下可进行重新分类。在特殊情况下，允许将非衍生的交易性金融资产分类至其他类金融资产；预计未来仍将持有且有能力持有的可供出售金融资产可被重分类至贷款及应收款类。

林钟高教授从会计准则的完备性、经济的发展水平和时间三个维度分析了会计准则的生命周期与经济发展之间的关系，见图 3－6。[①]

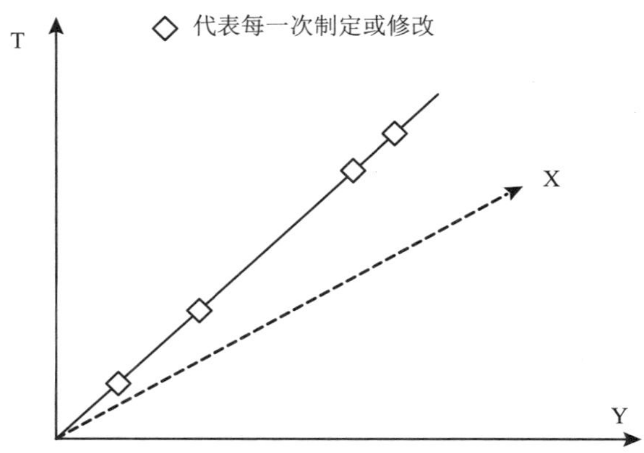

图 3－6　会计准则的完备性、经济发展水平和时间三维关系

① 林钟高：《会计准则研究》，经济管理出版社 2007 年版，第 83～85 页。

设 Y 为会计准则完备性，X 为经济发展，T 为时间。

则 Y =（FX，T）

在制定或修订的“点”上，会计准则制定的过程就是利益各方博弈形成“利益平衡”的政治过程，只要平衡点没有形成，会计准则就会不停地同社会目标和不同利益集团进行权衡，由于会计信息具有经济后果，从而会影响经济的发展方向，使经济向着会计准则所希望的方向发展。

公元前 3600 年，在希腊和罗马已经出现某些会计观念，有了反映经济情况的记录，随着经济制度的变革，会计技术和会计观念也不断改进，工业革命时期，一系列经济事件、商业和工业的迅速发展也使会计有了进步[①]，极大地推动了会计理论的发展。因此，经济制度在很大程度上影响会计准则，会计准则为了自身的生存也要不断适应环境的变化，并呈现出与经济周期高度相关。

1929 ~ 1933 年的资本主义经济危机促使了美国会计准则的产生。剧烈的经济危机使美国的证券市场几乎完全崩溃，财务报表不真实，广大股票投资者遭受了巨大损失。迫于这些压力，证券交易委员会负责制定会计原则。因此，从会计诞生之初，会计准则的演变与发展就与经济紧密联系在一起的，会计准则周期与经济周期是相互关系的。

纵观我国会计准则发展历程，准则的颁布和修订也是来自经济变动和外部冲击。周期性的经济变化使会计准则的发展处于经济扩张期和经济紧缩期的交替变换之中，由此构成了我国的会计准则周期。

新中国成立以来，我国一直采用分所有制、分部门和分行业的会计核算制度来规范企业的会计实务。这种做法是在 20 世纪 50 年代借鉴苏联会计方法和经验的基础上发展而成的，是与高度集中的计划经济体制相适应的。70 年代末期，我国开始在政治、经济等领域进行改革，与之对应的各项政策有较大的变化，社会经济情况也有很大的变化。会计作为一项重要的经济管理活动，也必须适应经济形势的发展。此时，我国少数会计专家和学者开始关注会计准则问题，积极为新的经济体制寻找相应的会计核算模式。80 年代，合资企业、独资企业的出现以及我国企业经营机制的转换使原有的会计核算与管理体制的缺点暴露出来。

① 卢现祥：《新制度经济学》，武汉大学出版社 2004 年版，第 65 页。

国民经济宏观管理和调控、银行的贷款分析、企业内部管理和企业之间的公平竞争等由于所有制的不同、程序和报表格式不同和各种会计计量和确认的方法不同都难以进行，极大地阻碍了国家的发展。这时，会计理论界对会计准则的研究和讨论也逐渐增多。1988 年，财政部明确提出要制定会计准则，改革会计核算制度。1992 年正式发布了《企业会计准则》，并要求从 1993 年 7 月 1 日起在我国境内的所有企业实施。《企业会计准则》的发布，不仅标志着我国会计准则的正式产生，而且标志着我国会计准则从理论研究步入了会计实务，为我国会计准则体系的建立、发展和完善奠定了基础。由于我国的社会制度以及历史传统文化与西方国家有差异，对于国际财务报告准则没有规范而我国特有的经济交易事项，应当制定专门的会计管理方法进行规范①，应从实际出发，按照交易事项的经济实质来规范和设计符合国情的会计处理方法。

综上所述，会计准则与经济、政策周期也是密不可分的，它们相互作用，综合影响。当会计准则符合国家经济发展时，经济就蓬勃发展；当会计准则阻碍经济发展的时候，经济就会进入衰退时期。

3.2 会计准则的动态周期

3.2.1 会计准则动态周期的内涵

本书阐述的会计准则动态周期是建立在动态管理理论与宏观经济政策分析基础之上，将会计准则看作是具有非竞争性、不可分割性以及排他性的公共产品，系统地分析会计准则作为一种经济政策和集体选择的结果如何影响经济领域的发展。

古希腊学者赫拉克利特就曾说过，“因为河水是在不断流动的，所以一个人不能两次跳入同一条河流”，世界处于一种不断变化的状态，每件事物都在运动，没有绝对静止的事物，冷的变暖，暖的变冷，潮的变干，干的变潮，事物正在变动中求得和谐。② 现代哲学家继承和发展

① 魏明海：《会计理论》，东北财经大学出版社 2005 年版，第 47 ~ 48 页。

② 谢明：《政策分析的理论与实践》，中国人民大学出版社 2004 年版，第 53 ~ 54 页。

了这种辩证理论，认为世界不是彼此孤立、静止不变的，而是互相联系，变化发展的，世界上只有永恒运动着的物质，不存在一成不变的事物，整个世界，从微观到宏观，从草木到动物，从有机到无机，从自然到社会，物质都处于永不停息的运动变化之中。

一种社会制度在被另一种社会制度取代之前，始终保持其社会的性质，处于一种相对稳定的静止状态。静止是有条件的，暂时的，相对的。物质的运动体现了绝对运动与相对静止的统一，并不是复杂无序的，而是有一定规律的。规律是事物运动过程中自身所固有的本质的必然联系，反映了事物运动过程中确定不移的基本秩序，它决定着事物的发展趋势和最终结果。

把组织比喻成一个不断变化着的事物，就是要运用辩证观点来认识和解释组织现象，从组织的整体和全部看它的个体和局部，从统一联系看矛盾和问题，从绝对运动看相对静止，从发展变化看客观规律，总之，组织的动态比喻为人们提供的一种正确分析组织现象的辩证方法。同样，作为宏观经济政策之一的会计准则是规范社会经济行为的规律，也是具有动态的本质特征。

结合我国的会计准则实践，会计准则动态周期是指会计准则经过制定—执行—评估—监控等几个阶段后形成的一个循环周期。随着时间的推移以及会计准则环境的变化，会计准则还会遇到一些新情况、新问题，只有适时、灵活、正确地处理这些新情况和新问题，才能顺利实施会计准则的目标。会计准则本身是一个运动、发展的过程，旧的准则渐趋终结，新的准则不断产生，从而形成会计准则循环往复的周期现象。

会计准则动态周期的研究有助于会计准则的推陈出新，生产出高质量的会计信息。会计准则动态周期理论的研究还包括对新旧政策二者之间关系的研究。新的准则往往不是随意想象的，它一般是在原有会计准则基础上修改和完善的，是新情况和新形势的需要。因此，从会计准则之间的相互关系角度看，会计准则的动态运行核心是会计准则自身的清理和纳新，在获得发展内在动力的同时，趋同国际会计准则体系的设计和理念，见图3－7。

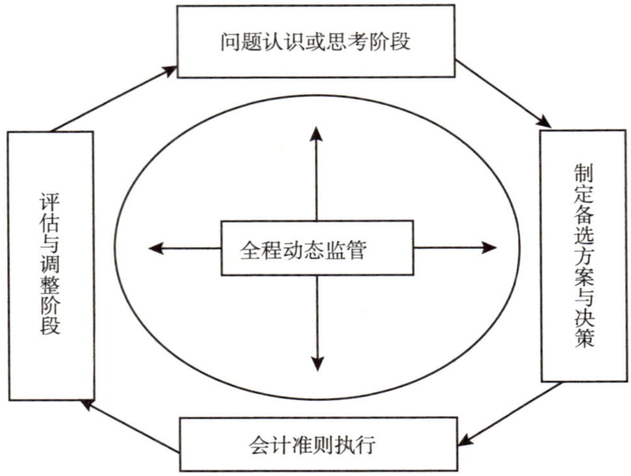

图 3－7　会计准则动态周期

3.2.2　对会计准则动态周期的理解

（1）会计准则动态周期采用系统观，着眼于整个组织的改善和盈利能力的提高；传统会计则明显比较狭隘，只关注局部的改进。优点在同传统会计的对比中展露无遗。

会计准则的动态周期由一系列活动构成的思想和行为不断调整、不断变化的过程。一方面，会计准则无论制定得多么科学和正确，都不可能与复杂多变的现实完全一致；另一方面，随着时间的推移、会计活动的推进以及环境和条件的变化，会计准则还会遇到一些新情况、新问题，会计准则的制定者只有根据这些新情况、新问题，适时灵活的应付和处理这些问题，才能使会计准则顺利实施，实现既定的会计目标。根据变化的环境，不断地改变、修正和调整原定的会计准则计划和程序，是会计准则动态周期具有的特征和作用。

（2）会计准则动态周期的形成过程是表现经济政策和集体选择影响经济领域的发展的反映。

会计准则制定者为了事先探索某项准则的可行性，要听取各个利益相关者的意见，并参与到会计准则的制定和方案的设计中来。同时，在会计准则的执行过程中，会计准则的环境发生变化而必须修正目标时，会计准则的制定者与执行者之间的协商也是不可避免的，尤其是在利益集团的势力发生变化时强势的利益集团会要求调整会计准则以适应自己的需要。这时，决策层就要与这些集团进行协商，以求在最小范围内对目标进行修正。

如图3－8所示，在会计准则形成后进入执行阶段的过程中，随着时间的推移，反对作用的影响使会计准则呈现出非线形的不规则变化，直到会计准则变化过程变为日常化，即稳定为线形为止，即经过几个阶段的调整，最终达成妥协。① 一方面上层规范会计准则细节，界定会计问题的本质，希望会计准则目标能够付诸行动；另一方面则是基层官员以自己的专业知识与经验，选择性的进行会计准则执行。在这种循环中反复多次，最终会计准则逐渐稳定，矛盾趋于消失。

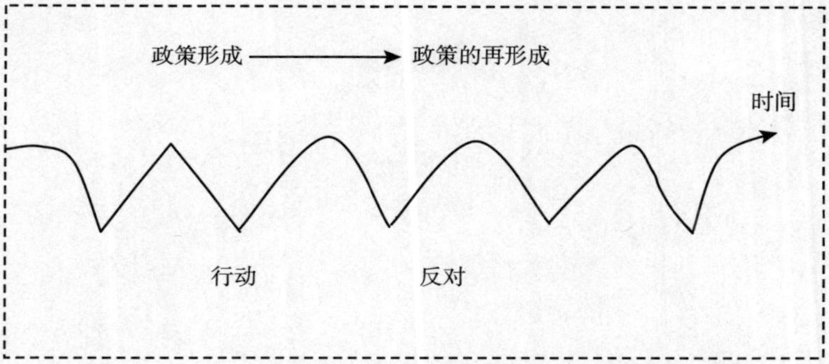

图3－8　会计准则的动态过程

资料来源：Susan Barrett and Colin Fudge, "Examining the Policy – Action Relationship", in Susan Barrett and Colin Fudge (eds.), Policy and Action (London: Methuen, 1981).

（3）每一类政策都有各自的政策周期，他们的时间长度、变化方式和运行轨迹都不同。决定政策周期的因素非常复杂，这些特点同样适用在会计准则这一经济政策。一般说来，解决会计问题的会计准则目标越大、会计准则存在的环境越复杂、会计准则执行的难度越大，那么会计准则的循环周期就越长；相反，它的周期越短。当某些会计准则的制

① 巴雷特（S. Barrett）提出的有关模式对研究会计准则的动态周期具有指导意义。政治模型是以政策过程中总是存在着现实的或者潜在的矛盾为前提，主张以妥协方式解决各种矛盾，从而达到提高政策效率的目的。

定符合群众的利益，被社会普遍接受和欢迎时，那么这项会计准则人们就希望它的周期长一些，并以法律的形式固定下来，以便具有较强的稳定性；当一项会计准则不被人们看好，或损害了大众的利益，人们就希望它的周期短一些并尽快结束。

第4章　会计准则动态周期的运行过程及实证检验

从前面的文献综述可以看出，过去对会计准则的研究多是把会计准则当做一种制度，是平面化和静态化的，各个阶段如会计准则制定、执行以及监管等是孤立的，不相互联系的。在本书中，认为会计准则是动态的，连续的，并按照自己的轨迹运行。

4.1　会计准则动态周期的主体、客体与运行环境

会计准则运行系统是会计准则动态周期运行的载体和基础。会计准则系统是会计准则制定过程所包含的一整套相互联系的因素，包括政府、社会团体、会计制度以及社会全部的法律和价值观。按照宏观经济政策理论将会计准则系统划分为会计准则主体、会计准则客体及会计准则环境。从系统理论的角度看，会计准则系统是研究会计准则动态周期运行过程的前提。会计准则系统内部各因素的配合与运转的好坏直接影响到会计准则的运行是否顺畅以及决定会计准则效果的好坏。

4.1.1　会计准则动态周期的主体

会计准则动态周期主体一般可以界定为直接或间接参与会计准则动态周期过程中制定、执行、评估和监控的个人、团体或组织。但是，由于各国社会政治制度、经济发展状况和文化传统等方面的不同，各国的会计准则运行过程有一定差别，因此会计准则主体的构成因素及其作用

方式也有所不同。

1. 政府

政府像一个企业，只是一个非常特殊的企业，是提供“公共物品”的企业，这和一般的企业有区别。[①] 提供“公共物品”是它的特点，它为了提供该物品，需要有一个独特的要素即“暴力”，也就是政府为了提供“公共物品”要有合法的“暴力”。政府与企业一致，要提供物美价廉的物品。一个政府要提供“物美价廉”的“公共产品”，也就是它提供很好的公共服务的同时，要收较低的税，这就叫作“物美价廉”。国家之间、地区之间的竞争就是要靠政府提供这样一种“公共物品”，同时又能收比较低的费用来实现。

政府作为会计准则制定的主体，同样希望向社会提供价廉物美的公共产品。不同类型的政府会制定出不同的会计准则，实现不同的会计目标。从公共选择理论来看，由于政治家是追求个人私利的普通人，使得他们致力于谋取个人的利益，而不是加总社会每个个体的偏好而做出合乎全体选民利益的会计准则。这样就可能产生以下结果：（1）在实行民主政治体制的国家中，政府的偏好就是全体选民的偏好；（2）在集权制国家中，统治者的偏好就是全体人民的偏好；（3）在专制国家中，独裁者的个人偏好就是整个社会的偏好。在上述假设的基础上，不同类型的政府在制定会计准则时有着不同的会计目标和会计准则设计方案，如图 4－1 所示。

假定一种经济模式由政府和企业组成，社会的生产要素是一定（OO′线段）的。政府部门的产出，即会计准则有助于提高企业的产量。曲线 ACO′是生产要素在两类部门的分配及对会计准则的影响。无政府时，会计准则为 OA，政府规模最大时，会计准则为零，在专制国家中，政府颁布的会计准则是全部被企业接受的，此时生产要素的投入为零，曲线 OGR 为政府税收收入。显然，它是生产部门产量的函数。曲线 FE 为提供会计准则的成本。在 G 点，政府税收收入与支出相抵，会计准则的提供、政府的投入均达到最佳值。

---

① 从经济学角度来分析，政府的目标是推进本地区的经济发展、实现本地区国民收入最大化，即提供公共物品，当然政府是提供公共物品的，但并不是所有的公共物品都是由政府来提供的。

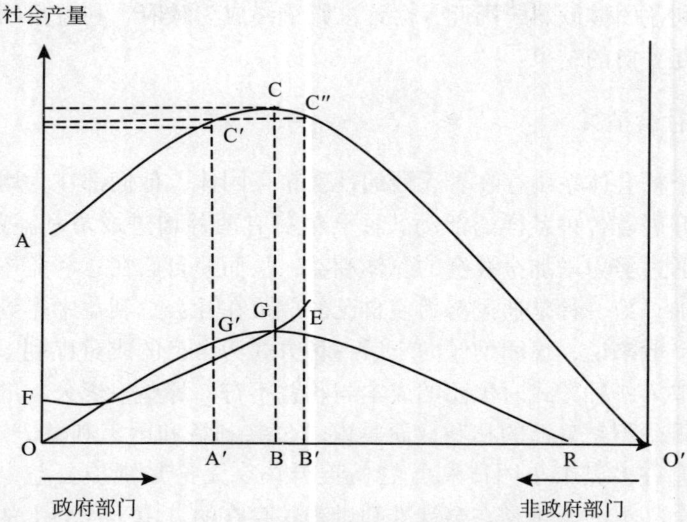

图 4－1　不同类型政府的会计准则

我国的会计准则制定机构是政府为主，但在美国，有制定会计准则愿望和机会的不仅有政府还有非营利组织等社会组织和利益团体，他们都想制定和实施符合自己利益的会计准则。例如在铁路、石油以及天然气这些利益中，非上市公司对会计原则委员会（APB）和财务会计准则委员会（FASB）制定颁布的某些会计准则可以不遵循，同时可以选择有利于自己的另一些会计准则来替代。①

满足公共利益、增进社会福利这一目标往往被政府描述为会计准则的制定目标，事实上，这成了某些利益集团获得私人利益的工具。会计准则具有较大的强制性，但会计准则是政府制定并监管和评估，破坏会计准则体系就是对政府的藐视，这是国家法治体系不能接受的。同样，政府官员是会计准则制定机构的主体，由于个人偏好和经济人的特点，他们也追求私人利益最大化，实现更多的创租利益，获得额外收益而制定有利于某些行业和集团的会计准则，对于这些暗箱操作，社会其他企业和个人是麻痹和不知实情的。

政府的利益是在制定会计准则时应该首先保护的，同时由于来自利益集团的巨大经济和社会势力的影响，会计准则在制定时一定程度上会

① 戴奉祥：《企业会计政策选择的经济后果与政治成本》，中国财经网，2007 年 6 月 11 日。

向这些利益团体倾斜，因此，会计准则最终成为政府、利益集团和社会公民相互妥协的结果。[①]

2. 社会精英

一个社会体系中存在着无数的社会精英团体，他们都在为增进公益或私益开展着各种各样的活动。社会精英有两种增进成员利益的途径：一种是通过努力增加全社会的总体利益，从而使自己在总利益中的份额随之增加；另一种是通过努力使自己的成员在社会总利益中得到更多的份额。一般来说，集团均倾向于后一种方式为自己的成员谋利，其原因在于采取第一种方式时集团的成本与收益不符。那些追求公益的社会精英，看重的不是自己的私利，而是谋求公共利益和国家利益。[②] 与此相反，也有许多谋求小团体利益的精英群体。无论是维护公益，还是私益，社会精英的影响是在会计准则过程中存在的。由于社会上的不同个体在提出某种问题时显得无力，这就需要参与到某种集团当中，借助集团的力量表达自己的想法，获得利益。在后产业社会里，社会精英为了各自的目的试图参与到会计准则的各个过程中，掌握他们的动态，是提高会计准则效果的途径之一。

在会计准则的制定过程中，社会精英都会力求把准确的信息和资料反映给会计准则决定者和执行者，以便尽可能增进公益或私益。但在会计准则效果评价过程中，社会精英在有限的范围内发挥影响，那些学术团体或专家协会要对某些会计准则作出正式或非正式的评价，影响到政府机关或民间组织。

在会计准则设计和制定中引起社会精英团体之间冲突是常有的事情。一方社会精英利益的增加必然是以另一方精英团体利益减少为代价的，并不是不想满足所有人的需求而是资源的有限性导致无法实现。会计准则作为宏观经济政策的一部分本身就是一种利益分配的行为，必会涉及社会中所有利益团体的利益。在旧会计准则体系没有变化时，精英集团的利益分配看似是均衡的，但颁布实施新的准则以后，原有的利益

---

① 林钟高：《会计准则研究》，经济管理出版社 2007 年版，第 97 ~ 98 页。

② 现行公共选择程序下，作为经济人的公民参与政治过程的热情不高。由于公民缺乏应有的专业知识，对议案难以了解，所以无从选择，公民不得不被政治家牵着走。“有理性、不知情的选民对特殊利益没有制约”。

团体之间的利益平衡遭到破坏，此时均衡被破坏，利益冲突发生了。获得额外收益的精英们会采取一些行动支持和鼓励这些会计准则获得通过和执行；利益受损的精英们会想方设法去阻止和改变这些对自己不利的会计准则的执行。

在这种情况下，会计准则制定者就必须协调和解决这种冲突，理顺各利益团体间的关系。否则，会计准则的制定难以顺利进行，即使制定出来了，也会因有各种阻力而难以贯彻执行。当大多数精英团体感到某项会计准则可以接受时，就意味着此项会计准则获得大多数利益团体同意和认可，并达到均衡的状态，因此，在利益集团博弈模式中，会计准则是协调和妥协的产物。当与会计准则有关的社会精英的势力发生变化时，均衡打破了，新一轮寻求均衡的竞争开始了，见图4－2。

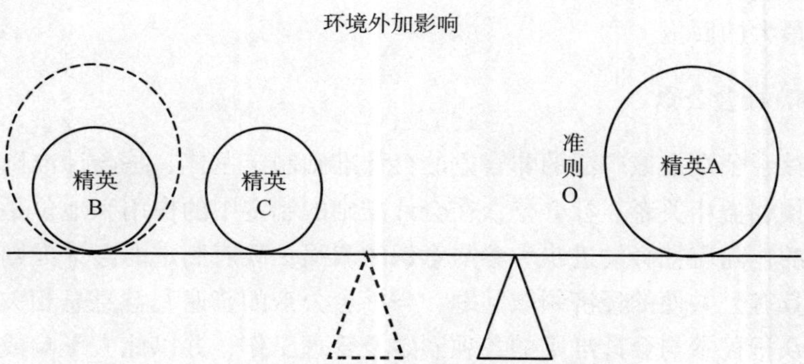

图4－2　精英集团博弈模式

3. 股东

企业中，资本等生产要素是股东投入的，是企业经营和管理的最为重要的相关者。股东为使自己从企业获得更多利益，并希望自己的收益在今后能长期保持和发展下去，他们往往会参与企业的经营管理与决策，对企业的盈利和经营状况非常了解。这些情况在小股东是无法实现的，小股东由于不了解企业的经营现状同时缺乏一定的管理和决策水平和企业财务信息，他们一般只关注当年从企业获取的投资收益。小股东的这种表现被称为“理性的无知”和“搭便车”，他们只追求短期利益，当企业的经营管理和盈利下降到无法接受时，会用脚投票，抛售该企业的股票，退出企业的资本投入。

无论是大股东还是小股东，虽然他们的知识水平、社会阅历构成复杂，对会计信息披露的要求不同，但从本质上来讲，他们也有一致的偏好。一是获得同行其他投资经营者的真实的财务信息。股东们对政府会计准则制定机构设计实施的会计准则和对财务报告的规范之所以同意和支持即使是不利于自己利益的会计准则，主要是希望获取对自己经营决策相关的有用信息，因为只有同意这些强制的要求，他们才会换取别的公司可靠的会计信息，获得其他公司的真实经营状况信息，为自己的经营管理决策做出判断。二是要求政府在会计准则的设计时体现对股东的重视和偏爱。传统思想的，股东因为是资本的投资人，理应把自己的利益放在其他利益相关者之上，因此，股东们对会计准则体系的制定、执行以及监管都积极参与，主要目的是保护自己的利益，要以最小的投入换取最大的回报。

4. 社会公众

社会公众是最广泛的非官方的会计准则制定主体，是会计准则制定的间接利益相关者。社会公众在会计准则的制定中的作用和地位是非常重要的，随着社会的进步和参与意识的增强，政府制定的会计准则一般也是具有公共性的经济领域问题，与社会公众的普遍利益息息相关，社会公众积极参与会计准则的各项制定及管理工作，并以此去影响或制约政府的会计准则的管理行为。

在我国，由于社会公众的构成十分复杂，人们的知识结构、风俗文化千差万别，对中央一级的政府部门制定的宏观经济政策了解得并不及时和透彻，容易误解。但对各自地方政府出台的一系列规章制度由于宣传、解释的力度加大，符合当地群众的习惯，使这些经济政策政策发挥了更直接的作用。只有有了社会公众的支持和赞成，无论是国家的宏观经济政策还是地方政府的规章制度才能有生存的空间，得以很好的实施，达到政策目标。因此，要鼓励社会公众对会计准则制定、执行和监管的积极参与，是我国的会计准则体系为国家的经济建设发挥更大作用。

政治领域中的选民和经济领域中的消费者的动机是一样的，都是经济人为假设前提，追求自身利益最大化，注重成本与收益的关系，即投票行为获得的收益和投票所支出的费用之比。在会计领域，社会公众也存在这样的动机，即自己预期的收益获得实现的程度，只有自己支持的会计准则当选时才能使期望的利益得以实现。

会计准则客体的合作程度直接影响到会计准则的执行效果，社会公众是会计准则客体的一部分，也是人数最多的客体之一，让他们直接或间接的参与会计准则体系的设计及管理，有利于增强会计准则被社会公众认可和接受的程度，有利于实现会计准则的总目标，见表4－1。

表4－1　会计准则动态周期的主体

	政府	社会精英	股东	社会公众
性质	提供公共物品的特殊"企业"	具有一定能力和学识的上层人群	理性的直接利益相关者	间接利益相关的"经济人"
参与环节	会计准则制定主体	参与会计准则的各个过程	参与制定过程	最广泛非官方制定主体
利益途径	致力于谋取全社会利益	增加自己在社会总利益中的份额	参与企业决策及"搭便车"获利	对期望的准则投票以获取利益
目的	增加公益	通过会计信息增加公益和私益	以最小的投入换取最大的回报	使自我利益最大化
作用	保护政府利益，促使各利益集团相互妥协	参与会计准则的全过程，提高会计准则的效果	提高企业利润，促进企业发展	增加准则的透明度，利于准则的制定、执行监管

4.1.2　会计准则动态周期的客体

会计准则动态周期的客体指的是会计准则所发生作用的对象，包括会计准则所要处理的会计问题和将要发挥作用的承受者（目标团体）两个方面。会计准则最基本的特征就是充当人们处理会计问题，进行分配和调整社会经济领域的关系特别是利益关系的工具或手段。

1. 会计问题

会计问题是一种客观存在的现实，同时也是人们主观世界的产物，会计问题不断被人们感知、觉察，是价值、规范和利益冲突引起的、需要加以解决的经济领域的问题。会计问题是指实际条件与应有条件之间的偏差，或者是现实状态与社会期望状态之间的差距，而这种偏差或差距往往会导致社会中各个利益相关者对社会经济状态的紧张，同时必然牵涉到较为广泛的社会关系。当社会上的各个会计准则主体对某些经济行为表示焦虑和不满、提出一定的主张、采取一定的行动时，那就表明已经发生了问题。

会计准则的主导作用就在于有效地解决经济领域所面临的诸多会计问题，所以会计问题的客观存在被认为是会计准则动态周期过程的起点。政府作为社会的公共权力机构，主要针对会计问题进行会计的决策即会计准则的制定。

如果某个会计问题只涉及个别人或少数人的利益，往往不能形成社会焦点，也难以引起人们的普遍重视，因而一般构不成会计问题。会计问题往往不是突然发生的，而是逐渐形成的，它有一个从小到大、从潜到显、从一般到突出、从小范围到大范围的变化过程。任何一个会计问题都不是孤立存在的，它往往是整个社会问题系统中的一个有机组成部分。一个小范围的会计问题往往是一个更大范围的社会问题的局部，因此，使用宏观经济政策的理论和方法分析会计准则问题是可行的。不同范围、领域、层次的会计准则问题存在着相互联系、相互制约的辩证统一关系。

2. 目标团体

从人的角度看，会计准则所发生作用的对象是社会成员，这些受规范、制约的社会成员称为目标团体。会计准则解决的会计问题各异，所以它们发生作用的范围不同。尽管会计准则的目标各异，但对有限资源的再次分配的作用是毋庸置疑的，即对经济行为的规范指导以及对利益的分配调节。这些受会计准则影响的和制约的社会成员被称为目标群体即会计准则客体。

会计准则所要调整或规范的是人的行为以及人与人之间的关系尤其是利益关系。它们鼓励人们去从事某些经济活动，而禁止人们去从事另一些经济活动，并引导目标团体朝向政府所期望的目标前进。人们在经济生产和活动中存在着各式各样的、错综复杂的经济关系，社会成员及其形成的利益团体在其中所处的地位不同，社会分工不同，因而必定产生各种不同层次、不同性质的利益要求。这些利益和要求相互影响、交流、撞击，就形成了各种利益关系。

目标群体对会计准则的态度即合作与否至关重要。目标群体对会计准则认可，那么会计准则的执行就容易，会计目标能顺利实现，目标群体对会计准则不认可，那么就会出现相反的结果，因此，会计准则并不完全取决于会计准则的主体，对会计准则运行效果的评估中，衡量会计准则的有效性的指标体系中目标群体对会计准则的遵从程度是一个重要的评估指标。接受与不接受以及弃权是目标群体的态度表达的形式，接受可划为完全接受、部分接受，又可分为积极接受、消极接受；不接受可分为完全不接受、部分不接受以及积极不接受、消极不接受。[①] 从公共管理领域的激励理论来分析，实施某项会计准则使目标群体获得一定的利益，那么它相对就容易被会计准则客体接受；反之，如果被目标群体视为对其利益的侵害和剥夺，那么它就是难以得到目标群体的认可。

4.1.3 会计准则动态周期的运行环境

1. 会计准则与运行环境的关系

会计准则运行环境是指作用和影响会计准则的外部条件的总和。它涉及诸多因素，从人到物，从自然到社会，从经济到文化。研究会计准则的动态运行环境，就是把会计准则与其生存的环境看作是一个动态系统的运行。[②]

不同的会计准则环境就会有不同的会计准则体系，这也是符合实际情况的，我国与西方国家的政策环境不同，也就意味着会计准则的差异必定存在，这种差异性也是消除不了的。会计准则与会计准则环境是相互依存、相互作用、相互影响。会计准则环境决定和制约会计准则，起主导作用；同时，会计准则对改善和调整会计准则环境具有相反作用。

① 谢明：《公共政策导论》，中国人民大学出版社 2005 年版，第 105 ~ 107 页。

② 戴维·伊斯顿（David Easton）在《政治生活的系统分析》一书中将环境分为社会内部环境和社会外部环境两个部分。社会内部环境包括生态系统、生物系统、个人系统以及社会系统；社会外部环境是某社会本身以外的系统，它们是国际社会的功能部分，或者我们可以将其描述为“超社会”“超系统”环境。

首先，会计准则是随着社会的发展、经济的前进而发生改变的。会计准则如果没有一定的社会经济和社会环境为依托，会计准则是无法生存的。

其次，会计准则环境与会计准则是一致的。会计准则要适应会计准则的环境要求，有什么样的会计准则环境，就有什么样的会计准则体系。假如会计准则的设计与会计准则环境存在冲突和对立，也就是会计准则已不适应会计环境，这就意味着旧的会计准则需要调整或废止，如继续执行这种与会计环境条件格格不入的会计准则，必然会对社会经济产生不利的影响。

再次，会计准则的调整和变迁是由会计准则环境的变化引起的。人类社会的不断进步和发展，科技创新的涌现和生产力的进步，使得会计准则的生存环境时刻受上述因素的影响而不断变化，这是客观规律，会计准则面对多变的环境，必须及时修改和紧跟环境的变化，避免阻碍社会经济的发展。

最后，会计准则对会计准则环境具有一定的反作用。会计准则执行目标的实现得益于这种会计准则对会计环境的反作用，这成为研究会计准则环境的主要原因。改善会计准则环境是会计准则自身具有的功能，环境在会计准则的持续作用和改变下不断优化，并按照会计准则希望的模式建立；反之，会计准则的效果不好，也会影响会计准则的环境，对会计准则环境的优化产生相反的作用，不利于整个会计领域的改善和良性发展。

2. 社会经济状况

无论什么性质的国家和地区，其政府的决策体制、目标、职能、行为、原则、方法等方面都要受到经济环境的制约，会计准则也不例外。所谓影响会计准则的经济环境因素是指对会计准则系统有重要影响的各种经济要素的总和，主要由社会生产力和生产关系的发展状况构成，包括生产力的结构、性质（技术改造、国民收入、资源分配等）和生产资料的所有制形式（个人所有、集体所有、国家所有等）。世界上各国之间，国内各地区之间，由于生产力水平、生产关系的状况以及科学技术的发展存在着很大的差异，所以，经济环境就表现出极大的不同，进而影响到会计准则的设计和存在形式有所差异。

政府制定会计准则的首要依据是社会经济状况和发展水平，即要从国家和地区的实际情况来制定符合社会经济发展水平的会计准则；如果会计准则体系设计不符合这些条件，那么会计准则的有效性就会受到质疑。一方面，经济环境是人类社会生活中最基本的环境，会计准则系统不可能超越经济环境所提供的条件和要求；另一方面，会计准则系统对经济环境的反作用主要表现在它可以协调和规范社会经济领域中的利益分配和经济活动以及会计信息的真实可靠，只有正确地认识会计准则赖以生存的经济环境，才能有效地制定和执行会计准则。

经济实力是会计准则制定和实施的基本物质条件。会计准则的动态运行是一种政治活动，有经济上的根本动因，要想获得制定、执行会计准则所需的资源和国家的支持也必须与国家或地区的经济整体发展一致。也就是说，国家或地区一定的经济实力是会计准则制定和执行以及其他各种与会计准则有关的活动的基本物质条件，它影响着国家的基本会计倾向和实施效率。

同时，在各种利益关系中，经济利益是最基本的关系，经济利益的分配调节是宏观经济政策的首要任务。以人均 GDP 为例，有关人均 GDP 等经济指标是制定国家各种政策的依据和必需资料。从国内来看，人均 GDP 指标是能够向国民揭示经济发展水平的数值，时常成为行政体系的主要目标[①]，同样也成为制定会计准则的参考依据。因为实际收入的增加能给广大国民以希望，政府要是不向国民公布逐年增长的经济指标，就有可能引起国民的不满。不管怎么说，人均 GDP 增加了，政府的税收也会相应地增加，从而能够向国民提供更好的服务；同时，人均 GDP 增加了，随之消费也会增加。从企业立场上看，国家也需要制定出适应 GDP 和经济发展的会计准则体系。

3. 社会政治文化环境

社会中除了有形的制度外，还有无形制度。这些无形制度，实际上就是一个社会的文化传统，包括道德传统和宗教传统等。这是一个社会发挥重要作用的无形制度，对政府也产生非常重要的影响，是不能被忽

① 世界各国的经济水平通常是用人均 GDP 这一指标来测定的，而世界银行在每年发布的报告书中都要把世界经济分类为低收入（low income economies）、中等收入（middle income economies）和高收入（high income economies）三种类型。

略的。有形制度不可能完全解决政府和这些有形制度本身所带来的一系列问题。有时一些无形制度也会解决很多有形制度解决不了的问题，这些无形制度同样在人类社会中起的作用非常大。

社会政治文化是一个民族在特定时期流行的一整套政治态度、政治信仰和政治情感。政治文化是一个民族在政治制度方面社会遗传下来的传统和行为特征的总和，包括公众对政治过程所持的态度、信念和价值观，以及由这些观点所产生的行为和制度，它来源于政治社会化过程，是一个民族的整个历史经验，以及公民所受的正式和非正式教育的共同产物。①

社会政治文化是影响会计准则制定的一个重要环境因素，不同国家的会计准则以及制定过程、执行过程都有差异，这些差异完全可以从社会政治文化的角度来解释。在不同社会政治文化环境中，会计准则系统表现出不同的特征。政治文化影响政治行为，也影响经济行为和企业中的会计活动，尽管它并非绝对地支配行为，但与各种行为出现的频率和可能性直接相关。

各国之间的政治文化差异是根深蒂固的，是在历史上形成的，难以消除。我国与西方国家的社会政治文化存在着诸多差异，会计准则是一个国家政治、经济、文化、法律等因素共同协调的产物。但就我国目前的情况来看，政治体制、经济发展等因素对会计准则的影响多于社会政治文化对会计准则的影响，这也是很多会计准则制度者的共同观点。但是，在现实生活中，国家的风俗文化对会计人员的价值观的影响不可忽视，因此，各国的会计准则设计体系存在差异是必然的，这也意味着我国的会计准则改革可以借鉴一些先进的国际经验和做法，但不能完全照搬照抄，也应保留一些我国特有的历史文化传统的、具有中国特色的会计概念和会计处理方法。②

4. 国际环境因素

每一个国家都不是独立于世界的，都置身于国际大背景之中。一个国家的会计准则体系不仅受国内经济、政治、文化传统等因素的影响，

---

① L. 派伊：《政治文化》，伦敦、纽约劳特利奇 1995 年版，第 965 ~ 969 页。

② 杨晓燕：《论中美文化差异与我国会计准则的制定》，载于《山东财政学院学报》2001 年第 6 期，第 37 ~ 39 页。

而且也受国际环境因素的影响与约束。把会计准则的研究放在国际环境中，不仅可以与世界其他各国比较会计准则系统的优劣和绩效的高低，同时也是显示国家经济实力和决策水平的基本需要。

国际环境是指一个国家同世界各国和各地区之间的政治、经济、文化、地理等方面的关系以及其他国家之间的相互关系。在当今科技高度发达的信息社会，国与国之间不同的地理位置已不再成为相互交往的障碍，政治关系中的相互支持，经济关系中的相互依赖，科技文化的相互交流，密切了国与国之间的关系，使今天的世界成为真正意义上的地球村。国际环境对一个国家的公共政策有着非常重要的影响，而且国际环境因素对各国公共政策的影响将有增无减。

在当代，国际环境成为各国公共决策的一个重要变数，离开国际环境，无视国际经济、政治、科技文化的发展趋势的公共政策，要取得预期结果是不可想象的。随着经济全球化和国际关系的日益发展，国际交流不断扩大，国际社会中出现了许多需要各国政府联手解决的问题，如生态环境保护、外层空间开发、国际邮政通讯、控制人口过度膨胀、打击国际犯罪团伙、研究疑难病症、救济国际难民等。这些国际性问题的出现，使公共政策具有了国际性特征。因此，在全球化和国际化的趋势下，会计准则也具有了新的特征，加强国际间的横向沟通，对会计领域出现的新问题、新事物共同讨论，商讨会计准则现在及今后的发展方向，努力实现共同的会计目标。当代世界的全球化、市场化和信息化的趋势对一国的会计准则产生了极为深刻的影响，同时，世界经济一体化及区域化，使得各国或地区在制定社会经济政策（当然也包括会计准则）时，无时无刻都必须考虑世界经济局势的发展变化。

在会计准则国际化的过程中，不应简单追求形式的完全相同，制定会计准则时在考虑国际环境因素的同时应按照交易事项的经济实质和会计活动的特点来设计所采用的会计处理方法。另外，对国际财务报告准则没有规范而我国特有的经济交易事项和会计活动应制定专门的会计准则来规范。①

综上所述，会计准则的运行环境由多种要素构成，有政治的、经济的、文化的、人口的、国际的、国内的、社会的等。随着经济发展和环

① 魏明海等：《会计理论》，东北财经大学出版社2005年版，第45~49页。

境因素的推动，会计准则体系的发展和变化将日趋与准则环境紧密相连，使会计准则在新旧问题的交织，或者旧问题在新时期呈现新变化的背景下不断发展，适应各国经济领域和企业的需要，见表4－2。

表4－2　　会计准则动态周期的运行环境

	社会经济环境	社会政治文化环境	国际环境
内容	生产力结构、性质和生产资料所有制形式	公众对政治过程的态度、信念和价值观，及行为和制度	政治、经济、文化、地理等方面的内容
重要性	制定一国或地区的会计准则的重要依据	影响政治行为、经济行为及企业的财务活动	公共决策的重要影响因素
作用	影响国家的基本会计倾向和实施效率	解释不同国家准则在制定、执行中的差异	明确发展方向，实现共同会计目标
实现途径	使准则运行与经济发展保持一致	借鉴国际经验，保持中国特色，符合我国实际社会政治文化背景	避免简单的形式相同，争取确认、计量和报告实质相同

4.2　会计准则动态周期的运行及其子系统

4.2.1　会计准则动态系统及效率

会计准则的动态系统主要有两项任务：一是如何实现会计准则系统的运行效率最大化；二是如何促使会计准则系统当中每个人的主观能动性得到最大限度的体现。在第一个任务中，会计准则的系统是由若干子系统构成，要实现整个系统效率最大化，就必须使每个子系统实现效率最大化；第二个任务中，人在很大程度上是受“动态目标”的驱动，应该不断维系人的“动态目标”的连续性并施加有效影响的管理。因此，会计准则动态系统是围绕“动态目标”展开的动态管理，促使会计准则的各个子系统效率的最大化，把一个复杂的问题从逻辑上予以简单化和清晰化，进而实现一个整体系统效率的最大化。

任何一个会计要素在系统中都与其他要素有关，其中一个要素发生变化，其他要素也会相应发生变化，只有这样才能保证会计系统整体功能的最优。会计准则动态系统中各要素的存在方式和相互联系所构成的结构形式对会计准则动态系统的效率有重要影响，见图4－3。

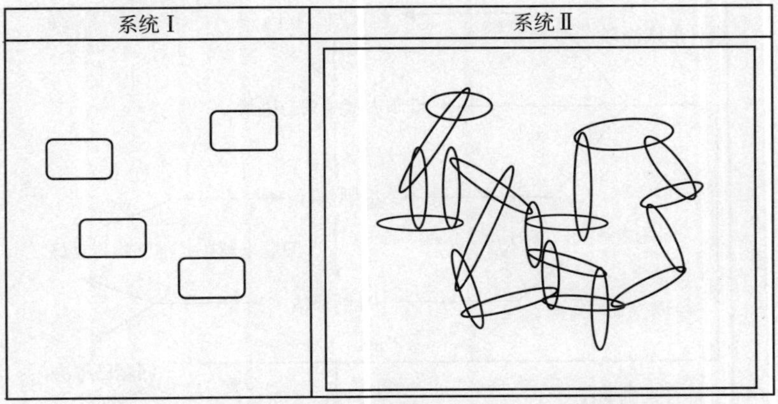

图4－3　会计准则系统的复杂性

这两种会计准则系统哪一个更简单，哪一个更复杂？在大多数人看来，由4个部分组成的系统Ⅰ更简单，而系统Ⅱ由21个部分组成，无疑要比系统Ⅰ复杂。但如果换一个角度考虑，结果可能会不一样。系统Ⅰ虽然由4个独立的子系统组成，要改变这4个子系统需要对它们都采取行动。相反，系统Ⅱ由21个子系统连接组成，每个子系统都是相互连接的，只要对其中一个子系统连接采取行动，其他连接也会作出反应。从这一角度来看，系统Ⅱ影响整个系统的效率和速度要比系统Ⅰ简单快速。

会计准则系统Ⅰ代表成本模式和最低成本法的思维方式，系统各部分都被分离出来，成为独立的实体，使各部分都达到最优，但很难保证各个独立系统的运作方式与整个组织的目标保持一致。会计准则系统Ⅱ代表一种远离复杂的简单。在正确的领域采取合适的行动时，就会出现期望中的结果。例如当计量对象和报告方式都正确时，期望获得准确的会计信息就会实现。因此，找对会计准则系统中的各连接点之间的逻辑关系，是提高会计准则动态系统效率的关键。

从宏观经济政策的视角来分析会计准则的动态系统运行，一般是把复杂的会计准则过程划分为几个阶段进行研究。将宏观经济政策的运行过程划分为几个阶段目的是在错综复杂的现实生活中提供一种解剖会计准则动态运行的途径，如图 4 -4 所示。①

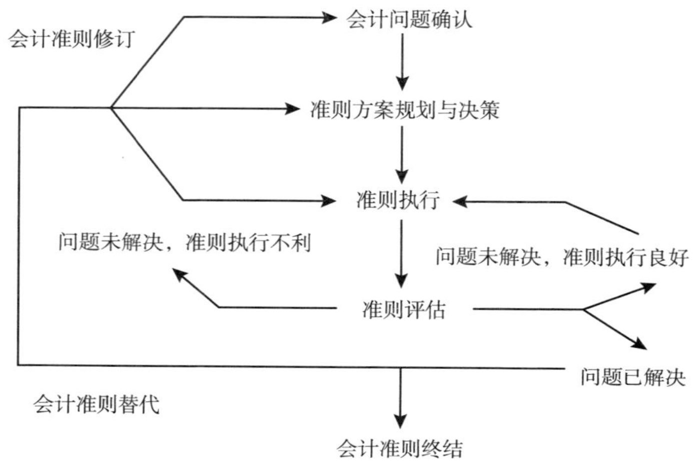

图 4 -4　会计准则的动态运行过程

从开始到终结再到重新开始是会计准则的整个动态运行过程。会计准则是解决具有共性的会计问题，围绕会计准则所要解决的问题开始会计准则的动态运行过程，每个运行阶段都关系着会计问题能否有效解决，关系着会计准则能否成功，关系到会计目标能否实现。

(1) 在会计领域，企业和公民个人的实际获得与期望所得的差距就是会计问题。由于政府机构所拥有的解决会计领域中的会计问题的资源、人力有限，只有很少的会计问题能够转化为政府关注的焦点，使政府愿意为之制定会计准则，解决这些会计问题。

(2) 会计准则方案规划与决策是确定会计目标、界定会计问题和设计会计准则方案的阶段，当会计准则制定环节结束后，还要经过法律程序增强会计准则的权威性与合法性。

(3) 会计准则的执行阶段是执行者运用各种行动方式、各种资源，

① 王晓芳：《运输政策的制定分析》，北京交通大学博士学位论文，2006 年。

采取试验、监管、解释、协调等，通过建立组织机构，实施会计准则，实现会计目标，解决会计问题的阶段。

（4）会计准则的评估与终结。会计准则的运行过程一是会计准则以解决会计问题为目的；二是会计准则通过一系列复杂的动态运行完成自己的任务。任何一项会计准则都不会无限期地执行下去，当会计问题获得解决，会计准则就完成了自己的使命，就要终结此项会计准则；如效果不理想，就要调整或修订此项政策，这是另一种形式的政策终结。

在会计准则的动态运行过程研究中，会计准则制定、执行、评估以及监管之间没有明显的界线，它们之间可以相互融合，共享信息、共同发展，没有明显的独立性，但每个阶段都有单独存在的特点、风格和价值。

4.2.2　会计准则动态运行的子系统

1. 会计准则动态运行的子系统

会计准则的动态系统是一个复杂的组织，这个复杂的组织就相当于一个链条，链条上拥有许多各不相同但却相互关联的关键点，组织的有效与否和它的强度取决于它的关键点的薄弱，组织的优势也同样取决于一些为数不多的关键因素。

这些关键因素就是会计准则动态系统的杠杆点或系统的约束点，动态系统的约束相当于链条上的薄弱点。确定了约束点就相当于发现了改善业绩的机会，加强薄弱点，链条强度也能得到相应提高，同样对总系统和各个子系统的运行有重要作用。

会计准则动态系统是由多个子系统构成的大系统。多个子系统共同完成会计准则的各项功能活动，会计准则动态总系统的运行是由这些子系统相互分工、协同一致、密切配合为基础的，促使动态系统的高效、有序运行。

（1）制定子系统。拥有会计准则制定权力的高层决策者组成了制定子系统。制定子系统是会计准则制定阶段的重要组织者，有时又是会计准则方案的最终决策人，在会计准则的动态系统中居于中枢地位。

会计准则制定子系统在会计准则决策过程中的主要作用是：

①提出会计问题。会计准则制定活动是从对会计问题的分析开始的，提出相关的会计准则研究课题是制定子系统的主要职责。制定子系统必须能够从纷繁复杂的众多会计问题中分清轻重缓急和关键问题，以便制定解决问题的方案规划。

②考虑会计准则所要达到的目标。会计准则目标的正确与否直接关系到制定子系统活动的成败，确定正确的会计目标是解决会计问题的重要一步。

③组织会计准则方案的设计。会计准则的设计是一项科学性、技术性很强的工作，由制定子系统来组织，根据会计准则研究课题的需要，挑选熟悉这些会计问题的专家，组成高水平的咨询子系统，共同制定会计准则。[①]

④负责会计准则的最终决定。对会计准则做出最终决策是制定子系统在会计准则决策活动中的最重要的职责。制定子系统必须具有决断的能力和魄力，综合权衡，做出正确的会计准则规划。

（2）执行子系统。执行子系统是由会计准则执行机构及其人员构成，职责是把会计准则理想转变为会计准则现实，而且是唯一解决会计问题、实现会计目标的途径。

执行子系统具有灵活性、具体性和现实性的特征。执行子系统的灵活性是当执行子系统遇到新问题、新矛盾时要灵活处理；具体性是执行子系统将会计准则目标加以分解，把会计准则执行目标分解到具体的单位和个人；现实性是指能够将会计准则方案转变为会计准则现实。

执行子系统在会计准则动态系统中的作用：

①为执行做好准备。为保证会计准则方案的顺利实施，执行子系统必须制定出周密、严谨的具体实施计划或行动细则，为会计准则方案转化为具体的执行活动提供必要的保障。

②沟通协调指挥的作用。指挥就是执行子系统运用组织权责，发挥领导权威，推动为实现会计准则的目标；沟通就是执行子系统的组织和人员进行信息交流和传递；协调是执行子系统为了顺利实现会计准则目标而采取的谋求一致、协作分工的行为。

---

① “谋”与“断”是公共决策过程中的两种不同的职能。制定子系统和咨询子系统的关系，是“多谋”与“善断”的关系，二者相辅相成而非相互取代。制定子系统就要充分地利用咨询子系统的长处，充分发挥该系统的参谋咨询作用。

③评价分析。在会计准则实施一段时间后，要对会计准则的执行效果和目标的完成程度进行全面、细致的衡量，进行实事求是的评定，找出经验和教训。

（3）监控子系统。监控子系统有别于其他环节的最大特点是独立于制定、执行等子系统，它的作用贯穿于整个会计准则运行过程，通过监控子系统使会计准则目标顺利实现，避免会计准则在执行或是其他过程中发生偏差，也便于及时纠正和调整。

监控子系统在会计准则执行过程中的主要作用在于：

①监督和控制会计准则方案，制定会计准则执行情况的标准。

②监控会计准则执行情况。监控会计准则执行情况，是监控子系统的基本职责。主要监控执行者是否执行以及执行的情况，对不执行或执行不力者，予以纠正或处罚。

③反馈会计准则执行的情况。会计问题以及会计准则赖以生存的会计环境是时刻在变化的，及时将会计准则的执行情况及环境变化的信息反馈给会计准则的制定子系统，使决策者根据新的情况和变化，对会计准则做出行动，修订、完善或终结。

（4）评价与调整子系统。会计准则运行过程中这一阶段进行的评估通常也被称为后评估是对执行的效果进行的分析和判断。这种评估是信息不断反馈的过程，是确定会计准则的实施价值和决定某项会计准则去向的评价。

对会计准则的调整与终结是通过对执行效果的评估，会发现一些会计准则不宜继续执行，需要对其做出必要的调整。会计准则本身是一个不断调整和完善的过程。当某些会计准则已达到预期效果，完成使命时，还有的会计准则背离了既定的目标时，这些会计准则就应退出社会和历史舞台，从而推动会计准则的动态运行过程进入新一轮循环。

总之，会计准则动态系统是由制定、执行、监控和评价调整等子系统相互联系、相互依存、相互作用而构成的一个大系统。在这些子系统中，制定子系统是会计准则系统的核心，具有权威性和主导性。再好的会计准则设计不经制定子系统是不可能转化为真正的会计准则的。制定子系统掌握的信息和数据，做出正确的判断和决策及可行的方案。

执行子系统执行制定子系统的决策，是会计准则系统运行的实践环节，目的是实现会计准则的目标。

监控子系统主要是负责监督会计准则的制定和执行，以控制会计准则执行中的失误，围绕总会计目标执行准则，保证会计准则的权威性和严肃性。

会计准则的评价和调整子系统使准则能得到及时调整、提高效率。会计准则动态系统的运行正是在这些子系统的相互联系、相互作用的基础上展开的。

2. 会计准则动态系统目标与子系统目标

会计准则动态目标一方面随时间的进行而自然发展，另一方面又随着人的主观意愿的变化而动态地调整。围绕动态目标的实现，动态管理构建起了连续性的监控、管理、激励等子目标体系。

要促使会计准则动态系统的运行效率最大化，必须首先实现各子系统的运作效率实现最大化，而促使各子系统运作效率最大化，又必须促使各子系统管理者的主观能动性得到最大程度的体现。因此，会计准则动态系统管理者不仅要关注子系统目标之间的横向激励，还要关注不同层次子系统目标之间的纵向激励。

下面的模型反映了会计准则动态系统目标的实现途径①：

设 k、x、l 是时间 t 的函数，即：

$$k=f(x)$$

$$l=f(t)$$

$$x=f(t)$$

同时，设 y 为会计准则的动态系统预期达到的目标，x 为影响会计准则目标实现的各种因素，x、y 二者构成以下函数关系：

$$y=f(kx^{l})=k_1x_1^{l_1}+k_2x_2^{l_2}+\cdots+k_ix_i^{l_i}+\cdots+k_{n-1}x_{n-1}^{l_{n-1}}+k_nx_n^{l_n}$$

在上式当中，x_1 到 x_n 为影响会计准则动态系统目标，y 为实现程度的所有因素，每一个影响因素对目标实现的影响规律、程度和方式表现为 kx^l。这些影响因素及每一个因素对动态系统目标产生影响的方式、程度和规律决定了会计准则动态系统目标的实现。

但在现实生活中，随着时间的推移和变化，k、x、l 会发生变化，那么它们对动态系统目标的影响方式和影响程度也就在不断变化当中，

① 刘语平：《动态目标管理》，宁夏人民出版社 2012 年版，第 38 ~50 页。

使得实现总目标的任务增加了难度，在已实现的会计准则总目标中无法分清各个子系统对实现总目标的贡献率。

在会计准则动态系统中，系统具有积分目标和微分目标，要想实现会计准则的总目标，可以把总目标的实现过程看作是积分的过程，即是一步一步、一点一滴地完成的。那么在实现积分目标的实现过程中，每个子系统的目标就是微分目标。子系统的阶段性目标是微分目标，即在下一个 Δt 时间内所要达到的目标为微分目标。积分目标是动态系统发展的目的，是动态系统管理者的最终目标。

借助于微分目标的最大化，进而实现积分目标的最大化。如图 4－5 所示，设系统总目标为 Q，时间为 t，所谓最大化地实现微分目标，即指在每一个 Δt 时间内寻求 ΔQ 的最大化。由于 $Q = \sum \Delta Q$，所以通过每一个 ΔQ 的最大化最终促成整个 Q 的最大化，这就是动态目标管理所追求的理想效果。

在追求会计准则动态管理目标实现的过程中，必须对关注管理对象的运动轨迹，即需要有一个连续监控的体系来替代管理者的眼睛，便于随时把握管理对象的运动和发展现状，做出前瞻性地指导、影响或改变管理对象的运动和发展方向。同时，使会计准则课题不断地发挥潜力，充分发挥主观能动性，向最佳的工作效率和效果趋近。因此，会计准则的监控体系是动态系统总目标实施的保证。

4.3　会计准则动态周期子系统的贡献率

4.3.1　会计准则动态系统目标的实现途径

如前所述，会计准则动态系统的目标可以分解成各个子系统目标之和。积分目标通常指最终目标，即会计准则动态系统的总目标，它的实现过程是一个积分过程；会计准则子系统目标称为“微分目标”，也就是在一个 Δt 时间内所要达到的目标，连续的微分目标的最大化，进而积累出积分目标的最大化。

按照上述思路，会计准则动态系统目标的实现构建如下模型：

1. 几个假设前提

假设一，将一个实现某个目标的群体视为一个封闭的总系统，该系统由若干个子系统构成；

假设二，在初始阶段，每个子系统对总目标的贡献能力相等，影响目标实现程度的客观因素及主观因素无差别；

假设三，在无限细分直至趋近于零的 Δt 时间内可以测算目标的大小，目标的实现只受一类因素影响，即执行者的主观意愿；

假设四，各子系统目标之间具有关联性和可比性。

2. 基于上述假设的会计准则动态系统目标实现模型

在目标明确的总系统中，有 N 个子系统，每个子系统有 W(i) 个执行单元、M(i) 个目标。假设初期每个子系统中的每个执行单元对该子系统的“初始贡献能力”相等，用一个常数 a 来表示。各子系统对会计准则动态系统总目标的总贡献能力 A(i) 为各子系统的“基础总分”。两者具有如下联系：

$$A(i) = a \times W(i) \times M(i) \tag{4-1}$$

上式可转换为：

$$a = \frac{A(i)}{W(i) \times M(i)} \tag{4-2}$$

式中：

A(i) ——各子系统基础总分，即对其所有目标的总贡献能力；

a——各子系统单元单项目标基础分，即各子系统中每一个执行单元对其每一项目标的平均贡献能力；

W(i) ——各子系统中执行单元个数；

M(i) ——各子系统执行目标的个数。

因 A(i) 和 a 在目标的执行过程中会发生偏离和变化，各子系统及其执行单元的贡献能力会在 A(i) 和 a 的基础上产生差别，即产生各不相同的增量 $\Delta A(i)$ 和 $\Delta a(i)$。

(4－2) 式会转换为 (4－3) 式，即：

$$a + \Delta a(i) = \frac{A(i) + \Delta A(i)}{W(i) \times M(i)} \tag{4-3}$$

设：

$$a(i) = a + \Delta a(i) \tag{4-4}$$

则：
$$a + \Delta a(i) = \frac{A(i) + \Delta A(i)}{W(i) \times M(i)} \tag{4-5}$$

$$\Delta Q = \sum a(i)_{\Delta t} \times W(i) M(i) \tag{4-6}$$

式中：

$\Delta a(i)$ ——子系统中每个执行单元对目标平均贡献能力的增量；

$\Delta A(i)$ ——子系统对总目标贡献能力的增量；

n——系统中子系统的个数。

公式（4－5）反映了各子系统对动态系统总目标的贡献能力差异。

公式（4－6）反映了所有子系统对系统整体目标的贡献能力。

因此，系统积分目标的实现是一步一步积累的过程，如企业利润、财政收入、国内生产总值等，都是一个逐步积累的过程。如图 4－5 所示，它是每个子系统执行结果的总和即微分目标对整个系统的贡献能力的之和。

下面，将对会计准则动态系统及制定子系统、执行子系统、监管子系统和评估调整子系统对总系统的贡献率做实证检验。

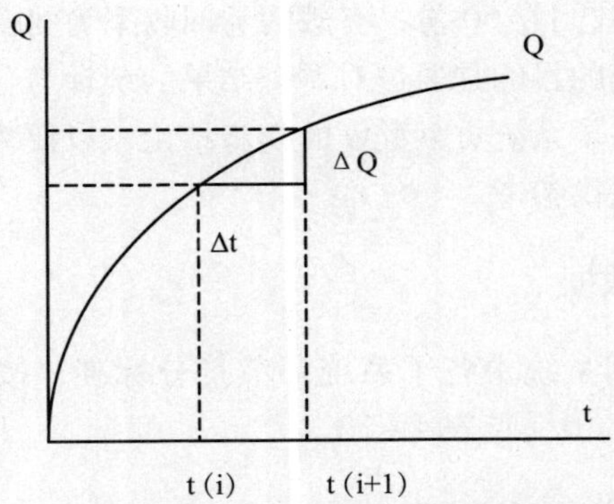

图 4－5　会计准则动态系统目标过程

4.3.2　实证检验：会计准则子系统的贡献率

1. 研究方法

会计准则动态系统能否顺利展开，发挥其应有效能，很大程度上取决于利益相关者对会计准则各子系统的认知程度和认同程度。因此，会计准则利益相关者对会计准则动态系统的评价至关重要。鉴于此，本书选择了会计准则各子系统及影响各子系统的相关因素作为调查项目，对五类利益相关者进行了问卷调查。调查问题主要涉及会计准则动态系统中各个子系统的贡献程度，以及影响各子系统的相关因素的贡献程度等。五类利益相关者的“代言人”分别是：（1）省级财政厅（局）会计处和中国证监会驻省（市、区）证管办上市公司监管处负责人；（2）上市公司财务总监；（3）具有证券、期货相关业务审计资格的会计师事务所的注册会计师；（4）中小企业从事会计工作的相关负责人和工作人员；（5）高校会计专业教师。他们处在不同工作岗位，从不同立场上回答调查问卷所提问题。我们认为，所选取的调查对象既具有良好的代表性，有熟悉或者较为熟悉会计准则的相关知识，能够较好地理解和把握问卷中所提问题的含义，从而能较高程度地保证调查结果的可靠性与真实性。

本次调查采用现场发放问卷、电话咨询和电子邮寄问卷的方式。问卷调查时间从 2012 年 6 月至 2013 年 1 月。共发放问卷 100 份，回收问卷 68 份，其中有效问卷 60 份，有效问卷回收率为 60%。

本次问卷调查的目的是通过对调查结果的统计与分析，得出我国会计准则动态系统各子系统贡献程度的初步结论，以便为会计准则动态系统的建设与完善提供参考。

2. 问卷调查数据

（1）会计准则系统中各子系统环节打分标准，按照贡献率由大到小依次为 3、2、1、0（见表 4 – 3）。

表 4 – 3　　会计准则系统子系统得分统计

会计准则系统	制定	执行	评估	监管
分数	131	145	38	49

（2）子系统影响因素打分标准，按照贡献率由大到小依次为 2、1、0（见表 4 – 4）。

表 4－4　　各子系统影响因素得分统计

制定环节	宏观经济政策	制定机构水平	会计问题的复杂程度
	41	68	71
执行环节	会计准则的可行性	企业的配合程度	执行人员的能力
	63	86	31
评估环节	评估信息的准确性	评估人员的能力	绩效标准
	72	52	56
监管环节	监管体系的设计	监管的力度	监管方式
	49	58	73

3. 模型应用

对会计准则动态系统的各子系统以及影响各子系统的因素的贡献程度进行问卷调查。令 A、B、C、D 分别代表这四个子系统。其中，A 为制定子系统，该子系统的影响因素有宏观经济政策、制定机构水平、会计问题的复杂程度，分别由目标名称 A_1、A_2、A_3 表示；B 为执行子系统，该子系统的影响因素有会计准则的可行性、企业的配合程度、执行人员的能力，分别由目标名称 B_1、B_2、B_3 表示；C 为评价调整子系统，该子系统的影响因素有评估信息的准确性、评估人员的能力、绩效标准，分别由目标名称 C_1、C_2、C_3 表示；D 为监控子系统，该子系统的影响因素有监管体系的设计、监管力度、监管方式，分别由目标名称 D_1、D_2、D_3 表示。各子系统的各项调查数据如表 4－5 所示。

表 4－5　　各子系统的各项调查数据

子系统	执行单元个数	目标名称	计划分数	实际分数	分档标准
A	60	A_1	60	41	6
		A_2	60	68	6
		A_3	60	71	6
B	60	B_1	60	63	6
		B_2	60	86	6
		B_3	60	31	6

续表

子系统	执行单元个数	目标名称	计划分数	实际分数	分档标准
C	60	C_1	60	72	6
		C_2	60	52	6
		C_3	60	56	6
D	60	D_1	60	49	6
		D_2	60	58	6
		D_3	60	73	6

（1）首先，对各项数据进行说明。

①核定各子系统中每个执行单元对其每项目标的初始贡献能力 α 均为 10 分，记 $\alpha=10$；

②各子系统中每一个执行单元对其每一项目标的平均贡献能力，记为 $\alpha(i)$；

③对 60 个调查对象进行有效调查，故执行单元个数为 60，记 $W(i)=60$，i 指某一个子系统，该模型中 $W(1)=W(2)=W(3)=W(4)=60$；

④系统目标个数为各子系统中的目标个数，记 $M(i)$，i 指某一个子系统，该模型中 $M(1)=M(2)=M(3)=M(4)=3$；

⑤计划分数为单项调查总分的中间值，记 $JH(i,\ j)$，i 指某一个子系统，j 指某一个子系统的某一项目标，该模型中 $JH(i,\ j)$ 均为 60；

⑥实际分数即为各选项调查分数的总和，记 $SJ(i,\ j)$，i 指某一个子系统，j 指某一个子系统的某一项目标；

⑦为使各子系统 $\alpha(i)$ 的差距正好可以反映出其目标实际分数之间的差距，分档标准 $DS(i,\ j)=\frac{JH(i,\ j)}{\alpha}=\frac{60}{10}=6$；

⑧根据实际分数，各子系统中每一个执行单元的贡献能力，即将各子系统的实际分数转化成对目标的贡献能力值，是一个常数，记 $\partial=\begin{cases}2, & SJ(i,\ j)-JH(i,\ j)\geqslant 0\\1, & SJ(i,\ j)-JH(i,\ j)<0\end{cases}$。

（2）模型计算。

①计算各子系统对其所有目标的总贡献能力 $A(i)$。

$$A(i) = \alpha \times W(i) \times M(i)$$

其中，α——各子系统单元单项目标基础分，即各子系统中每个执行单元对其每项目标的初始贡献能力；

W(i) ——各子系统中执行单元的个数；

M(i) ——各子系统执行目标的个数。

子系统 A　$A(1) = 10 \times 60 \times 3 = 1800$

子系统 B　$A(2) = 10 \times 60 \times 3 = 1800$

子系统 C　$A(3) = 10 \times 60 \times 3 = 1800$

子系统 D　$A(4) = 10 \times 60 \times 3 = 1800$

②计算各子系统对其每一项目标贡献能力的增量 ΔA(i, j)。

$$\Delta A(i,\ j) = \frac{SJ(i,\ j) - JH(i,\ j)}{DS(i,\ j)} \times \partial \times W(i)$$

其中，SJ——目标的实际分数；

JH——目标的计划分数；

∂ ——根据实际分数，各子系统中每一个执行单元的贡献能力；

W(i) ——各子系统中执行单元的个数。

子系统 A　A_1 目标：$\Delta A(1,\ 1) = \frac{41 - 60}{6} \times 1 \times 60 = -190$

A_2 目标：$\Delta A(1,\ 2) = \frac{68 - 60}{6} \times 2 \times 60 = 160$

A_3 目标：$\Delta A(1,\ 3) = \frac{71 - 60}{6} \times 2 \times 60 = 220$

子系统 B　B_1 目标：$\Delta A(2,\ 1) = \frac{63 - 60}{6} \times 2 \times 60 = 60$

B_2 目标：$\Delta A(2,\ 2) = \frac{86 - 60}{6} \times 2 \times 60 = 520$

B_3 目标：$\Delta A(2,\ 3) = \frac{31 - 60}{6} \times 1 \times 60 = -290$

子系统 C　C_1 目标：$\Delta A(3,\ 1) = \frac{72 - 60}{6} \times 2 \times 60 = 240$

C_2 目标：$\Delta A(3,\ 2) = \frac{52 - 60}{6} \times 1 \times 60 = -80$

C_3 目标：$\Delta A(3,\ 3) = \frac{56 - 60}{6} \times 1 \times 60 = -40$

子系统 D　D_1 目标：$\Delta A(4,\ 1)=\frac{49-60}{6}\times1\times60=-110$

D_2 目标：$\Delta A(4,\ 2)=\frac{58-60}{6}\times1\times60=-20$

D_3 目标：$\Delta A(4,\ 3)=\frac{73-60}{6}\times2\times60=260$

③计算各子系统对其所有目标贡献能力的增量 $\Delta A(i)$。

$$\Delta A(i)=\sum_{i=1}^{M(i)}\Delta A(i,\ j)$$

子系统 A　$\Delta A(1)=-190+160+220=190$

子系统 B　$\Delta A(2)=60+520-290=290$

子系统 C　$\Delta A(3)=240-80-40=120$

子系统 D　$\Delta A(4)=-110-20+260=130$

④计算各子系统中每个执行单元对其每项目标的平均贡献能力 $\alpha(i)$。

$$\alpha(i)=\frac{A(i)+\Delta A(i)}{W(i)\times M(i)}$$

子系统 A　$\alpha(1)=\frac{1800+190}{60\times3}\approx11.06$

子系统 B　$\alpha(2)=\frac{1800+290}{60\times3}\approx11.61$

子系统 C　$\alpha(3)=\frac{1800+120}{60\times3}\approx10.67$

子系统 D　$\alpha(4)=\frac{1800+130}{60\times3}\approx10.72$

对各子系统的 $\alpha(i)$ 进行排序，则有 $\alpha(2)>\alpha(1)>\alpha(4)>\alpha(3)$，说明在会计准则动态系统中，按各子系统的贡献程度来说，B > A > D > C，即执行子系统的贡献程度最高，最为重要，其次是制定子系统，再次是监控子系统，而评价调整子系统的贡献程度最低。

为能使各子系统的平均贡献能力 $\alpha(i)$ 之间的相对差距更大，令初始贡献能力 $\alpha=100$，则分档标准 $DS=\frac{3}{5}$。同上计算可得：

子系统 A　$\alpha(1)\approx110.56$

子系统 B　$\alpha(2)\approx116.11$

子系统 C　$\alpha(3)\approx106.67$

子系统 D　$\alpha(4)\approx107.22$

可见，四个子系统 $\alpha(i)$ 值的排序仍然一样，但是各子系统的 $\alpha(i)$ 的相对差距明显拉大，更能鲜明地说明在会计准则动态系统中，执行子系统的贡献程度最高。同时，根据调查问卷的统计结果显示，制定子系统、执行子系统、评价调整子系统、监控子系统这四个子系统按其贡献程度的得分分别为 131、145、38、49，贡献率分别为 36.09%、39.94%、10.47%、13.50%，说明在问卷调查过程中，大多数利益相关者认为执行子系统贡献程度最高，最为重要，第二位是制定子系统，第三位是监控子系统，最后是评价调整子系统。这与进行动态模型计算所得结果一致。

通过此次问卷调查与模型设计，我们发现会计准则系统的制定、执行、评估、监管环节都非常重要，都影响会计准则的可行性与科学性，其中执行环节的贡献程度最高，最为重要。企业应该严格按照会计准则的规定，结合本企业实际，恰当地确定会计政策、运用会计评估，真实完整地反映了公司财务状况、经营成果、现金流量及股东权益变动情况，让会计准则的作用发挥到最大。在会计准则制定过程中，制定部门要充分考虑我国经济的整体情况，使会计准则的执行既有利于各企业的发展，又有利于我国财政收入的提高，实现“双赢”局面，会计准则的制定更加科学合理。同时，也要对会计准则进行监管与评估，找出不合理因素，加以改进，让会计准则真正发挥其应有作用，促进我国企业整体经济的创新与发展。

4. 研究结论

会计准则动态系统中各子系统对动态系统总体目标的影响方式和影响程度不同，产生的效果也不尽相同，本次问卷调查得出了在已实现的会计准则动态系统中各子系统对实现总目标的贡献率，区分了各子系统对总体动态系统的重要程度，以及影响各子系统的因素的重要程度，为会计准则的修改和完善提供了理论依据，减轻了实现总目标任务的难度。

（1）执行子系统对会计准则动态系统的影响最大，是会计准则动态系统最重要的组成部分。任何理论性准则只有真正应用于实际生活中，才能发挥其应有作用，为社会进步提供可靠保证。执行子系统可以将会计准则方案转化为会计准则实现，只有将会计准则运用于会计、金融等相关领域，真正发挥会计准则的规范作用，会计准则动态系统才能体现其存在价值。同时，调查发现企业的配合程度是执行子系统最重要的影响因素，企业应该严格按照会计准则的规定，结合本企业实际，恰当地确定会计政策、运用会计评估，真实完整地反映了公司财务状况、经营成果、现金流量及股东权益变动情况，让会计准则的作用发挥到最大。

（2）制定子系统是其他子系统的前提和基础，在会计准则动态系统中具有不可或缺的地位。没有会计问题的提出和会计准则的设计与制定，执行、评价调整和监控子系统就无从谈起。会计问题的复杂程度和制定机构的水平是影响制定子系统的重要因素。要保证会计准则的执行、评价调整、监控子系统顺利实施，就必须在已有会计准则动态系统和制定机构水平的基础上，针对出现的会计问题和潜在的会计问题的复杂程度，严格要求参与准则制定人员的专业培养和结构调整，保证制定程序的规范化、科学化和民主化建设，充分考虑会计准则实施可能产生的经济后果，使我国的会计准则动态系统更具公平性和可操作性。

（3）监控和评价调整子系统也是会计准则动态系统的重要组成部分。通过监控子系统使会计准则目标顺利实现，避免会计准则在执行或是其他过程中发生偏差，也便于及时纠正和调整。评价调整子系统则通过对会计准则的执行效果进行分析与判断，为会计准则动态系统的修改与完善提供依据。调查发现，监控方式和评估信息的准确性分别是监控子系统和评价调整子系统的最重要的影响因素。采取恰当的监控方式，提供可靠的会计准则信息，对会计准则进行科学理性地管控和评估，找出会计准则在制定和执行过程中存在的问题和缺陷，并加以弥补和改善，才能使会计准则及时得到调整，提高会计准则总体系统的效率，使会计准则动态系统更加完善。

总之，制定、执行、监控和评价调整等子系统相互联系、相互依存、相互作用，共同构成了会计准则动态系统。制定子系统是其他系统的前提和基础，任何准则不经设计和制定不会形成系统的动态理论。执行子系统是会计准则系统运行的实践环节，在系统整体中占据主导地位，不将理论应用于实践，动态系统毫无价值。监控子系统主要是负责监督会计准则的制定和执行，保证会计准则的合理性和可行性。评价调整子系统使会计准则能及时进行调整，时刻保持准则的规范性，提高准则利用效率。正是这些子系统之间相互联系、相互贯通，才能使会计准则动态系统得以顺利运行与展开。

第5章 会计准则动态周期运行：制定与执行

会计准则是宏观经济政策的有机组成部分，它与经济周期、政策周期紧密联系在一起，在制定会计准则时，不仅要考虑会计领域和会计问题的特点，还要符合宏观经济政策规律。另外，会计准则除符合经济政策制定的规律之外，预期收益和成本也是必须要考虑的。从宏观经济政策理论来看，会计准则是政府提供的公共产品，是各个利益相关者共同协商和利益妥协的结果，应追求会计准则经济后果的公平和效率。

会计准则的执行阶段是会计准则动态周期的实践环节，是执行者运用各种行动方式、各种资源，采取试验、监管、解释、协调等，通过建立组织机构，实施会计准则，实现会计目标，解决会计问题的阶段。这是会计准则目标实现的途径，也是检验会计准则有效与否的方法。

5.1 会计准则的制定阶段

5.1.1 会计准则是政府提供的公共产品

会计准则是政府提供的公共产品，追求会计准则的公平与高效，是调节利益在各个利益相关者之间分配的会计约束。但是在现实生活中，由于利益集团、资源条件等的限制，会计准则总是呈现出有限公平和中度效率。尽管如此，提高会计准则的质量既是政府的愿望，也是利益相关者们的要求。

由于资源的有限性，社会中所有利益团体的要求政府是无法满足的，甚至是仅仅满足其中的一小部分，因此，为争夺经济资源而展开的各种冲突与竞争此起彼伏。政府在制定会计准则时，必然涉及利益团体的价值观和核心利益。所有的利益团体都清楚地知道，一方利益的增加必然会导致另一方利益的减少。会计准则制定活动的参与者依据制定标准，相互协商确定方案，形成会计准则。会计准则的制定，是对社会价值和利益的调整和重新分配。会计准则不是针对一个人的，社会全体成员都要遵守。当新的会计准则制定实施后，对社会利益进行重新分配，这种重新的分配行为直接导致原来已经均衡的社会秩序被打破，新的寻求均衡的活动开始了，因此会计准则的制定是所有利益集团关注的，一旦会计准则对自己不利时，会立刻反对，采取游说活动修改并制定对自己有利的会计准则。

会计准则是一个公共选择的过程，是两个或两个以上的利益相关者相互协商、妥协的契约交易过程，是公共与私人契约的共同磨合的过程，最终形成对全社会都有规范意义的公共产品。

判别一种物品是否是公共物品，首先看该产品是否有非竞争性、非排他性，如果二者都有，则该产品可为公共物品，如图 5－1 所示。[①]

从图 5－1 中可以看出，识别公共物品的步骤是看产品在消费使用中是否存在竞争性和非排他性，反之则相反。

萨缪尔森就公共物品与私人物品的区别做了如下解释，纯粹的私人物品与纯粹的公共物品的区别可以看出：

对一种私人物品来说：

$$X_j = \sum_{i=1}^{n} X_j^i$$

这是说，商品 X_j 的总量等于每一个消费者 i 所拥有或消费的该商品数（X_j^i）的总和，这意味着私人物品是能在消费者之间分割的。

对一种纯粹公共物品来说：

$$X_{n+j} = X_{n+j}^i$$

① 赵建国：《政府经济学》，东北财经大学出版社 2011 年版，第 94～99 页。

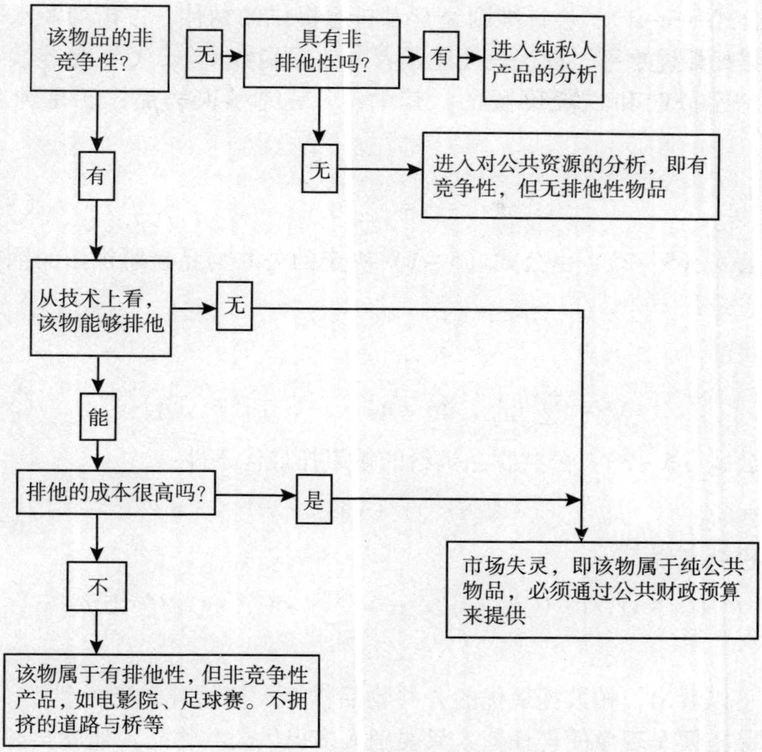

图 5－1　公共物品的识别

对于任何一个消费者 i 来说，他为了消费，实际可以支配的公共物品 X_{n+j}^{i} 的数量就是该公共物品总量 X_{n+j}，这意味着公共物品在一组消费者中是不可分割的。会计准则是宏观经济政策的一个组成部分，公共政策本身具有非竞争性、非排他性和非分割性，因此会计准则在具有上述特征的情况下，是政府为制定主体的公共产品。

在现实生活中，因各种因素的制约，公共物品一般不会出现帕累托最优的均衡，达到局部均衡的选择已是满意的决策了。萨缪尔森（Paul A. Samuelson，1948）指出，私人的需求是“虚假的需求线”，因为在实际生活中，个人不会表示他对一定数量的公共物品愿意交多少税以换取这些物品。公共物品一旦提供后，任何个人都是可以支配的，公共需求由全体个人的需求线垂直相加而得到的。

林钟高对公共物品的均衡做了如下分析：

公式（5－1）：会计准则经营者自愿提供的纳什—古诺均衡水平低于帕累托最优水平，设代表性经营者的效用函数 U(y，Q) 是连续、严格递增、拟凹和二次可微的，其中：y 是纯私人物品，Q 是纯公共物品。

$$Q = \sum_{i=1}^{n} q_i \qquad (5-1)$$

公式（5－2）：由公式（5－1）决定的公共物品自愿供给的纳什均衡水平是：

$$Q = \sum_{i=1}^{n} q_i^{*}，q^{*} = q_1^{*}，\cdots，q_i，\cdots，q_N^{*} \qquad (5-2)$$

公式（5－3）：公共物品供给的帕累托最优条件：

$$\sum[(\cdot U_i / \cdot Q)/(\cdot U_i / \cdot y_i)] = p$$

也就是说：

$$(\cdot U_j / \cdot Q)/(\cdot U_j / \cdot y_j) = p - \sum(\cdot U_i / \cdot Q)/(\cdot U_i / \cdot y_i) \qquad (5-3)$$

可以看出，帕累托最优的公共物品供给大于纳什均衡的供给。[①] 公共物品搭便车现象使得任何人只要别人多提供公共物品，他就会减少提供的行为，由此带来的必然是公共物品供给不足，此时政府就要出面阻止这种现象的恶化。所以，当某项准则没有达到预期的效果时，政府不要急于去寻找另一项会计准则来替代它，应先分析失败的原因及准则效率较低的环节，进而寻找改善会计准则的途径。

总之，政府垄断着通用会计准则的制定权，但在制定会计准则时必须要考虑生产成本和经济领域的需求为限制条件。由于会计准则存在经济后果，一项会计准则的出台，总是有些利益团体赞成，另一些利益团体反对。他们会通过各种手段，干预准则的制定过程，以引导或促使会计准则向有利于自身利益的方向发展。美国股票期权会计准则的产生就是一个例子。在美国会计准则委员会准备将股票期权作为一项费用在公司的损益表上列报时，遭到高科技公司的极力反对，提出相反意见和建议，甚至连美国总统也出面干预此事。在 1994 年底，

① 林钟高：《会计准则研究》，经济管理出版社 2007 年版，第 88 ~ 90 页。

美国会计准则委员会做出妥协，不强制要求高科技公司运用公允价值确认股票期权费用，而是仅仅鼓励他们运用公允价值确认。可见，会计准则是有自身特点的，并不是一种纯粹的制定技术规范，只有那些真正反映客观经济规律、合乎会计发展方向的会计准则才能生存，为会计活动做出贡献。

5.1.2　会计准则制定模式

1. 精英模式：认为会计准则是社会精英们价值偏好的反映

精英理论认为会计准则是那些掌握统治权力的政治精英们的价值偏好的表现。主要观点为：在会计准则制定阶段，公民完全是被动的，他们的诉求和行为对会计准则的制定不产生任何决定性作用。相反，占统治地位的政治精英们把握着会计准则的制定权，会计准则的设计方案由他们来决定，由执行机构来执行。

首先，精英模式认为会计准则不反映公众的要求，而反映精英们的兴趣和偏好。所以，会计准则的设计、调整和创新是精英们对价值观的重新定义。会计准则的变化一般都是渐进性的，不是变革性的。虽然会计准则经常被修改和补充，但极少全部替换和取代所有的会计准则。渐进式的会计准则的修改和补充在当代社会是较稳妥和代价最小的方式，因为巩固精英们已有的社会地位和社会制度是他们所希望的。

其次，精英模式认为公众是被动、麻木和信息无知的，公众的利益被操纵在精英们的股掌之中，公众对会计准则的影响非常小。社会精英与公民的沟通是自上而下的。公民在会计准则的制定中发挥很小的作用。精英模式认为，公众对精英们的会计准则决策行为只是间接的、微小的影响。

最后，精英模式认为对会计准则的态度，精英集团内部的意见和观点一致。对基本的会计准则的共识，对社会的稳定和秩序的存在有重要意义。这将有利于社会经济活动的稳定和发展，所以，精英集团的这种共识成为社会的基本价值观。会计准则的设计方案只有与此相符才可能进入政府的决策议程中，得到精英层的考虑。同时，精英们的一致并不表示精英集团的内部没有意见分歧，没有冲突就没有社会的进步和相互制约。总之，精英之间观点一致的方面远远多于不一致的方面。

精英模式在会计准则制定中最关注会计准则制定过程中决策者的作用，精英理论在分析和解释会计准则制定过程时，其作用可能会超出其他一些会计准则的制定模式，见图5－2。

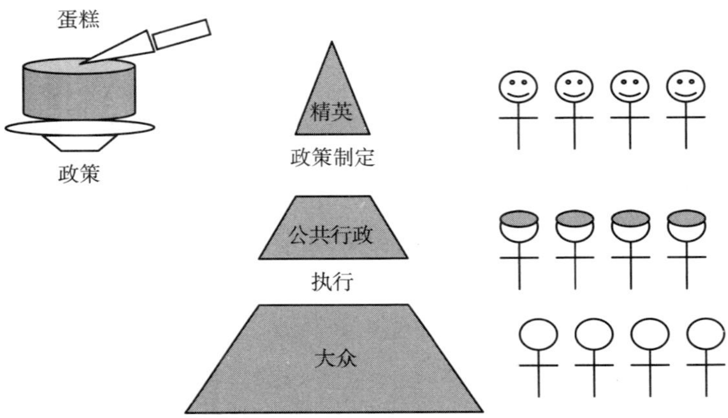

图5－2　精英理论

2. 博弈模式：会计准则是竞争环境中的选择

决策时的均衡以及决策主体之间的相互作用是博弈模式研究的重点问题。在博弈模式中，自己的最终决策在个人效用函数的基础上，取决于另一方的选择，同样别人的最终选择结果也依赖自己的最优选择。彼此之间有利害关系，个人的选择都会对他人的决策产生影响，最终的结果是所有参与者博弈的产物。因此，博弈模式是会计准则在外部经济条件下相互的选择。博弈模式分为合作和非合作博弈，合作博弈是能达成协议则，强调效率、公正与公平以及团体理性，反之是非合作博弈，个人理性、个人最优决策是非合作博弈的特点。在会计准则的制定过程中也会出现博弈的现象，当最优选择不存在时，只能根据他人的选择做出自己最佳的决定，这时博弈模式开始了。

博弈论是一种理性的模型，它更多地适用于竞争环境。一般而言，在竞争环境中，一方的决策依赖于对手的选择。博弈的技巧可以用来处理的会计领域问题。博弈模式的参与者可以是个人，也可以是一个组织或政府，只要它们能够以明确的会计目标为导向并实施理性的行动即可。

如图 5－3 所示，矩阵描述了在会计准则的制定过程中所有参与者的多种选择结果，这些选择项在博弈模型中通常用数学矩阵来描述。下面假设有两个参与者，并且每人仅有两种选择，构成二阶矩阵。

		参与者甲 方案A	参与者甲 方案B
参与者乙	方案A	甲：结果 乙：结果	甲：结果 乙：结果
	方案B	甲：结果 乙：结果	甲：结果 乙：结果

图 5－3　博弈的二阶矩阵

在依赖于双方选择的基础上，二阶矩阵有四种结果，矩阵中的一个方框表示一种结果。

策略是博弈模式中非常关键的理性决策的因素，即在考虑了对手所有的可能选择之后，设计一组行动并使之达到最优的结果。博弈论者借用“最小最大化”来阐述理性策略的实质性内涵，对博弈的参与者而言，无论对手怎样去做，自己的选择都将使自己最大的损失最小化或最小的收益最大化。“最小最大化”的理性策略能够有效地抑制对手的最佳选择给自己造成的伤害。它也许会被认为是一种非常保守的策略，因为它所设计的行为只是为了减少损失或确保最低限度的收益，而不是为获取最大利益去冒很大的风险。但是，绝大多数的博弈论者都把“最小最大化”视为最佳的理性策略。这种决策在会计准则的设计与制定过程中也会经常出现，各个利益相关者为了自己所代表的利益集团的利益，都会与博弈模式中的其他方进行“最小最大化”的决策，以此获得最佳收益。

3. 系统理论：会计准则是政治系统的输出产物

宏观经济政策分析的系统理论源于对政治系统的研究，系统理论把会计准则当做一种经济政策，视为政治系统迫于外界环境的改变和压力而做出的反应。系统理论中的外部环境是指政治决策系统的外部条件与资源配置；外部压力是指环境作用于决策系统的各个利益相关者对决策者的要求；政治系统是指具有权威和制定会计准则的政府和执行机构。外部环境、政治决策系统和会计准则三者的关系作了较为详尽的描述，见图5-4。

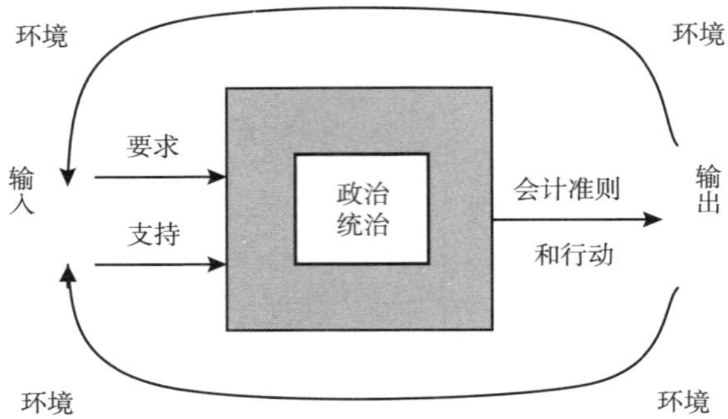

图5-4 系统理论模型

系统模式认为：会计准则的输出是政治系统与其外部环境互动的结果，要求与支持的输入是社会团体与个人试图影响会计准则制定的参与意图。当会计准则的主体和客体发现社会经济环境中存在会计问题时，对政府的要求就会提出。会计准则制定系统为了自身的利益会对外部环境的压力和利益相关者的要求做出反应和行动，为了把这些要求转变为会计准则，决策系统就需要做出适应会计领域现状的制度安排，同时，通过会计准则的执行机构强化会计准则的效果。会计准则的输出可能会起到缓解经济环境尤其是会计问题的解决。会计准则政治系统与外部环境之间的互动是一个反复循环的过程，会计准则的输出会引起利益相关者要求的变化，同时新要求的不断提出又会使新的会计准则不断颁布实施。

政治系统需要保护自身利益、维持系统生存：第一，会计准则的设计输出应满足环境需求，符合公众利益；第二，加强会计准则动态系统的建设，完善机制；第三，会计准则的反作用与影响会计准则动态系统共赢。

系统理论对现实经济领域中的会计活动进行了高度的概括，从宏观经济政策分析的角度对会计准则进行了分析，在政策分析领域具有重要意义。但是，系统理论对政治决策系统这一“黑箱”缺少针对性的分析，未能形象地描述会计准则制定的具体形成过程，使系统理论在会计准则的制定阶段的应用受到限制。

5.1.3　高质量会计准则的成本分析

某项会计准则的方案一旦被选中，由于会计准则的强制性特点，导致社会各个阶层都要遵循。每个利益相关者在会计准则设计方案选择过程中，面临两种成本需要考虑：外在成本与决策成本。①

1. 会计准则制定的外在成本

会计准则制定的外在成本是在会计准则制定中，由于其他利益相关者的行为使个体的利益相关者需要承担的成本。会计准则制定的外在成本是个人无法控制的，是集体决策后强制性施加给个体利益相关者的。当会计准则制定方案的选择结果与利益相关者的实际偏好一致时，该个体承担的外在成本为零，当不一致时，由于该个体的个人偏好与会计准则方案的最终结果不相符，由于外在成本随着不一致程度的增加，人们需要承担的外在成本也在增加，并且数值也越来越大，见图5-5。

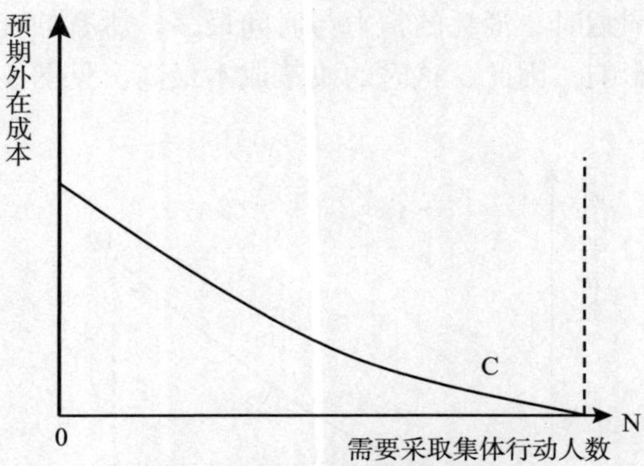

图5-5　利益相关者偏好与外在成本

① 布坎南与塔洛克1962年合著的《同意的计算——立宪民主的逻辑基础》中首先提出成本分析模型，主张以成本分析为基础，考察最优公共选择的观点。由于某种特定规则一旦被选中，将适用于公共决策的所有参与者。这种公共决策的内在强制性使得每一个参与者在公共决策中，都面临着性质完全不同的两种成本：外在决策成本（external decision cost）与决策时间成本（decision time cost），又简称外在成本与决策成本。

如果用函数关系来描述，利益相关者的行为是其他参与者所承担的预期外在成本的现值，是最终的会计准则方案被采纳前所需赞同人数的减函数。此模型的赞同人数假设为从 1 到整个利益相关者集体之间，人数规模可任选。选择赞同人数是 1 时，此时这一个人被称为独裁者，就要按个人的偏好设计会计准则的方案，这就意味着当会计准则的决策权被精英集团独揽时，这使得精英决策者的偏好与其他利益相关者的偏好可能不一致，因而，这些人将预期到他们所面临的外在成本值最高；当所有的参与人都赞同时，所有的参与人的偏好都会在最终的投票选择结果中体现，每一个人都不需要承担由于会计准则制定者的行为而使自己的成本增加。在会计准则制定中，随着赞同人数的数量从一到所有的集体行动人数的逐渐增加，每一个投票者承担的外在成本按递减比例下降。

2. 会计准则制定的决策成本

决策成本则指一个投票者耗费的精力和时间，这种时间与精力的耗费是为了使方案得到足够多的人数规模而付出的。假设会计准则由一人做决策时，此时意味着是个人决策，决策成本非常小。当会计准则方案需要全体一致同意时，消耗的精力与时间最多，所有的赞同人的偏好对最终结果都有影响，因此，这时的决策成本最高，见图 5 -6。

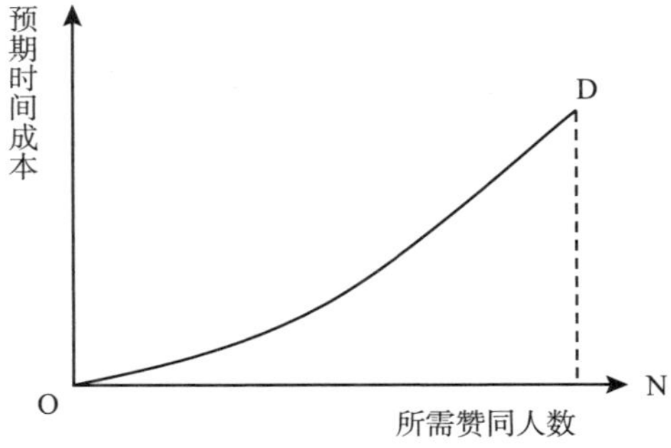

图 5 -6　决策成本与所需赞同人数间的关系

决策成本与所需赞同人数两个变量之间是递增的关系。赞同人数数量的不同，导致了对会计准则设计方案的不同程度的讨价还价，随着人数的不断增加，讨价还价行为的激烈程度不断增加，因此，会计准则制定的决策成本以递增的比率上升。[①]

3. 高质量会计准则的成本

外在成本与决策成本之和构成社会的集体决策依赖成本。作为理性的宏观经济政策的制定者，在面临决策规则的选择时，都具有追求自身效用最大化的动机，并寻找最低的依赖成本进行会计准则方案的最终选择。

如图 5－7 所示，横坐标表示采取一致选择时需要赞成行动的人数，纵坐标表示选择会计准则时的外在成本和决策成本的之和，曲线 C 代表外在成本的变化，曲线 D 代表决策成本的变化。

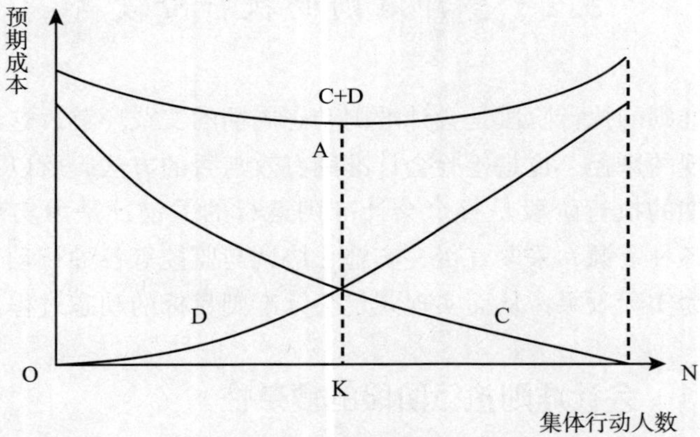

图 5－7　外在成本与决策成本

图中的曲线（C＋D），表示两类成本之和的轨迹。图中的 A 点对应的是曲线（C＋D）上的最低点，此处的依赖成本之和最小，K 点为最优人数；在 A 点，为了争取更多一个同意者而获得的预期效益与其在时间上的损失相等，因此 A 值成为最优多数；此时所对应的赞同人数能确定出所对应的赞同比例；因此，从外在成本和决策成本模型来分析，高质量的会计准则既不是全体一致的会计准则，也不是一个利益相关者决策的会计准则，它是介于二者之间的最优多数会计准则；最优会

① 王佃利：《公共决策导论》，中国人民大学出版社 2005 年版，第 313～316 页。

计准则决策成本模型的结论是理性的经济人按最低的相互依赖成本来决定会计准则的最终方案。[①]

成本分析模型在研究会计准则的决策成本时非常直观，但不论在理论分析还是实际应用中都存在着问题。第一，我们只能一般性地了解这两种成本与决策规模之间的关系，而无法具体测量这两种成本的数值。第二，上述最优会计准则的方案选择只是就个体而言，不同的利益相关者可能有不同的对会计准则的偏好，解决和协调不同利益主体之间的冲突和差异，在现实中不易做到，原因是反映会计问题的信息不完备、人数众多，无法掌握所有人的偏好。

5.2 会计准则的执行阶段

会计准则的执行阶段是会计准则动态周期的实践环节，这是会计准则目标实现的途径，也是检验会计准则有效与否的方法。所以，会计准则动态周期的执行阶段是整个会计准则运行的关键，是为实现会计目标，运用各种资源，采取宣传、实施、协调与监控等各种行动，将会计准则转化为实际效果，从而实现既定会计准则目标的动态过程。

5.2.1 会计准则执行阶段的复杂性

在我国，一系列的宏观经济政策的有效执行受到支持的程度、执行者的能力与信心、目标团体的组织或制度化程度等各种因素和条件的影响。宏观经济政策执行的成败所需考虑的因素与社会的政治、经济和文化等宏观经济政策环境紧密相连。在会计准则的动态执行过程中，会计准则的形成、类型、社会对会计准则动态系统的印象、执行人员和主管领导的方式和技巧等都事关会计准则能否顺利实施。[②] 即使一个小的要

① 布坎南与塔洛克认为，外在成本与决策成本之和构成社会相互依赖成本。作为理性的选择者，当面临会计准则方案的选择时，追求自身效用最大化的动机将驱使他按最低的相互依赖成本进行的选择。选取外在成本和决策成本相加之和最小的会计准则备选方案。

② 美国政策科学家史密斯（T. B. Smith）在《政策执行过程》一文中认为，理想化的政策、执行机构、目标团体、环境四者是政策执行过程中所涉及的重大因素。

素之间的配合出现问题，也可能会导致会计准则执行不畅，影响执行效果。

作为会计准则动态运行过程的一个重要阶段，会计准则执行不仅表现了会计准则动态运行过程各个阶段所具有的共性，而且还具有其自身的复杂性、特殊性。会计准则执行的复杂性表现在以下几方面：

1. 会计准则执行对象的适用性

会计准则执行对象的适用性是指一定的会计准则只适用于一定的会计对象。任何一项会计准则的颁布与实施都必须明确其适用范围。会计准则执行首先要弄清该项会计准则的适用对象和范围，否则就很难达到当初会计准则在制定时预期达到的会计目标，影响会计准则的权威性和严肃性，进而削弱会计准则的执行力度。狭义的会计准则执行对象指会计准则直接作用和影响的会计准则客体；广义的会计准则对象还包括与会计准则执行效果有关联的间接会计准则客体。区分好会计准则的直接对象和间接对象有利于会计准则的有效执行。

在会计准则执行中如何界定其适用的范围是影响执行效果的关键。由于有的会计准则对适用范围做了模糊性、隐含性的规定，使会计准则执行主体拥有较大的自由裁量权或者理解出现偏差，从而导致会计准则执行的效果较差，没有达到会计准则目标。

同时，会计准则目标的不清晰、不确定往往对会计准则的执行对象的适用性构成阻碍。会计准则在制定过程中由于会计准则调整的成本、目标群体的顺应程度、机构的应变与生存能力等多种因素，会计准则制定者有时用较为模糊的语言来表述会计准则的目标和会计准则所规范的内容，认为这样能有效地延长会计准则的使用周期，但这给会计问题的解决带来麻烦。

会计准则的制定和实施本质上是一个“瞄准”和“射击”目标的过程。一位经济学家曾经说，政府调控宏观经济时所要瞄准的目标是个快速移动的目标，而且是在云雾之中飘忽不定的，政府用来射击目标的经济预测手段还很不完善。因此，会计准则在制定出来后，能否发挥作用需要诸多因素共同努力。

2. 会计准则执行的多变性

在会计准则执行中，因为属于宏观经济政策，所以一般不涉及具体的操作细节，因为会计准则一般是着眼于整体性的、全局性的。也就是说，由于会计准则环境的复杂性和客观条件的多变性，会计准则的制定者往往只是规范某些基本的原则，而把实现会计目标的权力交给会计准则的执行部门去承担。因此，出现了各种各样的执行方式，以取得好的执行效果。但若执行方法运用不当，也会带来一定的负面影响。会计准则执行主体在执行中可能会避重就轻，选择熟悉和易行的途径，放弃困难但却有效的途径，甚至背离会计准则本身的设计初衷，出现“上有政策，下有对策”“上有大政策，下有土政策”的现象。

同时，会计准则的执行效果有很大的不确定性。在宏观经济政策分析中，经济政策具有时滞性。另外，一些经济政策包括会计准则是否有效果，取决会计准则客体的配合与支持。

3. 会计准则执行的连续性

会计准则执行的连续性是指会计准则执行不能在短时间内调整、修改和终止要有一定的稳定性，这种稳定性和连续性是会计准则执行的核心要求和基础原则。

会计准则动态体系的有效执行和会计目标的最终实现有自身的规律和要求，一是着眼于最终目标，二是立足于阶段目标，这是循序渐进的过程，防止出现有超阶段的会计准则的执行行为。会计准则执行的连续性还体现在时间环节上，每个实施环节之间不能有时间差，要一环扣一环，一个阶段接一个阶段，依次进行，要防止超阶段的执行行为。如果在会计准则执行条件不成熟的情况下强行实施某项会计准则，有可能导致会计准则执行的失败，最终阻碍会计目标的实现。

4. 会计准则执行的动态性

当前社会的日新月异，科技的不断创新，经济的快速发展，这一切使得会计准则在执行过程中遇到一些新情况、新问题，因此无论最初的会计准则设想得再好，也不能与复杂多变的社会现状完全同步，这也要求会计准则必须具有动态性，能够不断变化、不断调整；另外，会计准则的执行人员在执行活动的推进以及环境条件不断变化的前提下，要学会根据这些新问题、新情况，能够有能力、灵活正确、适时地应付和处理它们，会计准则目标的最终设想也要依靠会计准则执行人员的能力和智慧。所以，会计准则执行是动态的，应根据需要不断地改变、修正和调整执行的策略和方法，这种不断地调整和变动的行为贯穿于会计准则执行的全过程。

我们以证券市场中的ST股票和PT股票来分析：《股票上市规则》规定，当某一上市公司两个会计年度净利润均为负值，股东权益低于注册资本时进行特别处理。这一规定的目的是保护投资者的权益，向投资者揭示可能存在的风险，增强市场的透明度；先后有几十家公司的股票被特别处理；《中华人民共和国公司法》规定，连续三年亏损的上市公司必须实行暂停上市；先后有ST苏三山等多家上市公司暂停上市，随着ST股票和PT股票的增加，尤其是PT股票第四年继续亏损，那么严格按照政策所设定的目标执行，这些上市公司应该破产清算，但这会使一大批无辜的中小投资者血本无归，引起市场波动，成为社会不稳定因素，因此，市场管理者和政府有关部门就不得不面临着某种选择。[①] 事实上，市场管理者和政府有关部门并不想真正实施对PT类上市公司的清退，选择的结果是继续保留了PT股票。在上述活动中，规定的执行表现出的动态性非常明显。

5.2.2　会计准则有效执行的途径

会计准则执行的实践表明，某些会计准则付诸实施之后，并没有取得理想的效果。主要因为在会计准则的执行过程中遇到许多因素的干扰和影响。研究会计准则执行的有效途径，分析影响会计准则有效执行的因素、方式和作用结果将有助于在实际的会计准则执行过程中排除干扰，消除不利因素，使会计准则得到有效执行。

1. 会计准则执行的过程途径

目标群体、执行机构、理想化的政策、环境因素是宏观经济政策执行中的四大主要因素，这是政策执行过程模型的建立者史密斯（T. B. Smith，1973）[②] 的观点。就会计准则而言，理想化的会计准则是

---

① 谢明：《公共政策导论》，中国人民大学出版社2004年版，第272～275页。

② 史密斯（T. B. Smith）是最早建构影响政策执行因素及其过程模型的学者，他在《政策执行过程》（1973）一文中提出了一个描述政策执行过程的模型。

会计准则制定者试图追求的；目标群体即会计准则客体是受会计准则直接影响的，是对会计准则采取适当反应的符合会计准则各个利益相关者需求的个体；会计准则执行机构是政府机构中负责会计准则执行的组织；环境因素是那些影响会计准则执行和受执行影响的要素。会计准则执行的过程途径对消除社会变化所引起的紧张和矛盾的具体执行细则有贡献。该模型认为：在已形成的准则进入执行过程时，执行组织、目标群体、理想化的会计准则及环境因素相互作用，共同促进会计准则的有效执行。

如图 5 –8 所示，交换往来的作用可通过反馈波及会计准则的形成，有时也会直接进入会计准则的执行过程。由于外部因素的影响，会计准则的执行过程容易被执行得不均衡，已制定好的会计准则进入执行阶段后被会计准则的执行机构、目标群体及环境因素等的相互作用被调整为理想化的会计准则，从而提高执行效率。因此，这种条件下的会计准则执行过程不但包括会计准则的制定，也包括会计准则的执行与对会计准则的评价。模型中的紧张这一因素影响到会计准则的制定和执行阶段，并且为了消除这种紧张开始强调执行过程的重要性。因此，会计准则的执行者要致力于预防、消除社会紧张和矛盾，制定出类似战略性计划，有效地应对急剧变化的会计准则存在的环境。①

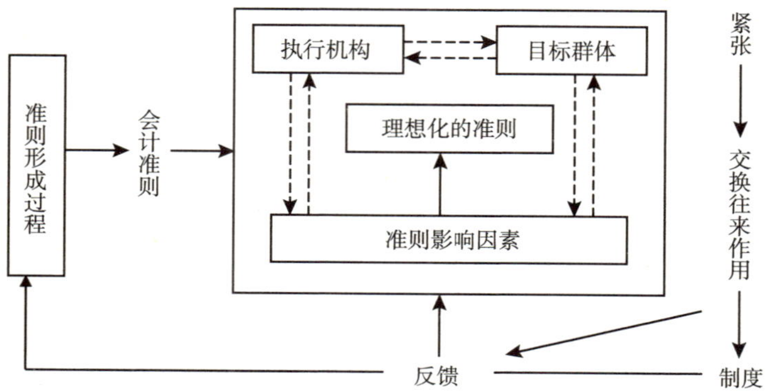

图 5 –8　过程途径

① 史密斯：《政策执行过程》，载于《政策科学》1973 年第 4 期，第 203 ~205 页。

2. 会计准则执行的管理程序途径

对于会计准则的执行效果来说，管理程序模型对执行的作用和意义很大。在现实生活中，即使经济活动体的组织结构设置的合理，但在会计准则执行的管理过程中存在问题和漏洞，就难以取得好的效果。因此，更应关注会计准则执行的管理程序设计。会计准则及其他经济政策一样，都是非线形的、复杂的动态过程。① 管理程序模型的特点：

（1）管理程序模型要求会计准则执行者对会计准则形成的前提条件和会计准则所要达到的目标进行检验。高层会计准则执行者在执行会计准则之前都会制定执行计划，检验会计准则决策者所考虑的前提条件是否符合当前形势的需要。同时，在执行过程中，也要随时检验前提条件。假如由于会计准则环境变化但最初的假设条件有失误，那么会计准则的执行者要对会计目标和实施方案进行修正。

（2）管理程序模型并不要求会计准则执行者把会计目标完全确定下来，因为会计准则的制定者在制定会计准则时对会计准则的各个影响因素无法全部掌握，及正确估计每项会计准则方案的结果，只能先做暂定计划，在执行过程中动态、灵活地对执行方案进行调整。

（3）管理程序模型要求会计准则的执行是动态的，同时要有多个会计准则的执行方案。这么做的意义在于，通过同时执行三四个会计准则方案，积极防止只执着于一个方案而导致的某项会计准则失败。

（4）管理程序模型要求在会计准则执行中包含非常计划，有应急计划应对政策环境的突变和危机状况，会计准则的执行者在着手工作前制定出缜密的非常计划对顺利执行有重要意义。同时，战略性计划可作为一个连接政策形成和政策执行的安全装置。

（5）管理程序模型把着重点放在对会计准则的监督阶段。会计准则的执行者为了确认会计目标是否按照原来的意图在执行，监督环节是少不了的。监督是一个控制过程，也是测定执行成果的过程，同时还要对会计准则的执行效果过程进行评价。这样有利于会计准则决策层根据实际情况修正会计准则目标、调整会计准则内容，分析产生的原因，及

---

① 传统的管理理论主要关注企划、日程及控制等技术性的线形过程，但在公共政策的执行阶段与之不同，它是非线形的、复杂的，而且是动态的过程。应用比技术性更为多样化的动态方法来研究会计准则的执行是一种新的路径。

时修正和完善，见图 5－9。

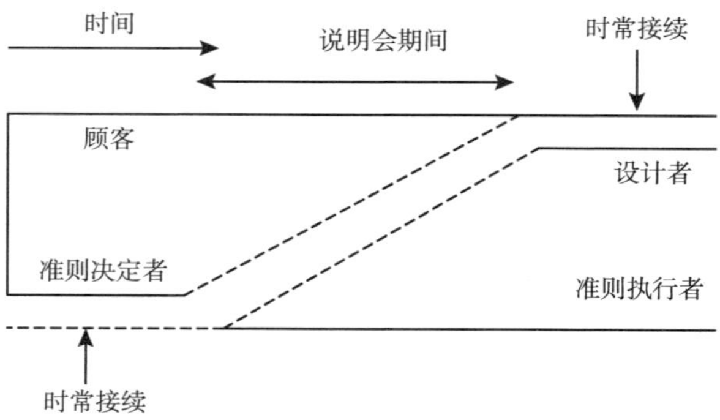

图 5－9　管理程序途径

3. 会计准则的结构途径

会计准则的制定环节完成后，都必须考虑怎样的结构才能有利于政策的有效执行。会计准则执行组织的结构是对外部环境和内部资源条件两方面客观存在的反映。一方面，当外部和内部环境发生变化后，组织就要进行自身的变革与发展以适应环境的要求。另一方面，执行机构的组织设计又是人的主观能动性的表现，包括对客观环境的认识、判断与评价及为此付出的主观努力。人的主观认识发生变化时，执行机构也会进行组织结构的优化与发展，同时也成为变革的动力。变革的驱动力来源于人们对组织结构优化的必要性及对优化益处的设想。因此，会计准则的结构途径是分析组织结构对会计准则的有效执行的影响及管理层次与执行效率的关系的模式。

管理层次与执行效率的关系与组织结构对政策执行的影响密切相关。管理层次一般受政府有效治理能力和管理幅度的制约。[①] 研究表明，管理层次与管理幅度在某一特定规模的行政组织内呈反比关系，即管理层次越多，行政机构的管理幅度越窄；管理层次减少，行政机构的管理幅度变宽。这种管理层次与管理幅度的反比关系决定了两种基本的

① 有效管理幅度通常根据工作性质、领导水平、部属素质、空间距离、信息沟通手段等因素而定，管理幅度也不能无限扩大。

组织结构形态，即尖型结构和扁平型结构；也就是说，管理层次越多，上下阻隔越远，会计准则不易贯彻，下情不易上达，政府难以进行有效的监管和评价；相反，管理层次过少，执行机构工作多，造成管理混乱，也不利于会计准则的执行。① 根据“拉弗曲线”的原理，将其变形后得到“管理层次—执行效率”曲线，见图 5-10。

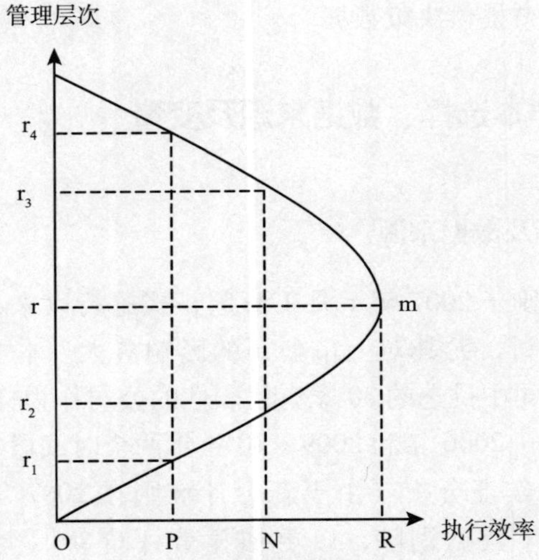

图 5-10　结构途径

在一定限度内，执行效率会随着管理层次的增加而提高，但当管理层次超过一定的限度时，执行效率不但不能提高，反而会下降。在管理层次为零时，无效率可言；当管理层次由 r_1 提高到 r_2 时，执行效率也将由 OP 提高到 ON；随着管理层次继续增多，形成尖型组织结构，机构臃肿，信息传递速度慢，执行效率开始下降，即当管理层次由 r_3 增加到 r_4 时，执行效率就会由 ON 减少到 OP。很显然，m 是管理层次的临界点，一旦超出这个界限，其效率将会递减。因此，执行机构的管理层次要适度，过多或过少的层次都会影响着执行效率，只有在适当的管理幅度内，执行效能才是最佳状态。

① 朴贞子：《政策执行论》，中国社会科学出版社 2010 年版，第 67~68 页。

5.3 新旧会计准则的实施效果分析

本书将以2007年为界，借助上市公司的数据，实证检验2007年之前和2007年之后实施新会计准则的执行效果，以期对今后会计准则的制定与执行等环节提供决策数据。

5.3.1 样本选择、数据来源及变量

1. 样本选择及数据来源

自新会计准则于2007年1月1日起正式施行以来，得到社会各界的广泛关注和探讨，尤其对上市公司的影响甚大。本书选取了沪市A股电子类上市公司中挑选的30家有代表性的公司作为样本，对这30家上市公司在2003~2006年和2009~2014年两个时间段年报公布的相关数据分别进行了实证分析（由于新会计准则在2007年实施，将最初2007年和2008年数据剔除，以更加显著评价新旧会计准则的实施效果）。

本书选用公司成长能力、筹资能力、社会认可度、经营活动净现金流量作为各变量，公司成长能力为因变量，其他为自变量。其中，主营业务利润增长率反映公司成长能力，负债增长率反映公司筹资能力，社会对财务报表的满意程度及应交税费反映公司的社会认可度。主营业务利润的研究结论表明，一个公司在上市后，可能容易筹集到足够的资本，是由于投资者从自己获取的信息来判断，认为该公司具备较强的赢利能力和成长潜力，具有较高的投资价值，符合自己的投资策略，对该公司的成长和收益有足够的信心才对它进行投资[①]。

主营业务利润增长率作为评价公司成长能力的主要财务指标，说明只有在不断地获取利润的基础上，公司才可能持续稳定地发展。所以，最大限度地获取利润是公司成长和发展的保证，赢利能力是衡量公司经营业绩和成长能力的标准[①]。本书选取有代表性的三十家电子类公司的主营业务利润增长率的数据作为自变量（具体数据见表5-1、表5-2）。

表 5－1　　主营业务利润增长率（旧会计准则）　　单位：%

	2003 年	2004 年	2005 年	2006 年
生益科技	39.02	68.54	0.98	100.5
广电电子	30.01	−7.48	−91.66	78.97
华微电子	43.19	14.4	104.98	34.45
上海贝岭	−41.29	−28.66	−24.33	−4.44
士兰微	38.15	15.27	−18.73	2.93
彩虹股份	23.82	−11.85	363.19	103.58
长电科技	−9.54	11.69	12.37	71.41
法拉电子	50.7	10.27	9.43	26.29
飞乐股份	40.88	53.01	6.43	−36.44
大连控股	−6.95	−30.89	−344.51	−111.71
航天通信	32.72	18.3	14.77	−3078.24
精伦电子	−45.73	−87.4	−2083.87	−102.27
长城电工	0.13	3.73	1	45.49
福日电子	−261.7	109.11	143.04	−78.01
三安光电	101.42	−323.22	−120.79	55.9
波导股份	13.48	−15.33	−327.13	−106.44
东方通信	463.54	−104.94	−602.07	−110.62
中卫国脉	−29.77	−560.03	−105.29	−809.13
长江通信	20.77	31.86	−26.47	22.83
中天科技	−96.69	1168.8	47.97	48.87
大恒科技	6.48	−24.69	16.16	21.65
宏图高科	−47.93	−45.26	50.67	26.25
浙大网新	−32.47	43.27	11.76	35.38
同方股份	−38.27	2.27	−9.25	52.69
中创信测	−38.27	2.27	−9.25	52.69
兆维科技	−4.03	5.38	−9.27	43.63
烽火通信	−60.62	37.07	19.9	21.76
中国卫星	−6.58	−85.66	91.75	756.14
南京熊猫	7.85	−46.75	44.28	−0.62
有研硅股	−104.27	58.95	56.88	388.08

表5-2　　主营业务利润增长率（实施新会计准则后）　　单位：%

	2009年	2010年	2011年	2012年	2013年	2014年
生益科技	7.89	-79.58	256.26	70.72	-18.53	-38.44
广电电子	-114.74	-3317.12	-106.74	145.9	-8.17	-60.66
华微电子	31.19	-64.69	-53.38	216.82	23.34	-66.32
上海贝岭	-26.44	-70.99	-2866.1	-109.07	90.93	332.65
士兰微	-69.95	-37.17	465.11	234.59	-40.11	-88.13
彩虹股份	-283.99	207.12	-2448.33	101.7	-4365.47	-14.21
长电科技	50.41	-35.44	-75.08	795.51	-67.59	-89.63
法拉电子	24.73	-26.67	30.28	103.03	14.89	-18.54
飞乐股份	-1167.48	-101.93	152.37	914.69	-4.73	-0.29
大连控股	187.72	-427.37	-104.01	-1370.38	-109.09	84.67
航天通信	-268.12	-97.98	-14.07	1052.54	29.89	13.5
精伦电子	-408.19	-1217.43	116.09	-107.46	374.79	-124.59
长城电工	134.58	-45.24	-25.45	7.4	28.19	100.51
福日电子	-2627.92	108.58	-1529.98	51.76	213.34	-52.54
三安光电	506.26	-85.07	246.11	132.72	123.29	13.9
波导股份	-1865.35	-71.82	-109.92	168.88	42.34	17.09
东方通信	365.31	-44.06	1.68	47.07	29.58	-13.83
中卫国脉	437.91	-214.83	104.56	-504.45	121.87	2717.27
长江通信	87.41	-42.55	200.76	49.69	8.84	-5.05
中天科技	113.38	73.19	129.42	29.61	-19.35	-1.51
大恒科技	31.3	44.62	-14.21	46.64	-12.69	15.01
宏图高科	189.14	161.05	15.23	24.46	-18.61	-2.85
浙大网新	21.62	-53.03	-51.85	98.16	81.02	-84.65
同方股份	178.02	-42.95	46.04	36.48	47.52	18.05
中创信测	178.02	-42.95	46.04	36.48	47.52	18.05
兆维科技	38.06	37.43	-164.58	206.62	87.21	-98.96
烽火通信	103.78	65.84	49.55	43.97	18.07	33.21
中国卫星	40.27	32.83	12.31	7.02	10.98	15.98
南京熊猫	2.87	-65.23	-62.26	-40.79	1076.02	-0.84
有研硅股	273.72	23.46	-145.94	-116.7	11.78	-1196.08

2. 解释变量

（1）筹资能力（Financing）：筹资能力是公司财务功能在企业筹集资金过程中的表现。该能力的结果是企业筹集资金的数量大小、结构优劣、成本高低，以及占用时间的长短和效率。本书采用负债增长率（Debt-rate）作为评价筹资能力的财务指标。一般说来，一个公司负债增长越缓慢，即公司拥有的负债越少，越有利于公司的经营成长（具体数据见表5-3、表5-4）。

表5-3　　负债增长率（旧会计准则）　　单位：%

	2003年	2004年	2005年	2006年
生益科技	0.5314	0.1957	0.5717	0.2003
广电电子	0.0066	0.0141	-0.1159	-0.6281
华微电子	0.4022	0.0832	0.3164	0.1522
上海贝岭	-0.9496	0.3875	-0.0883	-0.103
士兰微	2.7686	0.8997	0.5375	0.2865
彩虹股份	-0.0687	0.0856	0.0227	-0.1831
长电科技	1.0699	1.8468	0	0.1195
法拉电子	0.0376	-0.1674	-0.1733	0.5347
飞乐股份	-0.0327	-0.1334	-0.1525	0.0386
大连控股	-0.3007	0.1843	1.7375	0.2432
航天通信	0.06838	0.1184	-0.0057	0.1062
精伦电子	0.2783	-0.2392	-0.1462	0.1468
长城电工	-0.0921	-0.103	-0.1462	0.1468
福日电子	0.1417	0.0007	-0.0236	0.0876
三安光电	0.4227	0.1168	0.1219	0.0568
波导股份	1.0731	-0.0263	-0.0133	-0.1509
东方通信	-0.0688	-0.1509	-0.2236	0.2076
中卫国脉	0.7568	-0.3609	-0.4767	-0.0693
长江通信	0.0007	0.1467	0.1845	-0.0563
中天科技	1.0839	0.4042	0.5426	0.4655

续表

	2003 年	2004 年	2005 年	2006 年
大恒科技	1. 1201	0. 4334	0. 2052	0. 1198
宏图高科	0. 2405	0. 0726	0. 1177	0. 0892
浙大网新	0. 342	0. 2052	0. 2002	0. 1892
同方股份	0. 3574	0. 4542	0. 4038	0. 1847
中创信测	0. 4178	0. 3012	-0. 2497	1. 1083
兆维科技	0. 0898	-0. 3147	-0. 0421	0. 1268
烽火通信	0. 3354	0. 3618	-0. 0128	0. 2389
中国卫星	72. 0794	-0. 9349	0. 2441	0. 2303
南京熊猫	0. 6177	0. 2019	-0. 4501	-0. 055
有研硅股	0. 7862	0. 3952	0. 1512	-0. 1302

表 5-4　　负债增长率（实施新会计准则后）　　单位：%

	2009 年	2010 年	2011 年	2012 年	2013 年	2014 年
生益科技	0. 29	0. 1884	-0. 1549	0. 2458	0. 1294	-0. 4472
广电电子	0. 3978	0. 0385	-0. 1359	-0. 6619	-0. 5814	-0. 0267
华微电子	0. 2191	0. 0659	-0. 0225	0. 1603	0. 1878	-0. 4126
上海贝岭	-0. 1534	0. 1416	-0. 1867	-0. 0171	0. 2055	-0. 2516
士兰微	0. 5111	0. 1126	-0. 1092	-0. 0431	0. 3316	-0. 2706
彩虹股份	-0. 1411	0. 0163	0. 5943	1. 758	0. 3466	-0. 1945
长电科技	0. 3137	0. 2244	0. 0381	-0. 0452	-0. 0377	-0. 1449
法拉电子	-0. 0867	0. 7119	-0. 1001	0. 6721	0. 1862	-0. 4922
飞乐股份	0. 0069	-0. 0173	-0. 1014	-0. 2402	-0. 0879	-0. 3079
大连控股	0. 0389	-0. 2247	0. 0579	-0. 0687	0. 0736	-0. 5434
航天通信	0. 1836	-0. 1232	0. 0484	0. 2392	0. 4209	-0. 062
精伦电子	-0. 0294	0. 0044	0. 0965	0. 3947	0. 0593	-0. 0689
长城电工	-0. 0294	0. 0044	0. 0965	0. 3947	0. 05928	5. 787
福日电子	0. 672	0. 0283	-0. 1759	0. 0167	-0. 0749	-0. 442
三安光电	-0. 1475	-0. 7008	1. 3362	1. 6901	1. 2095	0. 2425

续表

	2009 年	2010 年	2011 年	2012 年	2013 年	2014 年
波导股份	-0.2493	-0.4553	-0.5074	-0.2582	-0.3142	-0.3697
东方通信	-0.2688	-0.1501	-0.5424	0	-0.0878	-0.3305
中卫国脉	0.2423	-0.174	0.5382	-0.2664	-0.4745	5.0359
长江通信	0.0759	-0.086	0	0.1225	0.0983	-0.3296
中天科技	0.419	0.1043	0.2681	0.3075	0.0537	-0.376
大恒科技	0.1264	-0.0189	-0.0504	0.1044	0.0819	-0.3713
宏图高科	0.1113	-0.1244	0.4742	0.2228	0.2837	-0.2705
浙大网新	0.0449	0.0071	-0.0871	-0.006	0.073	-0.4024
同方股份	0.2376	0.062	0.0425	0.242	0.2052	-0.1547
中创信测	0.3961	0.2332	0.1538	0.0598	-0.0379	-0.4834
兆维科技	0.1497	-0.1032	1.5499	0.7791	-0.0089	-0.2832
烽火通信	0.2522	0.2792	0.2134	0.2126	0.223	-0.2916
中国卫星	0.1366	0.6041	0.1789	0.2524	0.1491	-0.2313
南京熊猫	-0.0249	-0.1495	-0.0706	0.0299	0.0035	-0.229
有研硅股	-0.0024	0.0039	-0.1884	0.3205	0.0843	-0.4257

（2）社会认可度（Acceptance）：本书的一个重要解释变量是在新旧会计准则更替的背景下，社会对执行新会计准则产生的效果的认可程度，采用社会对财务报表的满意程度和公司对社会的贡献能力两个指标来评价：

社会对财务报表的满意程度（Satisfaction）：公司的财务报表表现良好，投资者将目前的表现联系到未来的预期，认为公司将有丰裕的利润，从而心目中对该公司的认知程度就高、印象就好，地位就高。相反，财务表现弱，则首先是被认为“财务无能”，其次是风险加大，岌岌可危。[①] 所以，社会对财务报表的满意程度是反映公司是否能够持续

① 罗福凯：《山东省名牌企业财务管理状况研究》，中国海洋大学出版社 2009 年版，第 115 ~ 118 页。

健康成长的关键。本书中该指标为虚拟变量，其定义为：$Satisfaction = \begin{cases} 1，对财务报表满意 \\ 0，对财务报表不满意 \end{cases}$，通过问卷调查，可得到相应结果（具体数据见表5－5、表5－6）。

表5－5　　社会满意度调查（旧会计准则）

	2003年	2004年	2005年	2006年
生益科技	1	1	1	1
广电电子	0	1	1	1
华微电子	1	0	1	1
上海贝岭	1	1	1	1
士兰微	1	1	1	0
彩虹股份	1	0	1	1
长电科技	0	1	1	1
法拉电子	1	1	0	1
飞乐股份	1	1	1	1
大连控股	1	0	1	1
航天通信	0	1	1	0
精伦电子	1	1	1	1
长城电工	1	1	0	1
福日电子	1	1	1	1
三安光电	0	0	1	1
波导股份	1	1	1	0
东方通信	1	0	1	1
中卫国脉	0	1	0	1
长江通信	1	1	0	1
中天科技	1	1	1	1
大恒科技	1	1	1	0
宏图高科	1	0	1	1
浙大网新	0	1	1	0

续表

	2003年	2004年	2005年	2006年
同方股份	1	1	1	0
中创信测	1	1	0	1
兆维科技	1	1	0	1
烽火通信	1	0	1	1
中国卫星	0	1	1	0
南京熊猫	1	1	1	0
有研硅股	1	1	0	1

表5-6　　　　社会满意度调查（实施新会计准则后）

	2009年	2010年	2011年	2012年	2013年	2014年
生益科技	0	1	1	1	1	0
广电电子	1	1	1	0	1	1
华微电子	1	1	1	1	0	1
上海贝岭	0	1	0	1	1	1
士兰微	1	0	1	1	1	1
彩虹股份	0	1	1	1	1	1
长电科技	1	1	1	0	1	1
法拉电子	1	0	1	1	0	1
飞乐股份	1	1	1	1	1	0
大连控股	1	1	0	1	1	1
航天通信	1	1	0	1	1	1
精伦电子	0	1	1	0	1	1
长城电工	1	1	0	1	1	1
福日电子	1	1	1	1	1	1
三安光电	1	1	1	1	1	0
波导股份	1	1	0	1	1	1
东方通信	1	1	1	1	0	1
中卫国脉	1	0	1	1	1	1

续表

	2009 年	2010 年	2011 年	2012 年	2013 年	2014 年
长江通信	1	1	0	1	1	1
中天科技	1	0	1	1	1	1
大恒科技	1	1	1	0	1	1
宏图高科	1	1	1	1	1	1
浙大网新	1	1	1	1	1	1
同方股份	1	1	1	1	0	0
中创信测	1	1	1	0	1	1
兆维科技	1	0	1	1	1	1
烽火通信	0	1	1	1	0	1
中国卫星	1	1	1	1	1	1
南京熊猫	1	1	1	1	1	1
有研硅股	1	0	1	1	1	0

(3) 公司对社会的贡献能力 (Contribition): 本书选用应交税费 (Tax) 作为评价公司对社会贡献能力的指标。应交税费，是指公司根据在一定时期内取得的营业收入、实现的利润等，按照现行税法规定，采用一定的计税方法计提的应交纳的各种税费。公司只有不断地增加营业收入、获取利润，才能持续稳定地发展，才能以更多的业绩和盈利回报社会。所以，公司对社会的贡献能力越强，公司的利润增长率越大，公司成长越快（具体数据见表 5 –7、表 5 –8)。

表 5 –7　　应交税费统计（旧会计准则）　　单位：亿元

	2003 年	2004 年	2005 年	2006 年
生益科技	1. 615308	1. 278028	1. 146636	1. 27728
广电电子	0. 860652	0. 676112	–1. 57111	–0. 13084
华微电子	0. 052346	0. 289247	0. 512771	0. 439899
上海贝岭	0. 06382	0. 220357	0. 106363	–0. 02327
士兰微	–0. 00286	–0. 22979	–0. 03524	0. 124442

续表

	2003年	2004年	2005年	2006年
彩虹股份	1.320036	1.025148	−0.15915	−0.69076
长电科技	0.083258	0.211699	0.086966	0.001663
法拉电子	0.365746	1.221799	0.710561	0.467413
飞乐股份	0.029497	0.213393	0.287701	0.173155
大连控股	0.337321	0.399092	−0.53132	−0.73063
航天通信	−0.8003	−0.69983	−0.20313	−0.57217
精伦电子	0.8366	0.711423	0.16685	0.025709
长城电工	0.469066	0.255423	0.315963	0.088917
福日电子	−0.63723	−0.14547	−0.14776	−0.12146
三安光电	0.695588	0.843223	−0.08377	9.529357
波导股份	0.252629	0.486866	0.462122	0.701689
东方通信	−6.43302	−2.35096	0.190368	2.2063
中卫国脉	0.385246	0.422959	0.171883	0.154679
长江通信	0.180831	0.082958	−0.09616	0.135662
中天科技	0.368212	0.596021	0.470766	0.295082
大恒科技	0.127531	−0.53317	−0.45637	−0.30957
宏图高科	−0.80248	−0.25043	−1.06497	−1.49237
浙大网新	−0.08473	0.245794	0.363112	0.538756
同方股份	1.165176	1.312694	2.787123	2.781307
中创信测	0.073434	−0.00036	0.098533	0.171148
兆维科技	−0.27905	−0.12321	0.146159	0.007992
烽火通信	2.897199	0.3493	2.655321	0.746041
中国卫星	4.537833	0.130977	0.130614	0.188623
南京熊猫	2.83038	2.974081	2.794206	2.543931
有研硅股	−0.0572	−0.20425	−0.0412	0.04522

表 5-8　　应交税费统计（实施新会计准则后）　　单位：亿元

	2009 年	2010 年	2011 年	2012 年	2013 年	2014 年
生益科技	-0.04144	0.660199	0.069344	0.710027	0.193364	2.436902
广电电子	-0.33655	0.014796	-0.11915	0.107058	0.171698	0.013863
华微电子	0.559021	0.004913	-0.37789	0.524763	0.329723	0.03024
上海贝岭	0.044791	-0.06828	-0.26064	-0.03958	-0.05029	-0.03475
士兰微	0.679236	0.562095	0.430707	0.547072	-0.97402	-1.21412
彩虹股份	-0.46509	-0.6831	-1.28077	-7.70536	-24.8321	-21.6112
长电科技	0.758061	0.528492	-0.12722	-0.13619	-3.09779	-5.93674
法拉电子	0.584425	0.711714	0.573153	0.413786	0.401292	0.334083
飞乐股份	0.331386	0.385988	0.201776	0.16483	0.015232	0.200793
大连控股	-0.78385	1.153364	-0.09179	1.049906	0.228837	0.59174
航天通信	-0.59872	0.389457	-0.12279	-1.1738	-0.04926	0.068292
精伦电子	-0.05529	0.043564	0.328871	0.138766	0.308894	0.161462
长城电工	-0.21867	-0.19031	0.022232	-0.19225	0.221734	0.424817
福日电子	-0.36516	-0.24644	-0.02718	0.083677	0.0147	-0.11652
三安光电	0.079338	0.344469	1.273688	-0.27376	-11.2359	-5.37549
波导股份	0.825834	0.850282	0.971948	1.066914	0.692027	-1.03011
东方通信	3.078317	3.557871	3.464965	2.081517	1.066358	0.029557
中卫国脉	0.249336	0.041806	-0.00563	0.127779	0.178366	0.591495
长江通信	0.269531	0.262519	0.10947	0.219085	0.239147	-0.06074
中天科技	-0.94001	-1.17552	-0.34019	-0.43363	-4.26245	-3.89218
大恒科技	0.062369	0.030309	0.066723	-0.55921	0.039938	-0.29442
宏图高科	-0.94867	-0.87942	-0.35376	1.129837	-1.68102	-1.70477
浙大网新	0.939188	1.430127	0.708173	0.328757	0.058337	0.467418
同方股份	2.397528	0.818183	-2.09684	-1.74359	-4.36654	-6.3869
中创信测	0.12372	0.17482	0.163038	0.139174	-0.11206	-0.18298
兆维科技	0.051511	-0.03812	3.018667	8.874268	15.93779	11.40169
烽火通信	-2.05739	-6.86025	-8.54846	-12.2515	-15.6892	-9.90738
中国卫星	0.412204	0.665958	0.563967	1.675526	1.522918	0.855374
南京熊猫	2.104454	1.690545	0.097506	0.755208	0.30698	0.189327
有研硅股	0.220577	0.346811	-0.44597	-0.08715	-0.21974	-0.06768

（4）经营活动现金净流量（Net-cash-flow）：经营活动现金净流量是经营现金毛流量扣除经营营运资本增加后企业可提供的现金流量。经营活动现金净流量反映出的财务状况是对经营活动现金净流量进行操纵的手段，它体现一个公司现金的造血功能，良好的、充足的经营活动现金流量是公司生存持续经营的基础。所以，经营活动中的现金净流量越多，说明公司的营运能力越强，成长得越好（具体数据见表5－9、表5－10）。

表5－9 经营活动现金净流量（旧会计准则） 单位：亿元

	2003年	2004年	2005年	2006年
生益科技	0.674972	0.091662	6.597316	7.380414
广电电子	17.61142	8.97496	－2.19983	－4.49193
华微电子	2.158878	1.12568	1.32669	2.0357
上海贝岭	2.003504	2.247038	1.232739	－0.10055
士兰微	1.462456	1.050053	1.141914	1.204702
彩虹股份	23.23626	13.39773	1.501514	－1.35207
长电科技	4.297238	9.428235	3.503983	10.95208
法拉电子	2.041083	1.406134	2.712637	3.493005
飞乐股份	0.289146	－0.20693	0.951677	－1.46405
大连控股	1.353873	－0.68121	－3.75493	1.437754
航天通信	0.046639	3.913931	2.098951	1.185041
精伦电子	－1.86006	－2.26358	－2.55806	－0.58498
长城电工	－0.72626	1.49601	3.136621	0.552414
福日电子	－4.15801	－1.53953	－0.8418	－0.71156
三安光电	－0.23963	2.580627	0.165189	－0.12075
波导股份	11.99831	－7.66597	－21.4263	－1.52735
东方通信	－20.8735	12.58868	3.886957	－2.57025
中卫国脉	6.797639	－12.6508	2.72709	1.085978
长江通信	－0.24952	－1.58238	－1.3718	1.753469
中天科技	－3.61555	－0.9591	－1.58114	－0.73576
大恒科技	－0.45517	－2.85125	－2.46272	－2.59426

续表

	2003 年	2004 年	2005 年	2006 年
宏图高科	-2.8642	0.414423	2.636722	1.831379
浙大网新	-3.34412	-5.83566	-1.12196	-0.83348
同方股份	-0.78193	-2.74567	4.359729	-1.7385
中创信测	-0.10184	-0.55476	-0.7993	0.500594
兆维科技	1.39961	0.664535	-1.14124	0.856896
烽火通信	-2.37219	-5.64943	-2.44954	-7.80253
中国卫星	2.956782	-1.67915	-0.5722	-0.58659
南京熊猫	-12.5971	-23.313	1.977777	1.969896
有研硅股	-0.54983	-0.38706	0.679293	0.505513

表 5-10　　经营活动现金净流量（实施新会计准则后）　　单位：亿元

	2009 年	2010 年	2011 年	2012 年	2013 年	2014 年
生益科技	7.622396	14.80998	13.88658	7.785739	11.96931	4.686444
广电电子	6.958313	-2.53778	-0.95441	-1.56928	-1.53219	-2.41485
华微电子	3.856916	3.62436	3.538724	7.855064	8.521341	2.202144
上海贝岭	0.218293	-0.86146	0.317004	1.836487	0.245115	0.880221
士兰微	-2.50185	-0.07156	3.628109	7.654781	4.473892	2.183857
彩虹股份	8.531672	0.153551	6.529431	15.77705	11.70816	2.851374
长电科技	20.48582	20.48201	6.630247	16.01639	14.65784	10.8229
法拉电子	2.623786	4.561345	4.588537	5.172868	7.819741	4.009351
飞乐股份	-0.80168	-1.07415	-1.4025	-2.57392	-0.63968	-0.47937
大连控股	11.60681	-9.00866	4.497829	-4.75871	4.963903	-1.97577
航天通信	1.108645	-1.42986	-3.85951	-7.49412	-6.60837	-7.45244
精伦电子	-3.03281	-1.33903	0.747696	-1.10952	-2.02534	-1.25849
长城电工	1.266952	2.332484	2.663389	1.556838	1.078639	0.768658
福日电子	-0.1022	-0.39261	-0.85672	3.44829	-5.47215	-0.6072
三安光电	-0.01336	1.069718	6.629854	17.47738	29.76923	-2.02256
波导股份	-21.2838	-11.7223	-0.81217	-0.9204	1.3923	0.692316

续表

	2009 年	2010 年	2011 年	2012 年	2013 年	2014 年
东方通信	-18.2467	3.408466	-7.41312	-0.49218	-6.50907	-4.87228
中卫国脉	-2.70172	1.810617	0.321054	0.706061	-0.70578	1.308433
长江通信	-0.04615	-0.47276	0.256561	-1.69083	-4.84758	-1.90542
中天科技	-1.81803	-1.19914	-0.3547	-8.03479	-8.34834	-4.61604
大恒科技	-1.50006	-0.903	-1.09986	-3.38749	-3.45873	-5.36506
宏图高科	-0.23092	3.00018	-2.36137	3.201831	1.256647	-8.08563
浙大网新	-1.99027	-2.11967	-5.14405	-5.38215	-8.01033	-8.47973
同方股份	-5.50683	-20.1475	2.006822	-20.7559	-37.8595	-14.0322
中创信测	-0.76815	0.450962	-0.48863	0.798705	-0.65271	-0.81794
兆维科技	4.911606	1.022357	1.8706	0.056259	2.120327	3.482139
烽火通信	-4.02068	-6.77818	-11.5228	-17.3697	-21.9907	-33.7552
中国卫星	-3.86745	2.737624	-1.03644	-6.80508	-7.51531	-8.94465
南京熊猫	-1.67501	-5.54931	2.140373	-6.89153	-3.53644	-2.59218
有研硅股	1.601626	3.207575	-0.85869	1.736233	1.291225	0.546113

5.3.2　模型的建立及实证检验

本书采用多元线性回归分析方法对新旧会计准则产生的影响进行实证分析。回归分析是经济计量分析中使用最多的方法。多元回归分析预测法是一种通过建立预测模型对两个或者两个以上的自变量与一个因变量的相关分析，并进行预测的方法。多元线性回归是在自变量与因变量之间存在线性关系时的模型。

多元线性回归模型的一般形式为：

$$y_i = \beta_0 + \beta_1 x_{1i} + \beta_2 x_{2i} + \cdots + \beta_k x_{ki} + \mu_i \qquad i = 1, 2, \cdots, n$$

其中，n 为样本容量；x_{1i}，x_{2i}，…，x_{ki} 为解释变量或自变量；y_i 为被解释变量或因变量；β_0，β_1，β_2，…，β_k 为待估计参数；μ_i 是误差项或随机扰动项，表示除 x 以外其他所有对 y 产生影响的因素的综合体现。

为比较新旧会计准则执行的效果差异，本书以新会计准则执行时间2007年为分割点，分别对2003～2006年和2009～2014年两个时间段的模型进行了设定与分析。模型（1）为2003～2006年回归模型，表明执行旧会计准则时，通过回归分析说明各自变量对因变量的影响情况；模型（2）为2009～2014年回归模型，表明执行新会计准则时，通过回归分析说明各自变量对因变量的影响情况，并通过对比模型（1）、（2）相关数据，得出执行新旧会计准则的效果差异。设模型自变量为负债增长率Debt-rate、社会对财务报表的满意程度、应交税费Tax、经营活动现金净流量Net-cash-flow，因变量为主营业务利润增长率Profile-rate。建立如下多元线性回归模型：

$$\text{Profile-rate} = \beta_0 + \beta_1 \text{Debt-rate} + \beta_2 \text{Satisfaction} + \beta_3 \text{Tax} + \beta_4 \text{Net-cash-flow} + \mu$$

其中，Profile-rate——主营业务利润增长率；

Debt-rate——负债增长率；

Satisfaction——社会对财务报表的满意程度；

Tax——应交税费；

Net-cash-flow——经营活动现金净流量；

β_0，β_1，β_2，β_3，β_4——待估参数；

μ——随机误差项。

通过运用EViews软件，对所获得的面板数据进行普通最小二乘估计，分别得到两个模型的回归结果。

1. 模型（1）的回归结果分析

首先对面板数据进行单位根检验，检查数据的平稳性。如表5－11所示，六种检验方法的P值均小于0.05，这六种检验方法均拒绝存在单位根的原假设，说明该面板数据不存在单位根，是平稳的。

表5－11　模型（1）单位根检验结果

Pool unit root test：Summary
Date：02/15/16　Time：13：54
Sample：2003 2006

续表

Series：JZL1，JZL2，JZL3，JZL4，JZL5，JZL6，JZL7，JZL8，JZL9，JZL10，				
JZL11，JZL12，JZL13，JZL14，JZL15，JZL16，JZL17，JZL18，JZL19，				
JZL20，JZL21，JZL22，JZL23，JZL24，JZL25，JZL26，JZL27，JZL28，				
JZL29，JZL30，FZL1，FZL2，FZL3，FZL4，FZL5，FZL6，FZL7，FZL8，				
FZL9，FZL10，FZL11，FZL12，FZL13，FZL14，FZL15，FZL16，				
FZL17，FZL18，FZL19，FZL20，FZL21，FZL22，FZL23，FZL24，				
FZL25，FZL26，FZL27，FZL28，FZL29，FZL30，MYD1，MYD2，				
MYD3，MYD4，MYD5，MYD6，MYD7，MYD8，MYD9，MYD10，				
MYD11，MYD12，MYD13，MYD14，MYD15，MYD16，MYD17，				
MYD18，MYD19，MYD20，MYD21，MYD22，MYD23，MYD24，				
MYD25，MYD26，MYD27，MYD28，MYD29，MYD30，SJN1，SJN2，				
SJN3，SJN4，SJN5，SJN6，SJN7，SJN8，SJN9，SJN10，SJN11，				
SJN12，SJN13，SJN14，SJN15，SJN16，SJN17，SJN18，SJN19，				
SJN20，SJN21，SJN22，SJN23，SJN24，SJN25，SJN26，SJN27，				
SJN28，SJN29，SJN30，XJL1，XJL2，XJL3，XJL4，XJL5，XJL6，XJL7，				
XJL8，XJL9，XJL10，XJL11，XJL12，XJL13，XJL14，XJL15，XJL16，				
XJL17，XJL18，XJL19，XJL20，XJL21，XJL22，XJL23，XJL24，XJL25，				
XJL26，XJL27，XJL28，XJL29，XJL30				
Exogenous variables：Individual effects				
Automatic selection of maximum lags				
Automatic selection of lags based on SIC：0				
Newey – West bandwidth selection using Bartlett kernel				
Balanced observations for each test				
			Cross –	
Method	Statistic	Prob. **	sections	Obs
Null：Unit root（assumes common unit root process）				
Levin，Lin & Chu t*	–26.3626	0.0000	120	360
Breitung t-stat	–1.57033	0.0382	120	240

续表

Null: Unit root (assumes individual unit root process)				
Im, Pesaran and Shin W-stat	-2. E+155	0. 0000	120	360
ADF - Fisher Chi-square	500. 936	0. 0000	120	360
PP - Fisher Chi-square	665. 573	0. 0000	120	360
Null: No unit root (assumes common unit root process)				
Hadri Z-stat	16. 6344	0. 0000	150	600
** Probabilities for Fisher tests are computed using an asympotic Chi				
- square distribution. All other tests assume asymptotic normality.				

模型（1）2003～2006 年回归结果如表 5－12 所示，回归模型为：

$$Profile\text{-}rate = 1.187 - 0.312Debt\text{-}rate + 0.309Satisfaction + 0.351Tax + 0.518Net\text{-}cash\text{-}flow + \mu$$

表 5－12　　　　模型（1）回归结果

Dependent Variable: JZL?				
Method: Pooled Least Squares				
Date: 02/03/16　Time: 22: 25				
Sample: 2003 2006				
Included observations: 4				
Cross-sections included: 30				
Total pool (balanced) observations: 120				
Variable	Coefficient	Std. Error	t - Statistic	Prob.
C	1. 187086	0. 280760	3. 879339	0. 0004
FZL	-0. 312045	0. 064276	-1. 815490	0. 0530
MYD	0. 309182	0. 046960	1. 786013	0. 0581
SJN	0. 351271	0. 092795	1. 913485	0. 0422
XJL	0. 518486	0. 146209	3. 189372	0. 0006
R-squared	0. 269921	Mean dependent var		0. 970000

续表

Adjusted R-squared	0. 244527	S. D. dependent var	1. 463446
S. E. of regression	1. 271997	Akaike info criterion	3. 359827
Sum squared resid	186. 0673	Schwarz criterion	3. 475973
Log likelihood	-196. 5896	F-statistic	12. 62931
Durbin - Watson stat	0. 702389	Prob（F-statistic）	0. 000000

由表 5 - 12 可知，模型（1）的 F 值为 12. 63，通过了 F 检验，说明回归模型有意义，并且拟合的效果很好，具有一定的参考价值。各自变量系数也通过了 t 检验，其中负债增长率系数为负，说明负债增长率与主营业务利润增长率呈负相关，即公司的成长越快越好，公司负债越少；公司成长越慢，公司负债越多。而且，在所选自变量中，公司经营活动现金净流量对因变量，即主营业务利润增长率的影响最大，说明公司运营周转的资金越多，公司业务越容易开展，公司获取的利润越多，成长能力越强。

2. 模型（2）的回归结果分析

同上，首先对面板数据进行单位根检验，检查数据的平稳性。如表 5 - 13 所示，六种检验方法的 P 值均小于 0. 05，这六种检验方法均拒绝存在单位根的原假设，说明该面板数据不存在单位根，也是平稳的。

表 5 - 13　　　　　　模型（2）单位根检验结果

Pool unit root test：Summary
Date：02/15/16　　Time：14：13
Sample：2009 2014
Series：JZL1，JZL2，JZL3，JZL4，JZL5，JZL6，JZL7，JZL8，JZL9，JZL10，
JZL11，JZL12，JZL13，JZL14，JZL15，JZL16，JZL17，JZL18，JZL19，
JZL20，JZL21，JZL22，JZL23，JZL24，JZL25，JZL26，JZL27，JZL28，
JZL29，JZL30，FZL1，FZL2，FZL3，FZL4，FZL5，FZL6，FZL7，FZL8，
FZL9，FZL10，FZL11，FZL12，FZL13，FZL14，FZL15，FZL16，
FZL17，FZL18，FZL19，FZL20，FZL21，FZL22，FZL23，FZL24，

续表

FZL25, FZL26, FZL27, FZL28, FZL29, FZL30, MYD1, MYD2,				
MYD3, MYD4, MYD5, MYD6, MYD7, MYD8, MYD9, MYD10,				
MYD11, MYD12, MYD13, MYD14, MYD15, MYD16, MYD17,				
MYD18, MYD19, MYD20, MYD21, MYD22, MYD23, MYD24,				
MYD25, MYD26, MYD27, MYD28, MYD29, MYD30, SJN1, SJN2,				
SJN3, SJN4, SJN5, SJN6, SJN7, SJN8, SJN9, SJN10, SJN11,				
SJN12, SJN13, SJN14, SJN15, SJN16, SJN17, SJN18, SJN19,				
SJN20, SJN21, SJN22, SJN23, SJN24, SJN25, SJN26, SJN27,				
SJN28, SJN29, SJN30, XJL1, XJL2, XJL3, XJL4, XJL5, XJL6, XJL7,				
XJL8, XJL9, XJL10, XJL11, XJL12, XJL13, XJL14, XJL15, XJL16,				
XJL17, XJL18, XJL19, XJL20, XJL21, XJL22, XJL23, XJL24, XJL25,				
XJL26, XJL27, XJL28, XJL29, XJL30				
Exogenous variables: Individual effects				
Automatic selection of maximum lags				
Automatic selection of lags based on SIC: 0				
Newey – West bandwidth selection using Bartlett kernel				
Balanced observations for each test				
			Cross –	
Method	Statistic	Prob. **	sections	Obs
Null: Unit root (assumes common unit root process)				
Levin, Lin & Chu t*	–7.57178	0.0000	123	615
Breitung t-stat	–0.81565	0.0437	123	492
Null: Unit root (assumes individual unit root process)				
Im, Pesaran and Shin W-stat	1.58195	0.0432	123	615
ADF – Fisher Chi-square	264.226	0.0217	123	615
PP – Fisher Chi-square	326.797	0.0004	123	615
Null: No unit root (assumes common unit root process)				
Hadri Z-stat	16.6375	0.0000	150	900
** Probabilities for Fisher tests are computed using an asympotic Chi				
– square distribution. All other tests assume asymptotic normality.				

模型（2）2009～2014 年的回归结果如表 5－14 所示，回归模型为：

$$\text{Profile-rate} = 1.403 - 0.317\text{Debt-rate} + 0.320\text{Satisfaction} + 0.352\text{Tax} + 0.574\text{Net-cash-flow} + \mu$$

表 5－14　　　　　　　　　　模型（2）回归结果

Method：Pooled Least Squares					
Date：02/14/16　　Time：16：40					
Sample：2009 2014					
Included observations：6					
Cross-sections included：30					
Total pool（balanced）observations：180					
Variable	Coefficient	Std. Error	t－Statistic	Prob.	
C	1.402923	0.293670	4.777204	0.0000	
FZL	－0.315697	0.169438	－1.863202	0.0374	
MYD	0.324704	0.173409	1.872276	0.0311	
SJN	0.352336	0.214369	2.136194	0.0298	
XJL	0.574255	0.241748	3.541087	0.0257	
R-squared	0.254896	Mean dependent var		1.115407	
Adjusted R-squared	0.251239	S. D. dependent var		1.534909	
S. E. of regression	1.520045	Akaike info criterion		3.702742	
Log likelihood	－328.2468	F-statistic		13.10646	
Durbin－Watson stat	0.920392	Prob（F-statistic）		0.086080	

由表 5－14 可知，模型（2）的 F 值近似为 13.11，通过了 F 检验，说明回归模型有意义，并且拟合的效果很好，具有一定的参考价值。各自变量系数也通过了 t 检验，其中负债增长率系数为负，说明负债增长率与主营业务利润增长率呈负相关，即公司的成长越快越好，公司负债越少；公司成长越慢，公司负债越多。而且，在所选自变量中，公司经营活动现金净流量对因变量，即主营业务利润增长率的影响最大，说明公司运营周转的资金越多，公司业务越容易开展，公司获取的利润越多，成长能力越强。

3. 模型（1）和模型（2）对比分析

为更简洁鲜明地反映新旧会计准则执行对公司发展影响的差异，将模型（1）和模型（2）放入表5－15中进行对比分析。

表5－15　　各影响因素对会计准则执行效果的影响

变量	模型（1）	模型（2）
Constant	1.187*** (3.879)	1.403*** (4.777)
Debt-rate	－0.312* (－1.815)	－0.317* (－1.863)
Satisfaction	0.309* (1.786)	0.320* (1.870)
Tax	0.351* (1.913)	0.352** (2.136)
Net-cash-flow	0.518*** (3.189)	0.574*** (3.541)
样本数	30	30
$Adj-R^2$	0.245	0.251
F值	12.629***	13.106***

注：***、**、*分别表示在1%、5%、10%的显著性水平下显著，括号内为t-stat值。

表5－15给出了模型（1）和模型（2）的多元线性回归结果，两个模型的F值均通过了检验，说明回归模型有意义，并且拟合的效果很好，具有一定的参考价值。

模型（1）和模型（2）的负债增长率（Debt-rate）系数均为负，且在10%的水平下显著，说明公司的利润增长率与负债增长率总是显著负相关。并且，在执行新会计准则情况下的模型（2）中，负债增长率的系数及t检验的绝对值均大于执行旧会计准则情况下的模型（1），说明在新会计准则下，公司负债情况对公司经营成长的影响更显著。

社会对财务报表的满意度（Satisfaction）与公司利润增长率在10%的水平下显著正相关。经过问卷调查得知，旧会计准则下对财务报表的满意度为75%，而新会计准则下对财务报表的满意度达到87%，说明新会计准则更受到人们的青睐。人们对财务报表越满意，对该公司的发展情景、认知程度越高，越有利于提高该公司的利润增长率，促进其快速成长。

旧会计准则下公司对社会的贡献能力（Tax）在10%的水平下与公司利润增长率显著正相关，在新会计准则下公司对社会的贡献能力在5%的水平下与利润增长率显著正相关。这不仅体现了公司对社会的贡献能力越强，表明该公司实力越强，更有发展前景，更体现了新会计准则推动各公司在自身得到发展的同时，将更多的税收上缴国家，实现国家、企业共同富裕的双赢策略。

模型（1）和模型（2）中的经营活动净现金流量（Net-cash-flow）均在1%的显著性水平下与公司利润增长率呈正相关，且在各影响因素中对利润增长率的影响最大。由于经营活动的净现金流量越多，说明公司参与经营周转的资金越多，经营管理水平越高，公司的营运能力越强。通过新旧会计准则两模型对比发现，模型（2）中经营活动净现金流量对公司利润增长率的影响比模型（1）的大，说明新会计准则有利于促使公司提高营运能力，改善经营管理，促进公司成长。

5.3.3 研究结论

会计准则影响企业运营和发展，虽然新旧会计准则下各影响因素对企业的影响相同，均表现为公司负债率越低、社会对公司财务报表越满意、公司的社会贡献能力越强、经营活动的净现金流量越多，则公司的利润增长率越高，公司的成长能力越强。但在新会计准则实施后以上影响的效果更加显著，更有利于企业成长与发展。新会计准则更能科学合理的规范企业环境，更能站在企业相关者的角度上考虑他们的利益，营造了良好的竞争条件和市场环境。

新会计准则自2007年1月1日在上市公司施行以来，有效地克服了旧会计准则对公司带来的损失，顺应了中国经济快速市场化和国际化的需要，强化了为投资者和社会公众提供决策有用会计信息的理念，更加注重经济实质。第一，绝大部分上市公司能够严格按照新会计准则的规定，结合本公司实际，恰当地确定会计政策、运用会计评估，真实完整地反映了公司财务状况、经营成果、现金流量及股东权益变动情况，更有利于研究分析我国上市公司发展的整体情况；第二，绝大部分上市公司受益于新会计准则，营业收入和利润总额明显增加，上市公司整体盈利能力进一步提升；第三，新企业所得税法改革明显减轻了上市公司负担，较大幅度提升了上市公司业绩。

本书的研究存在一些局限与不足：只选取 30 家电子类上市公司的数据作为样本，对研究结果有一定的影响；各变量的选取有待改进，本研究的因变量是公司成长能力，这是一个综合性指标，并非由某个数据就能代表，本书采用主营业务利润增长率作为公司成长能力的替代变量，负债增长率作为公司筹资能力的替代变量，应交税费作为社会认可度的替代变量，能在一定程度上反映公司的成长情况，但不能全面地反映新旧会计准则对公司成长情况的影响差异；虚拟变量社会对财务报表的满意度采用问卷调查的方式得到相应结果，由于调查对象的局限性，不能全面反映社会对公司财务报表的态度。

第6章　会计准则动态周期运行：监管与评价

会计准则监管是会计准则动态运行过程的一个重要环节，它贯穿于动态运行的全过程，制约并影响到制定、执行、评价以及会计准则调整等各个环节，对会计准则的有效运转起着重要的作用。在会计准则的制定、执行、评估等环节中，由于各种因素的影响，使得会计准则方案不完善、误解、曲解或执行不力，直接影响到了会计准则本身的质量及执行结果。对会计准则的制定和执行加以监督和控制，使制定出的会计准则得到贯彻实施，发现、纠正和控制偏差，促使会计准则的提高效率。

会计准则评估是会计准则动态运行过程中必不可少的环节，会计准则的动态评估是对会计准则的效益、效率、效果及价值进行判断的一种政治行为。会计准则评估的最大贡献是评价会计准则获得的设计效果，以此为依据决定会计准则调整和修改方案。

6.1　会计准则的监管阶段

6.1.1　会计准则监管内涵及约束点监管

监管是指在一个组织中决策、实施控制盒评估绩效的权力分配体系。美国联邦会计准则咨询委员会（FASAB）在成立不久便公布四大目标：预算诚信、运营业绩、经营责任和系统监管。政治学家卡尔（Karl Deutsch，1961）的观点是：政府具有多样化的、复杂的治理结构。会计体系实际是政府的神经系统，会计是政府财政管理的核心和控制重点；好的政府会计体系保证政府财政的准确性，更好的政府会计体系指引决策者和管理者去关注有问题的领域，最佳的政府会计体系为决策者提供有用的信息。将会计准则与政府绩效以及终极社会目标联系起来能够促进社会的经济发展和进步。政府绩效目标的实现得益对会计行为的有效监管。

在我国，会计治理一直是政府和学术界关注的热点。治理问题是在效率与让更多的人接受之间的权衡。从美国政府会计准则委员会（GASB）和美国联邦会计准则咨询委员会（FASAB）的发展历程来看，会计准则是专业、经济、政治三方面利益的微妙权衡，如果能够保持这种利益上的平衡，会计准则体系就会继续执行下去；如果有一个或多个的利益相关者希望改变目前的利益分配时，平衡就会打乱，潜在的矛盾开始暴露出来，冲突随之而来。美国也面临会计治理危机，政府的长期财政赤字反映出一些深层次的矛盾。因此，研究会计准则执行的监管和对会计行为的治理有利于保持会计体系的稳定性、提高政府的行政绩效，维护经济秩序的有序性。

会计准则监管的内涵有如下几点：

（1）会计准则监管具有特定的主体。会计准则监管的主体是从事监控活动的个人、团体和组织，它是会计准则动态系统的有机组成部分，由立法机关、执行机关、利益集团、大众传媒以及公民个人组成，会计准则监管主体有其特殊性。首先，不同层次的会计准则由不同层次的机关及其组成人员负责制定、执行、评估及调整，会计准则监管的主体也会随之有所不同，表现出明显的层次性。其次，会计准则监管在会计准则的动态运行过程的不同环节之中由不同的机构及其组成人员负责实施，因而会计准则监管的主体表现出多样性的特点。

（2）会计准则监管具有特定的客体，即会计准则动态系统及其运行。会计准则动态过程的各个环节包括会计准则的制定、执行、评估、终结以及承担这些功能活动的个人、团体和组织都属于监管的对象。会计准则监管的主体与客体的划分具有相对性，它们之间并不是简单的监管与被监管的一一对应的关系，而是互相交叉、重合，呈现为复杂的网络状的结构。在会计准则的动态运行过程之中，会计准则监管的主体往往同时也是客体，二者处于复杂的相互作用之中。

（3）会计准则监管表现为一个活动过程，它不是一个孤立的活动环节，是由监督、控制和调整等功能活动所构成的动态过程。

（4）会计准则监管具有目标指向，即保证会计准则动态系统的顺利运行，提高会计准则的制定和执行质量，促进会计准则目标的实现，提高会计准则的执行效率。

传统会计是一种事后管理，出现问题后再制定会计准则进行规范，采取措施纠正这些问题，比较被动，忽略了这些纠正问题的措施对未来经营活动的影响。在本书提出的会计准则的动态周期的视角是将会计准则看作事前管理，即在问题还没有发生，就已经预先想到了，注重从预防的角度解决问题，先设定目标再着手计划工作，从而杜绝“救火”式行动。任何一个社会经济体都会面临约束，业绩取决于组织链条中最薄弱的环节即公共管理理论中的木桶理论（也被称为短板理论，即约束资源、经营瓶颈），通过识别这些经营瓶颈，发现并充分强化这些约束条件，使企业在极短的时间内无须大量额外投资的情况下，实现生产运营及盈利上的显著改善。

监管的目的是改进组织的整体目标。上市公司和大多数非上市公司的目标都是尽可能多的盈利，所以只有利润提高，公司才算实现了改进。利润表是衡量利润是否提高的基本报表，衡量改进的标准可使用内部利润表以确定改进的目标是否实现。成本与收入之间并非直接相关，随着经营的扩大，收入的增长是在补充资源后实现的。确定监管点与财务报告系统之间的关系是实现会计准则动态系统持续改进的关键。

约束管理理论作为一种新的会计准则研究的方法和工具，通过系统理论、宏观经济政策理论和动态管理理论准确界定每一个会计准则的经济实质和目标，正确执行会计准则，使会计准则的监管在会计领域中发挥重要作用。

6.1.2　利益群体在会计准则监管中的行为分析

在西蒙的组织理论中，所有的利益相关者都是重要的，这一理论对政府而言特别重要，回答了政府应对谁负责，这也是政府成为会计准则监管主体的重要原因。对企业来说，股东的地位远远高于其他利益相关者，但对政府来说，所有利益相关者都应一视同仁并保护他们的利益。利益相关者通过它们的种种活动，对会计准则的监管施加的影响。一方面，它试图阻挠、反对不利于自己的会计准则的方案；另一方面极力争取制定、实施有利于自身利益的会计准则。

在会计准则的具体执行过程中，各个利益相关者的利益得到分配和确认，所以对会计准则执行的监管格外关注。分析各个利益相关者对会计准则监管中的行为对提高会计准则监管的力度，尤其是政府的监管是很有意义的。

1. 利益集团

在西方，利益集团对会计准则执行的监管参与人数逐渐增多，涉及的问题越来越深刻。制定出的会计准则具有普遍性，所有的社会成员都应遵守和执行，并不是针对某个人而制定的。利益团体的行为有自己的特点，它的行为动机和做事的原则是以经济人的观点即追求自身利益最大化为假设前提的。高质量的会计准则所反映的实质是判断和抉择的最优，一是对会计问题和目标的判断和抉择，二是对会计准则决策方案的判断和抉择。会计准则本身是一种对社会利益的再次调整、重新分配，这种对社会利益的再次调整、重新分配的结果是必然使原有的利益团体之间的利益平衡遭到破坏，极易引起社会秩序的混乱和利益冲突。会计准则的制定者在设计之初，就要多次的征求各方的意见并不断的修改，以期会计准则在最短的时间内被尽可能多的利益集团所接受。获得利益比较多的利益群体会积极支持对自己有利的会计准则；反之，则会以游说、示威等方式去威胁会计准则制定机构改变对自己不利的会计准则。

以美国为例，美国的利益集团对会计准则制定的干预程度比任何一个国家都严重。美国政府会计准则委员会（GASB）和美国联邦会计准则咨询委员会（FASAB）在制定会计准则时会面临来自方方面面的压力，此时就说明了 GASB 和 FASAB 发布的会计准则不能被社会广泛接受，有强大的反对力量存在。以 FASAB 对债务和权益证券投资行为制定的会计准则为例，银行团体面对 SEC 主席强烈支持“市价会计”的会计准则是极力反对的，“市价会计”的统一损害了他们的利益，因此银行业四处游说，并对 FASAB 施加压力。还有一个例子也是利益集团与会计准则制定者之间激烈斗争，SEC 提出要将对财务报告修改的提案转入附注不能以其他方式进行的披露，此举受到石油天然气制造商的极力反对和不满，从此，石油天然气制造商开始向 SEC 施加压力，甚至对 SEC 提起特殊起诉，控告 SEC 提出的“储备确认会计”的不妥当和错误，不应该作为主要财务报告的一部分写入而应该在补充披露中表述。①

2. 社会舆论

公众对会计准则的态度可以通过社会舆论了解到，公众对会计准则的监管是通过社会舆论的方式来表达自己对会计准则的看法。从公共管理的角度来看，宏观经济政策的基本范围和方向有时是由社会舆论决定的；社会大众的要求、利益与愿望有时也是通过社会舆论来反映的。所以，会计准则的所有动态运行都应该充分考虑到政府、银行、股东等利益群体对保护自己利益提出的要求，只有关注他们的利益诉求，会计准则才能得到认可，发挥作用，解决会计问题。社会舆论包括新闻媒体等诸多的宣传工具都应当为社会公众参与会计的监管、评估等活动创造条件，激发大家参与会计管理活动的积极性。

3. 政府

政府与其他利益相关者的作用有所不同。在会计准则的制定、执行、效果评估等各个环节中，为了保持社会秩序的稳定、维护经济的发展，政府通过一系列的法律法规等强制性手段对会计准则的实施监管，为社会中的各方利益群体提供表达自己愿望、保护自身利益的机会和表达渠道。

政府的会计准则监管主要是一种纵向的监控，即上级主管机构对下级的监督、检查、指导、纠错等。政府为了保护国家的基本利益不受侵犯，为了社会经济秩序的稳定和持续发展需要对财政、税收、审计、银行证券等机构进行监管。政府对企业进行的监督主要是会计准则的执行情况以及财务报告的真实性与准确性，是一种微观层面的监管。

从经济学的角度考虑，在会计准则监管过程中，会计活动中的政府监管始终要受到成本效益因素的制约，所以要重视成本和收益之间的权衡。但在美国政府会计准则委员会（GASB）和美国联邦会计准则咨询委员会（FASAB）把重心放在财务会计和对外报告上，忽略了会计准

① 斯蒂芬 · A. 泽夫：《会计准则制定理论与实践》，中国财政经济出版社 2005 年版，第 45 ~ 58 页。

则的执行成本问题的研究。

政府在会计准则监管中的成本主要是指监管机构运行中的人力、物力、财力的消耗、制度设计和调整发生的成本、社会资源的耗费、政府的机会成本等。上文已经提到：政府监督的目的是节约资源、提高绩效，即追求的是简约与高效。因此，政府在执行监督时也应遵循一定的经济规律，达到资源与效益的最佳匹配。图 6－1 是政府会计准则监管成本效益图。①

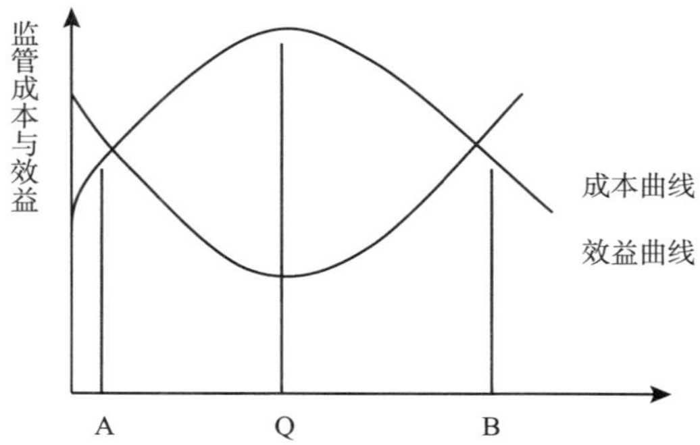

图 6－1　政府会计准则监督的成本效益

图 6－1 中，政府对会计准则执行的监管体系开始运行时，配备了人员、办公设备、工作场所等，成立的专门监管部门通过制定相关监管程序、监管职责等有关规章制度等进行监管。成本曲线与效益曲线是反向的，在成本曲线达到相对低点时，效益曲线较高。由于监管机构刚刚成立，初始的监管成本较大但是收效并不大，随着会计准则的监管工作的不断开展以及会计准则监管环境的改善，监管成本逐渐变小并在 Q 点得到最大收益，在 Q 点得到最大收益后，成本曲线开始上升，意味着监管成本的增加，会计准则监管的收益却在不断减小。从图 6－1 中可以看出，会计准则的监管还要注意“度”的把握，不是付出的成本越大，获得的收益越高，监管的效果越好。在达到临界点时政府监管成本最低，监管效果最好。

① 吴作章：《我国会计政府监管研究》，东北财经大学博士学位论文，2006 年。

4. 政府在会计准则监管中的路径

政府对会计准则执行的监管主要通过准则监管的主体对会计计划、目标、标准等的掌握，及时发现预期绩效与实际的绩效之间的差距，分析产生差距的原因，最后决定是重新调配资源以加大执行力度还是对会计准则进行修改调整。所以，会计准则执行的监管并不是一个单向的过程，而是一个没有止境的可逆的循环。这种循环关系可以通过图6－2以简化的方式表现出来：

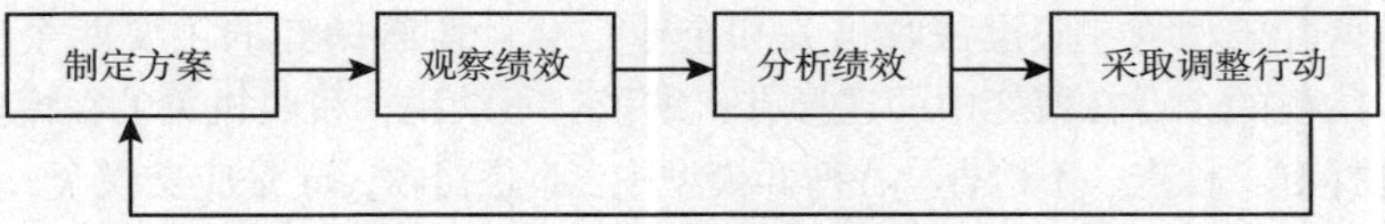

图6－2　会计准则监管循环

其中，制定会计准则方案是将会计准则内容变成可操作的实施细则的过程，也是进行会计准则监管的标准。将会计准则付诸实施之后，政府作为监管者，根据会计准则实施方案的设计，通过信息反馈系统对执行过程进行监督，及时掌握该会计准则产生的实际效果，然后进入分析阶段。实际绩效如果会超过原先所定的标准，这说明以前的标准设计过低，那就应该调整会计准则评价标准；实际绩效如果比预期绩效低，此时就需要分析造成差异的具体原因；如果原因是会计准则执行存在问题，如"连折带扣"地执行、"选择性"地执行等，就应重新调配资源以提高绩效；如果原因是会计准则执行的标准定得过高，则需降低标准；此外，通过实施发现会计准则本身存在设计问题，那就必须及时终止或修改该项准则，以避免更大的损失和浪费。这样政府在会计准则执行监管中完成了一轮循环，通过采取的调整行动影响会计准则的生存环境并进入下一轮新的循环。

6.1.3　会计准则监管的一般博弈模型

企业的规模不断扩大，人越来越多，监督的难度就越来越大，监督的费用也就越来越高。企业如果大到一个社会的规模时，它的监督费用也就大到无穷大了，此时这个企业肯定是没有效率，也没有激励的。相反，如果监督的费用极少，很容易计算贡献的大小，并且按照贡献率给以报酬。事实上在现实的世界里，没有一处是没有交易费用的，所以制度设计就非常重要，在现实的社会中，交易费用是存在的。同时，不同制度的效率也是不一样的，就是说交易费用较低的制度优于交易费用较高的制度。交易费用较低的制度会带来资源配置较高的效率，交易费用较高的制度会带来资源配置较低的效率，这是一个基本的逻辑。所以，对制度的判断，要看这个制度的交易费用的高低。

在会计的监管过程中，制度是各个利益相关者博弈的结果，会计监督的博弈模型为：假设税收机关和企业是会计监管博弈的主要两个参与人，纳税的企业在博弈中的选择有：纳税、不纳税；税收机关的在博弈中的选择有：检查、不检查。在博弈模型中，F 是罚款，m 是应交税金，n 是检查成本，假定 $n < m + F$，则税收机关与企业博弈的支付矩阵见图 6 – 3。

		企业	
		逃税	不逃税
税务机关	检查	m−n+F，−m−F	m−n，−m
	不检查	0，0	m，−m

图 6 – 3　会计监督博弈模型

矩阵中，“m – n + F”表示税务机关若进行税收稽查获取的净收益，“ – m – F”表示交税企业如果逃税并且被税务机关查获时的付出的成本，“m – n”表示税务机关在交税企业不逃税时获取的收益，“ – m”表示企业不逃税情况下的支出成本，“m”表示税收机关在企业不逃税，自己不检查的情况下获取的收益。

下面的式子中，α 代表税务机关度企业进行稽查的概率，β 代表纳税企业逃税的概率。第一步给 β 赋值，税收机关选择检查（$\alpha = 1$）和不检查（$\alpha = 0$）的期望收益分别为：

$$\pi_G(1, \beta) = (m - n + F) \cdot \beta + (m - n)(1 - \beta)$$
$$= \beta F + m - n$$

$$\pi_G(0,\ \beta)=0\cdot\beta+m(1-\beta)$$

令 $\pi_G(1,\ \beta)=\pi_G(0,\ \beta)$，得 $\beta^*=\frac{n}{m+F}$

β^* 所代表的经济含义：如果纳税企业逃税的概率小于$\frac{n}{m+F}$，那么税务机关的最优决策是不进行稽查；如果纳税企业逃税的概率大于$\frac{n}{m+F}$，那么税务机关的最优选择是进行稽查。

第二步给 α 赋值，企业选择逃税即 $\beta=1$，如选择不逃税即 $\beta=0$ 的期望收益为：

$$\pi_P(\alpha,\ 1)=(-m-F)\alpha+0(1-\alpha)=-(m+F)\alpha$$

$$\pi_P(\alpha,\ 0)=-m\cdot\alpha+(-m)(1-\alpha)=-m$$

令 $\pi_P(\alpha,\ 1)=\pi_P(\alpha,\ 0)$，得 $\alpha^*=\frac{m}{m+F}$

从以上可以分析出，α^* 表示的意义是：如果税务机关进行稽查的概率小于$\frac{m}{m+F}$，那么企业的最优选择是不交税；如果税务机关检查的概率大于$\frac{m}{m+F}$，那么企业的最优选择是交税。

在这个会计监督博弈模型中，纳什均衡的点的位置在$\left(\alpha^*=\frac{m}{m+F},\ \beta^*=\frac{n}{m+F}\right)$，也就是说税务机关以$\frac{m}{m+F}$的概率稽查，纳税企业以$\frac{n}{m+F}$的概率选择逃税。在现实生活中，获得的纳什均衡意义在于：税务机关与企业的博弈均衡是对纳税人来说，有$\frac{n}{m+F}$比例的纳税企业选择逃税，$1-\frac{n}{m+F}$比例的纳税企业选择不逃税；对税务机关来说，要随时地检查$\frac{m}{m+F}$比例的纳税企业的缴税和是否有逃税的现象存在。

会计监督博弈的纳什均衡点的位置与对逃税的惩罚 F、检查成本 n、应交税金 m 有关。面对逃税的行为，如果惩罚越重（F 越大），应交税金越多（m 越大），那么纳税企业逃税的概率就会越小；如果税务稽查的成本越高（n 越大），那么企业逃税的概率就越大。当然，逃税概率与应交税金的关系可能是非单调的。

经济学中监督博弈模型实际上是“猜谜博弈”模型的一个变形，而“猜谜博弈”模型是以混合战略纳什均衡为特征的，即博弈参与方通过对自己的战略选择集合进行不确定的概率分布，让对手无法“猜准”自己在某一次博弈中的具体战略究竟是什么。上述监督博弈的混合战略纳什均衡可用几何图形来表示（见图6－4）。

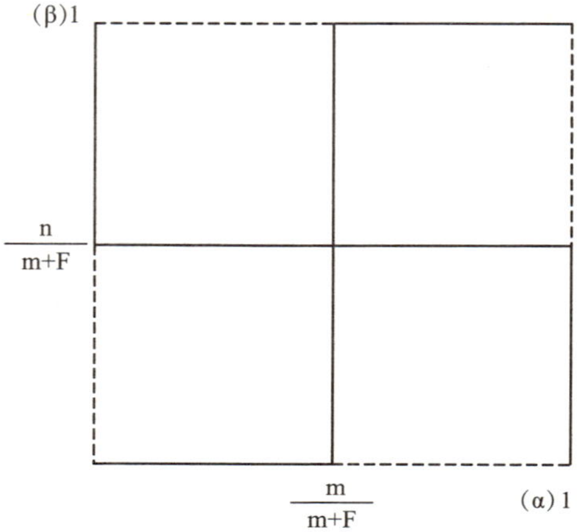

图6－4　监督博弈的混合战略纳什均衡

6.1.4　政府的最优监管行为选择

在宏观经济理论中，政府的监管应占主导作用。同样，在会计准则的监管过程中政府的监管力度也是其他监管者无法替代的。本书通过对政府与企业之间会计准则监管过程的博弈，分析政府最优监管模式选择的问题，以期达到节约成本、提高绩效的目的。

1. 政府与企业在会计准则监管过程中的博弈分析

我们借鉴张维迎等人的研究成果，运用完全信息的静态博弈模型，做出如下四个假设：

假设1：企业有两种行为：一是提供真实会计信息；二是提供虚假会计信息。

假设2：企业希望的目标：以“经济人”为目标，使企业经济利益最大化。

假设3：政府采取两种措施：一是不监管；二是监管并一经发现虚假就处罚。

假设4：政府设定的目标：政府作为一个特殊的利益相关者，目标是使自己所代表的社会收益最大化。

假设某事件的真实收益为A，企业提供真实会计信息获得的收益为B，企业提供虚假会计信息获得的额外收益为C，政府实施监督的成本为D，政府发现企业提供虚假会计信息时给予的处罚为E。此时形成的支付矩阵如表6－1所示。

表6－1　　政府对企业会计监督博弈的支付矩阵

企业 \ 政府	不监管	监管，只要发现虚假，就予以处罚
提供真实会计信息	B，A－B	B，A－(B＋D)
提供虚假会计信息	B＋C，A－(B＋C)	B＋C－E，A＋E－(B＋C＋D)

（1）用F表示企业可能提供虚假会计信息的概率，用G表示政府可能进行会计监管的概率，如果我们假定在企业提供虚假会计信息时政府选择监管（即G＝1）和不监管（即G＝0）的期望收益相等，即：

$$F^{*} = D/E$$

这时会出现三种情况：第一，当企业提供虚假会计信息的概率等于D/E时，政府对其监管和不监管所能获得的收益是相同的，此时政府可以随机选择自己的决定。第二，当企业提供虚假会计信息的概率大于D/E时，政府实施监管的收益会大于不监管的收益，此时政府的最佳选择是对其进行监管。第三，当企业提供虚假会计信息的概率小于D/E时，政府实施监管的收益就会小于不监管的收益，那么政府的最佳选择是不监管。

（2）假定政府实施会计监管的概率为G，假设企业选择提供虚假会计信息（即F＝1）和选择不提供虚假会计信息（即F＝0）的收益相等，即：

$$G^* = C/E$$

存在的三种情况是：第一，政府进行会计监管的概率等于 C/E 时，企业提供虚假会计信息和提供真实会计信息所能获得的期望收益是相同的，企业可以随机地选择提供真实的会计信息还是提供虚假的会计信息。第二，政府进行监督的概率大于 C/E 时，则企业提供虚假会计信息时的期望收益小于提供真实会计信息时的期望收益，企业的最佳选择就是提供真实会计信息。第三，政府进行会计监督的概率小于 C/E 时，企业提供虚假会计信息时的期望收益大于提供真实会计信息时的期望收益，企业的最优选择就是提供虚假会计信息。

因此，政府对企业会计监管博弈与企业提供虚假会计信息所能增加的经济利益 C，提供虚假会计信息被发现时受到的惩罚 R 以及政府实施会计监管而发生的成本 D 有关。

上述分析结论的意义在于：

第一，企业通过提供虚假会计信息所能够增加的经济利益越大，政府对提供虚假会计信息的处罚力度也应越高。否则，企业恶意提供虚假财务指标的可能性就增大，尤其在 C/E 大于 1 时，企业提供虚假会计信息时所获得的收益一定大于提供真实会计信息的收益，此时企业的选择肯定是提供虚假的财务信息。从这个假设上我们可以解释为什么我国证券市场上恶性会计信息失真现象泛滥成灾。

第二，政府监管成本 D 越高，意味着发现和查处企业提供虚假会计信息的难度增大了，对企业提供虚假会计信息的处罚力度也应越高，否则，政府的监管就越可能流于形式。如果政府实施监管的成本 D 大于对企业提供虚假会计信息的惩罚 B 时，即出现 D/E 大于 1 的情况，政府对企业进行会计监管的收益肯定低于不进行监管所能获得的收益，那么政府不会进行会计准则监管。

2. 政府最优监管模式的选择

从公共管理的角度来看，会计准则执行的有效监管应该依靠行政力量来进行。但是在监管行为的认识上有两种倾向：一种倾向认为，会计准则执行监管的根本在于加大违规成本，让造假者承担难以想象的重罚，使造假者不敢造假；另一种倾向认为，会计准则执行监管的主要手段是提高查处率，政府应该进行有效的检查，只要监管力量到位，检查方法科学，效果应该是明显的。①

政府的最优监管模式应该如何选择，从图6-5② 中我们可以得出结论，巨大的违规成本在查处率很低的条件下是无效的，同时很高的查处率在过低的违规成本下同样也是无效的；政府只有“双管齐下”，会计监管才是有效的。政府最优监管模型的提出或许能为政府的监管行为做出一定指引。

图6-5中，P是概率，边际收益曲线 $C_{(1)}/p^2$ 向下倾斜，边际成本曲线 $M'_{(p)}$ 向上倾斜。从图中可以看出，$C_{(1)}$ 越高，政府付出的成本越高，意味着政府监管的成本越高，也就是说，最优的概率P也越高，政府的监管行为获得的边际收益也越高，监管的效果就会越好。当 $P=P^*$ 时，边际收益等于边际成本，因此 P^* 是政府的最优监管点。

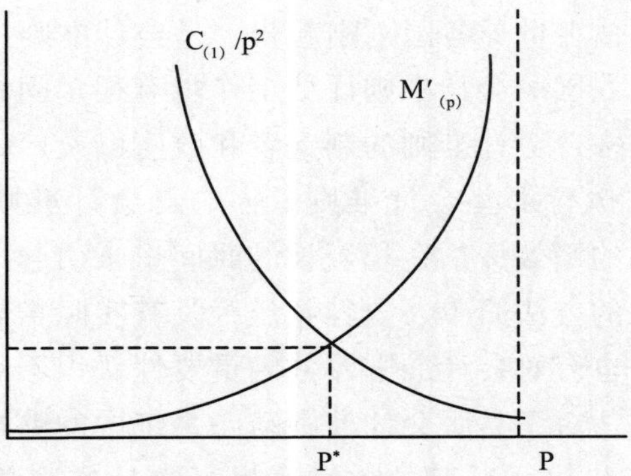

图6-5 政府最优监督水平

但图6-5中最优的监管点只是一种瞬间的均衡，政府在实际监管过程中并不容易找到这种均衡，所以政府寻找的只是相对均衡和合理，是在某个时段的最优，这是政府最优监管模式的次优目标。政府的最优会计准则监管并不是要杜绝所有会计准则执行者的会计欺诈行为，同时也没有能力做到，而是把会计准则执行者的会计欺诈行为控制在一定范围之内。吴联生曾就政府对会计准则执行监管的最优模式做过论证，也有类似的观点。在政府最优的会计监管的情况下，造假者违规行为的期

① 黄芳：《国有资产流失问题及治理对策研究》，天津财经大学硕士学位论文，2005年。

② 张维迎：《博弈论与信息经济学》，上海三联书店2005年版，第57~71页。

望收益都大于0，造假者在不实行违规策略时，他的收益等于0，现实生活中政府即使做出最大努力也不会杜绝所有会计欺诈行为，杜绝全部会计规则执行者的会计欺诈行为的监管成本太高，也是无法达到的，因此，政府最优的会计监管是将会计准则执行者的会计欺诈行为控制在一定的范围之内的监管。

6.2 会计准则的评估阶段

会计准则评估是对会计准则的效益、效率、效果及价值进行判断的一种政治行为。通过会计准则评估，借助评估结果，为会计准则是保留和继承还是修改和结束做出一个正确的决策。

会计准则评估在世界各国刚刚起步，是会计准则过程中的一个薄弱环节，同样，我国的会计准则评估工作也有很多问题和困难需要探讨和解决。在过去，会计准则的制定者和政府以及广大社会公众只是无休止地制定、执行那些会计准则，人们对会计准则的效果缺乏关心，对会计准则的绩效评估在相当长的时间里未引起人们的重视，同时会计准则评估的方法简单、内容宽泛，没有实际指导意义。这其中有体制的原因，也有对会计准则评估的重要性认识不足有关。实践证明，会计准则评估对于克服会计准则动态系统中的弊端和障碍，改进会计准则的制定和执行环节的效率，提高会计准则总体水平有重要意义。

6.2.1 会计准则评估的意义

1. 在会计准则动态周期的运行过程中，评估是检验会计准则的效果、效益和效率的基本途径

会计准则实施以后，面对实现的预期目标，产生预期的效果，非预期的连带问题，对那些会计准则制定人员和执行人员来说是无法做相关的评估的，对会计准则的制定效果和做法无法判断。会计准则评估的内容主要有两项，一是对会计准则本身的评估，二是对会计准则执行效果的评估。会计准则的评估人员在结合会计领域的特点的同时，搜集与会计准则制定和执行的相关资料和信息，进行科学论证分析，正确评价会计准则发挥的作用和效果，在实施过程中是否达到预期的目标、实现了会计准则的理想。

2. 做好对会计准则的评估工作有利于对今后会计准则去向做出正确判断

会计准则体系中的某项会计准则是应该保留、修改还是结束，都需要有一个决策依据和判断标准。在会计准则动态系统的运行过程中，会计目标在一步一步地实现时，它的走向越来越清晰，会计准则的走向主要有：（1）会计准则的保留。会计准则所要解决的会计问题还没有完全解决，还需要有一定的操作规范来限制，同时在对该项会计准则的评估中认为与之适应的会计环境基本稳定，可以用原来的会计准则继续指导这个问题的解决。（2）在评估的基础上对会计准则的进行调整。社会的日新月异，使得会计准则的生存环境不断变化，新情况、新变化、新问题让旧的会计准则体系明显不适应新的会计准则环境的要求，这时要对会计准则进行修改。（3）完全终止原来的会计准则，即会计准则终结。会计准则终结分为两种情况：一种是会计目标已经实现，原有会计准则已没有存在的意义；另一种情况是会计准则环境或会计问题本身发生变化，原有会计准则已不能解决会计问题，这时就需要终结旧会计准则，并及时颁布新的更好的会计准则。由此可见，科学、系统、准确的会计准则评估是今后会计准则去向的基础。

3. 有利于对社会中有限资源的合理配置

会计准则的评估事实上是对每项会计准则的价值的评估，根据会计准则价值的大小来决定对投入各项会计准则的资源顺序和比例，进而寻求会计准则体系的资源配置最优。同时，通过对会计准则的评估，了解会计准则动态系统内部的各种资源的配置及使用情况，努力做到合理利用、资源有效，对出现的问题结合评估结论提出改进意见，吸取教训，使会计领域对社会经济的发展做出应有的贡献。

总之，社会的发展使得无论是经济领域还是政治领域，新情况和新变化层出不穷，靠传统的过去的经验已经无法适应这些复杂的决策问题。实践证明，评估活动是使会计准则符合会计领域发展、解决会计问题的途径之一。通过对会计准则动态系统的评估，不仅可以检验会计准则制定和执行的效果、效益和效率，也有利于对今后会计准则的去向做出正确判断，做好对社会有限资源的合理配置，有利于解决出现的新问题、新变化，使会计准则动态系统更加合理、有序。

6.2.2 利益相关者与会计准则绩效评估的关系

与会计准则系统有关的各个利益相关者对会计准则的绩效评估的贡献率最大。在过去的研究中，包括政府在内的各级会计准则的制定、执行者都运用绩效评估信息进行自己的决策，利益相关者对社会和其他公共产品的监督也是以绩效评估的结论为依据。但是，由于利益相关者、政府官员以及其他与之有关的人员都达不到理性所期望的对绩效评估结果的使用程度，因此，对绩效评估信息使用不足的现象引起了学者的关注，研究发现，会计准则评估机构在实施评估开始的时候并没有打算把绩效评估的真实结论全部披露给社会公众，同时，社会公众对那些公开的绩效评估信息也并不感兴趣，甚至怀疑它的真实性。①

在宏观经济政策的评估中，评价者与评价对象之间的关系如图6－6所示。在图6－6中，实线代表正式的、直接的关系，而虚线代表非正式的、间接的关系。会计准则执行者与会计准则制定者保持正式或非正式的关系，直接或间接地评价会计准则，而得到的评价内容又会反馈到会计准则制定者和执行者那里；处在执行体系外的立法部门、司法部门、专门部门、舆论媒体、公益团体、利益团体及政策受益者等，都会直接或间接地、正式或非正式地评价会计准则；他们还会像图6－6中所示那样，与会计准则执行者及制定者正式或非正式地相互影响。②

① 陈振明：《政策评估》，中国人民大学出版社2004年版，第271～281页。
② 朴贞子：《政策执行论》，中国社会科学出版社2010年版，第291～292页。

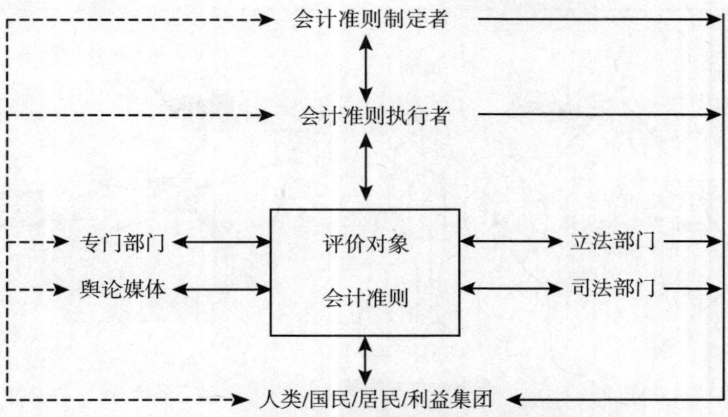

图6－6　评价者和评价对象之间的关系

通过上面的阐述可以看出，会计准则评价主体包含不同的群体，呈现出多样化的特点。需要说明的是，对政府而言，其本质属性是公共性，公共性的本质特点要求政府从会计准则制定、执行、评价及调整等都必须体现人民的利益和意志，这就需要各种利益相关者参与到政策的全过程。事实上现代社会的重要特征就是存在利益的差异性和利益分化，承认这种利益差异和利益分化就必须承认利益主体的多元性，从而承认会计准则评价主体的多元化。

在会计准则动态系统的绩效评价中，参与会计准则评估的人员构成极其重要，每个利益集团都希望有自己的代表在里面，原因很简单：一是确立本利益集团在本次评估中的地位；二是为利益集团争取最大的利于自己的评估结果。如果每个利益集团都有此想法，就极易引起利益集团之间的争斗，绩效评价结果损害自己利益集团的利益时会抵制，有利于自己的利益时就会支持。为了使绩效评估工作能够顺利进行，获得准确、客观的评价结果，不被利益集团操纵，又能让各个参与会计准则评估的人员信服，以政府为主导的决策者极力主张使用现代决策工具、科学方法。图6－7是会计准则评估中利益相关者偏好的整合过程，它的理论基础是在外部环境和利益循环之上对各个利益相关者的偏好形成过程的分析。[①] 利益偏好的整合是会计准则评估活动的关键，这个模型对会计准则评估的最大贡献是：大众化的相对主义胜于狭隘的专制主义。

①　埃贡、古贝等：《第四代评估》，中国人民大学出版社2009年版，第165～174页。

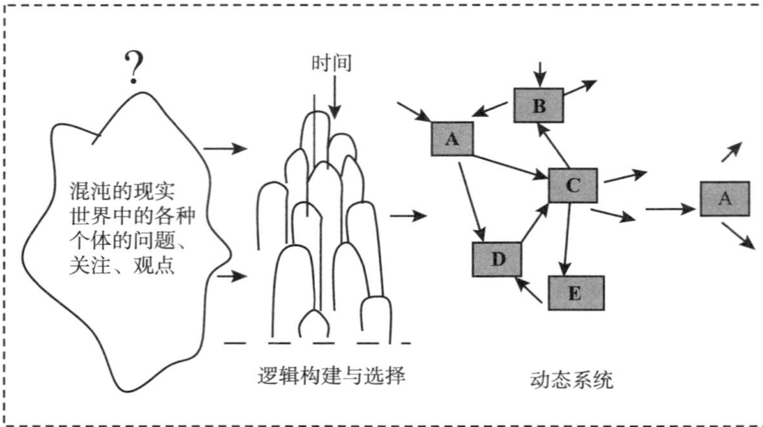

图 6－7　响应式会计准则评估的利益相关者偏好整合

现实中，利益相关者与评估结论的关系密切。杨开峰（2007）就利益相关者与评估结果的关系用图 6－8 所示的理论模型进行了说明。①

结论是：从总体上来看，在评估结论与利益相关者对评估管理的参与、组织对绩效评估的支持以及企业创新文化之间，存在一种直接的正相关关系。在这些个变量中，利益相关者的参与起着最大的作用。

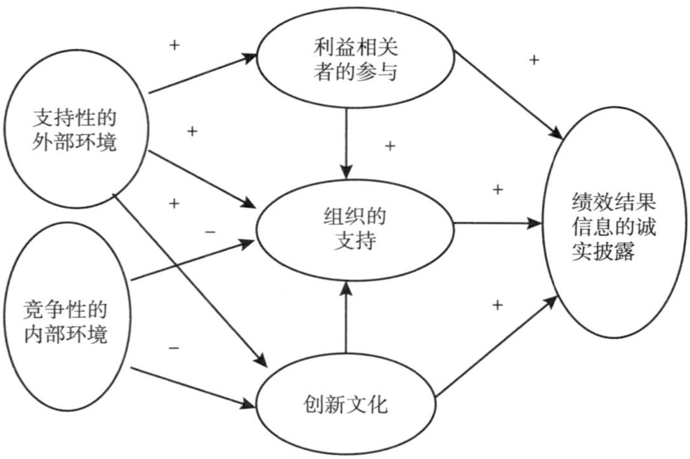

图 6－8　利益相关者与评估结果的关系

① 胡伟：《政策过程》，浙江人民出版社 1998 年版，第 292 页。

从上述结论可以看出：正因为利益相关者在评估中的积极影响，所以关注利益相关者的需求是符合社会发展的，把利益相关者的意愿和主张作为评估的基础，把利益相关者下的响应式评估模式引入到会计准则的评估中是可行的。利益相关者积极参与会计准则评估的过程是一个利益综合的过程。因为会计准则的制定过程中，不同的党派、社会团体、新闻媒介等利益集团和普通群众根据自己的观点、利益需求，提出不同的利益诉求，在此基础上通过利益综合的执行过程，是会计准则形成的必经程序。依此类推，会计准则评估也是在准则实施以后，探求制定和执行效果的过程，需要会计准则利益相关者根据自己的不同利益诉求，对其进行深入评估，得出客观科学的结论。积极参与会计准则评估，是公民表达自己利益要求的重要途径和载体。因此，要提高评估机构的评估结果质量，必须充分调动多种利益主体积极性，发挥公众在会计准则评估中的应有功能，整合各利益主体的力量。

6.2.3　会计准则评估的原则

为了有效地进行会计准则评估，应该遵循的原则：

（1）会计准则评估是从经济、社会发展的客观实际出发，从多个角度审视国家的会计准则体系设计。会计准则评估需要做好统筹分析相关问题，综合权衡利弊，客观估算成本等多方面的工作。通过对会计准则提出总体或者阶段性的评价咨询意见，促进政府部门科学决策，降低会计准则决策成本，实现会计准则的制定目标和执行目标。

（2）为了使会计准则评估客观、公正，要确保会计准则评估的独立性。这有利于提高会计准则评估结论的客观公正性，也有利于建立会计咨询和执行监督机制。会计准则评估由具有相应权威、相对独立的机构或者被上级授权的机构实施，以维护会计准则评估的独立性原则。

（3）会计准则评估是由多个环节组成的系统。会计准则评估尽可能采用先进的手段和方式，以提高评价工作的效率和准确性。

（4）会计准则评估主体是指承担具体评价工作的团队和个人。会计准则评价主体的价值取向直接影响着评价对象和评价指标体系的确定，影响着对评价结果的处理态度。任何人都可以成为会计准则的评价者，组织与成员应回避和评价对象有关的人员，并且会计准则评估成员在组成上应有一定的互补。

第7章　会计准则动态周期的第三阶段：调整与终结

会计准则的动态周期由会计准则的各种构成因素组成，完整地展现了会计准则从制定到终结的整个过程，也证明了会计准则动态过程的动态性和连续性。由于不同的国家或地区都有自己独特的宏观经济政策①存在的经济环境和政策环境，因此会计准则的调整和变化模式也会有所不同。会计准则的终结阶段是旧会计准则的了结，新会计准则的开始，这就意味着会计准则终结被当作动态过程的开端而不是末尾，调整一项准则往往是新会计准则的开始，在宏观经济政策理论中终结不仅是结束，也是修正和调整。

7.1　会计准则的调整

7.1.1　会计准则的调整

人类历史是一个制度变迁的历史。任何制度都有交易费用，交易费用较低的制度优于交易费用较高的制度，交易费较高的制度被交易费用较低的制度所替代，随之就会带来更高的制度效率。这也被称为制度变迁。随着制度的变迁，制度的交易费用会不断降低。这是一个最基本的

① 宏观经济政策调整是新近政策科学文献讨论的一个主题。著名科学哲学家托马斯·库恩的科学历史主义理论提出科学进步模式。依据库恩在《科学革命的结构》一书中的观点，科学进步表现为“前科学—常规科学—反常—危机—科学革命—新的常规科学”的发展过程，而其中的“常规科学—反常—危机—科学革命”则是科学革命的结构性模式。

结论，成就了诺思的诺贝尔奖。近代以来经济发展的动因也是制度变迁的贡献。

社会制度（包括社会的根本制度和各种具体制度）、社会结构、社会组织、社会人口、社会规范、哲学、宗教、文学艺术、风俗习惯等一切社会现象无论是突发的、急剧的还是渐进的、缓慢的改变都可叫社会的调整。社会调整是由于社会环境等因素因不同程度地影响到社会系统的平衡，造成对社会秩序的改变。同样，宏观经济政策随社会变迁而不断地调整其政策目标与内容、执行方式和手段，坚持改革的方向，使之能跟上形势变化与发展的脚步。会计准则作为宏观经济政策的一部分也存在变迁与调整。

经过合法化了的会计准则在进入在执行阶段以后，会计准则监管就随之而进入对执行过程的监督和控制，对会计准则在执行过程中所产生的实际效果与预期目标进行比较，发现两者之间的偏差，分析产生偏差的原因，提出纠正偏差的建议，为会计准则的调整作好准备。所谓的会计准则的调整，也就是在会计准则监督和控制所获得的有关会计准则动态系统运行的反馈信息的基础上，对会计准则制定、执行与会计目标之间的关系等进行不断修正、补充和发展，以便达到预期效果的一种政治行为。因此，会计准则的调整是方案的重新制定和执行的过程，是会计准则方案的局部修正、调整和完善的过程。林德布洛姆（C. E. Lindblom，1968）在《政策制定过程》一书中说过："我们将政策制定视为一个没有起始、结束且界线极为模糊的一个相当复杂的分析性及政治性的过程。"①

在日本，2004年，东京证券交易所数据显示，日本股票市场的总价值为5万亿美元，其中海外投资者的股权交易份额为33.7%，海外投资者的所有权份额为23.7%。在近几年，日本对发展国际性资本市场非常重视，缩小本国会计准则体系与国际会计准则之间的差异是日本会计界努力的方向和争取的结果。日本制定和执行接近国际标准的会计准则既节省了上市公司成本、吸引了更多上市资源，又能有利于海外投资者对上市公司财务报告的解读，使日本的资本市场国际化具有更大的现实意义。以会计准则——存货为例，过去日本企业会计准则理事会

① 查尔斯·E. 林德布洛姆著：《政策制定过程》，朱国斌译，华夏出版社1988年版，第135～151页。

（ASBJ）允许采用后进先出法确定发出存货成本，但国际会计准则委员会（IASB）不能采用后进先出法来核算存货成本。ABSJ 做出调整：允许采用此方法，但在财务报表上应进行说明和相关披露，ASBJ 在 2007 年提出将逐步废除后进先出法的使用，以与国际会计准则接轨。①

7.1.2 会计准则调整的内容

会计准则调整的内容多种多样，主要包括对会计问题的重新界定、会计目标的重新确定和会计准则方案的重新制定和设计等方面：

（1）随着会计准则动态过程由制定到监管等环节的进行，会计准则的制定者和执行者可能发现在制定之初，对会计问题的认识可能并不全面，问题的某些重要方面可能被忽视，同时会计环境的变化可能改变了问题的性质。因此有必要根据已掌握的新信息，对会计问题加以再认识和重新界定。

（2）会计目标的校正、修订或再确立。将原来模糊、不准确的会计目标加以明确，会计环境变化了会计目标也应随之也调整。当会计目标被实践证明过于超出或低于实际条件的要求，就要采取措施对会计准则目标进行必要的调整，使调整后的新目标符合客观实际。

（3）对会计准则的设计方案加以修正、补充和完善。对基本可行的会计准则方案加以修正，以适应变化了的实际情况；扩大原有方案的适应范围；对那些已经完成使命或与新形势不符的会计准则方案加以重新制定。例如，国有股减持方案出台之后，经过一段时间的实施，股市未涨反跌，大部分股民对该方案表示反对，有关部门不得不停止执行该方案，进行了政策调整。

（4）对会计准则效力调整。对会计准则效力即准则发挥作用的范围和程度进行扩展或限制，如：原来实验的会计准则方案由于试验成功有可行性，加以推广。

（5）对会计准则主体、客体的调整。会计准则的实施是一个动态过程，会计准则主体总是处于不断地变化之中，同时会计准则客体也处于不断变化中，为保证会计准则系统的连续、有效的运行应及时调整会

① 付冉、夏文贤：《资本市场全球化环境下日本会计准则的变革》，http：//kjs.mof.gov.cn，2008 年 7 月 14 日。

计准则主体和会计准则客体。①

7.1.3　会计准则调整的原因与影响

会计准则调整既有客观原因，也有主观原因。客观原因是指社会的政治、经济和文化的发展变化，即会计准则环境及会计问题本身的发展变化引起的。在会计准则实施过程中，由于会计问题本身发生作用或者客观的会计环境变化，使原来的会计问题发生了改变，有的得到解决，有的出现新情况，这就需要依据新的会计准则环境和变化了的会计问题调整会计准则方案。主观原因是指人们对会计问题、会计准则环境的认识发生改变，应该重新认识、界定会计问题、会计准则目标和会计准则的设计方案，达到会计准则解决会计问题的目的。当会计准则主体对会计问题、目标、功能、环境等的认识提高和深化以后，就需要对原来的会计准则加以纠正、补充、更新，使之更加完善以符合社会的需要。

会计准则的调整对会计准则的动态系统和生存环境会产生一定的影响。首先，会计准则调整有利于保障会计准则制定的科学化。由于制定者的有限理性、决策者所掌握的信息有限性及会计准则环境的动态发展性，使制定出的会计准则也有可能不适时宜的、不完善的。所以，适时地调整会计准则，才能更好地解决会计领域的问题，也是宏观经济政策的要求。

其次，会计准则调整有利于保证作为宏观经济政策一部分的准则的权威性和严肃性。一项会计准则要达到既定目标、发挥出原先规划设计的功能，就必须遵照既定的程序正常运行。在会计准则执行过程中可能出现的几种无序状态：一是会计准则执行的主体之间出现矛盾与分歧；二是会计准则执行主体与客体发生矛盾、冲突；三是多项会计准则交叉在一起，相互作用，出现交集。在这些情况下应该暂停会计准则的执行，调整会计准则主体内部关系、会计准则主体与客体的关系、多项会计准则之间的相互关系，尽量减少矛盾的出现，保持会计准则动态系统的有序运转。②

最后，会计准则调整有利于保持准则的稳定性和连贯性。会计准则

① 刘春：《公共政策概论》，当代世界出版社 2000 年版，第 168 ~ 171 页。

② 胡宁生：《现代公共政策研究》，中国社会科学出版社 2000 年版，第 208 页。

作为企业财务会计活动的指南必须在空间和时间内相对稳定。会计准则的适度调整能够使会计准则的合理内容在变动中得以保留，适度地调整会计准则既可保证会计准则的动态发展，又可保持会计准则的连贯性和稳定性。

同样，会计准则的调整有积极的影响，也会产生某些消极的影响。会计准则的调整有一定的“度”，如把握不好，会影响社会和企业的经济秩序和生产积极性，丧失已经得到的利益，进而对公共机构不满，对公共决策机构和决策者的形象产生影响。但是，会计准则调整中产生消极影响是不可避免的，对会计准则调整中出现的消极影响应采取积极的措施，将消极影响控制在最低限度，让调整后的新会计准则尽快发挥作用，化解由此带来的消极影响。

7.2 会计准则的终结

7.2.1 会计准则终结的定义

在会计准则的研究领域中，会计准则的修改、废止和替代等都是会计准则终结的表现形式。会计准则终结发生在会计准则评估之后，是人们采取的一种政治行为，是提高会计准则绩效的一种行为。

会计准则终结定义为：会计准则终结是会计准则决策者通过对会计准则进行慎重的评估后，采取必要的措施，以中止那些过时的、多余的、不必要的或无效的会计准则的一种政治行为，是理性化的决策过程的最后结果。在会计准则的过程中，会计准则终结也往往被当作过程的开端而不只是末尾，即纠正一项错误的会计准则往往是新会计准则的开始。因此，会计准则终结不只是对一项会计准则的了结，而且意味着修正或调整。①

① 陈振明：《公共政策学》，中国人民大学出版社 2004 年版，第 321 ~ 325 页。

7.2.2　会计准则终结的方式

由于既定会计目标的实现，会计目标与最初的设计目标不一致，会计准则的执行过程中引发更为严重的问题等，促使了会计准则的终结。

丹尼尔斯（Mark R. Daniels，1997）在出版的《公共项目的终结》中提出：宏观经济政策的终结方式一是某些宏观经济政策作用变弱的终结，二是与强烈抵制这些宏观经济政策的利益集团博弈的终结，这是一种强制性的终结。[①] 一般而言，会计准则终结的主要形式有如下五种：

（1）直截了当宣布一项会计准则的废止。会计准则制定者依据经济形势的需要，及时清除过时的会计准则。以固定资产为例，我国《企业会计准则第 4 号固定资产》中对资产减值的规定做了修改，即在旧会计准则中允许转回，但在新颁布的会计准则中规定资产的减值不允许转回。

（2）用改进的新会计准则代替旧的会计准则，涉及的会计问题不变，新的会计目标与旧会计目标一致，新会计准则能更好地解决问题，实现会计准则目标。在《非货币性资产交换》中规定使用公允价值计量，过去企业发生非货币性交易时以换出资产的账面价值和相关税费为换入资产的入账价值。在新的会计准则中，以公允价值和应支付的相关税费作为换入资产的成本，公允价值与换出资产账面价值的差额计入当期损益。

（3）旧的会计准则的作用没有取消，而是合并到其他的会计准则。《会计政策、会计估计变更和差错更正》中对差错更正规定的合并，新准则：仅规范前期差错，不区分差错大小，但在旧准则中包括本期差错和前期差错，同时规定重大和非重大差错采用不同的处理方法。

（4）按照一定的标准分解成几个会计准则。主要是指会计准则的制定涉及内容较多，影响到会计准则的有效执行时所采取的分解方法。原《借款费用》分解为《借款费用》《所得税》《外币折算》《企业合并》四个准则，其中借款费用资本化的借款范围原准则规定为专门借款，新准则中又将专门借款分为专门借款和一般借款。

---

① 丹尼尔斯：《公共项目的终结》，M. E. 夏普公司 1997 年版，第 6 页。

（5）用渐进的方式对会计准则进行终结，有利于协调，减少损失。以存货计量的方法为例，旧会计准则中存货计量的方法有五种，在新准则中取消了对发出存货计量方法中的后进先出法。

会计准则的终结方式见表 7－1。

表 7－1　　会计准则终结的方式

终结的形式	含义	表现形式	适用情况
会计准则废止	直截了当宣布会计准则的废止	依据经济形势变化，不定期清理、废止	会计准则不合时宜、过时了
会计准则代替	新会计准则代替旧会计准则	新会计准则对旧准则进行补充和修正，以更好的解决问题	新旧会计准则所面对的问题不变，满足的要求不变
会计准则合并	旧会计准则合并到其他的会计准则中去	原有准则内容合并到现有准则中，是现有准则的一部分；多个旧准则合并成新准则	旧会计准则要实现的功能并没有取消
会计准则分解	旧准则分解成几个部分，每部分形成一项新准则	原会计准则按主要目标分解成几个较小的准则	原有准则庞杂，目标众多，不利于该准则的有效执行
会计准则缩减	采用渐进方式对准则终结，协调关系，减少损失	缩小准则的资源投入，把准则过时部分废除，保留合理部分	直接废除旧准则，需协调好关系，循序渐进

第 8 章　我国会计准则动态周期运行的启示与建议

8.1　我国会计准则制定阶段的启示与总结

8.1.1　注重会计准则的制定成本与收益

会计准则与财务报告的目标是预算诚信、运营业绩、经营责任和系统控制。会计准则的制定机构在设计未来的会计体系时应对上述目标给以充分考虑，一是关注目标实现的途径，二是考虑目标实现的成本与收益。许多看似很好的会计准则由于对会计准则制定的内部和外部诸多因素未给予客观的前期评估，导致实施这项会计准则的成本较高，收益较少，不符合宏观经济政策制定原则。会计准则的制定者对会计改革的投资需要有一定的远见和洞察力，能够预见会计准则的缺陷和造成的后果，以及会计准则对社会可能的贡献。宏观经济政策、动态管理、公共选择理论的应用对提高会计准则的绩效、公允性和认可度有指导意义。

加强会计准则制定成本与收益的研究，有利于建立高质量会计准则的形成机制。确保了有限资源的高效配置，财力应用于预期的用途和会计目标的顺利实现，并通过会计准则确保法律和契约的遵从，促进社会经济的发展。

8.1.2 建立政府会计准则体系，提高政府会计行为的合法性和有效性

经济活动的简约与效率长期以来一直是包括政府在内的社会各个利益相关者关注的重点，现在成为中央政府治理的重点。建立政府会计准则体系的目的是提高政府对财政支出的绩效与接受社会公众等社会利益相关者的监督，促进我国政治领域的改革与发展。

目前，行政管理部门的资产与负债情况相当严重，各级政府的负债数量非常大。建立政府的会计准则体系，形成一套规范可行、科学高效和系统全面财务状况与财务绩效评价的财务报告，对资产、负债、收入和费用提供严格的统一的计量标准和确认规则，同时对长期资产和长期负债的状况进行描述。

资源的有限性使得研究配置顺序成为必要，政府的会计体系优先考虑的是确保财政支出的有效和财务管理的规范。保护财政收入免受违规行为的影响是基本任务。政府会计准则体系应包括财务状况表、现金流量表、预算和实际财务业绩表。模仿企业财务报表的形式披露政府资产与负债情况，简化各级政府向人代会陈述政府预算和决算的内容，增加政府会计活动的透明度和责任心，提高了社会对政府的满意度。政府部门的会计活动反映了政府已经完成和正在进行的工作，会计的确认和报表的编制并不是只有记录的作用，比如，资产的确认是政府对那些资源所有权的声明，负债的确认是政府对他人拥有政府债权的承认。因此，建立适应我国实际情况的政府会计准则体系将改善政府形象和政府资金管理者的责任心和严谨性。

8.1.3 在坚持中国特色的基础上加强与国际会计准则间的协调

经济全球一体化的加速发展和世界各国的分化加深，脱离世界经济这个大环境和市场规律发展自己的社会经济是行不通的。在会计领域，会计准则的国际化在每个国家都会经常提到，很多国家正在努力与国际会计准则接轨。

全球经济贸易的发展和资本的畅通自由的流动也得益于会计准则的国际化，这将极大地推进本国与世界各国的经济交往，缩小交易的成本。因此，随着世界各国对会计准则国际化的重视，在当今世界经济加速发展和科技日新月异的背景下，会计准则国际化是不容回避的客观事实。

同时，我国的经济的快速发展也受益于20世纪90年代以来逐步推进的与国际接轨的会计准则。实施会计准则国际化成为经济发展和改革开放的需要。在过去，我国计划经济体制是会计制度建立的基础，在改革开放以后，尤其是与外界的经济往来增多以后，由于会计准则的不一致，导致外资方看不懂会计报表。为了促进我国经济的发展，必须建立与市场经济相符合的会计准则体系，满足与国外逐渐增多的经济往来的需求，在参考、学习国际会计惯例的同时，建立既适合我国实际情况的会计准则又符合国际会计惯例。

8.2　我国会计准则执行阶段的政策建议

8.2.1　完善机制建设，增强会计准则执行制度的科学性和可操作性

在现阶段，制定和实施会计准则等宏观经济政策应成为研究重点，完善机制建设，增强会计准则执行制度的科学性和可操作性成为会计领域专家和学者的任务。制度的出台要有科学决策、广泛论证，注重可行性和操作性，既要避免制度陷阱，又要防止制度泛化，防止脱离实际或超出执法人员承受能力。对会计领域活动和经济行为具有普遍约束力的会计准则及其一系列的补充说明，均须提交立法机关集体审议，以推进决策管理的科学化和民主化，保证会计准则发挥应有的功效。

某些会计准则的描述比较宽泛，不同的人对其可能会产生不同的理解。现行的一些准则中使用“很可能”“可能”“相似的”等不确定性的描述性词语，使会计执行人员难以决策和选择，同时也给那些有财务舞弊现象的企业以借口和机会，使得社会中各个利益相关者对企业的财

务报告有保留意见。实际上有些财务报告的提供者在做财务报告决策时并没有虚构或隐瞒交易事项，只是利用会计制度赋予的自由裁量空间对交易事项做出非公允的表达，误导了会计信息使用者，恰恰是这种较大的自由裁量权引起了行为型的会计信息失真。

因此，剔除会计准则中不必要的会计选择，制定会计准则执行的规范性文件，不断提高制度、办法的科学性和可行性，提高会计制度措辞的严密性与清晰度，严格控制自由裁量权的滥用。

8.2.2 加强监管部门与目标团体的协作，构建和谐的执行环境

加强会计准则执行监管部门与目标团体的协作，积极构建和谐的会计准则执行环境在当前的社会环境下显得尤为重要。每项会计准则都有其固定的规范对象，即目标团体。目标团体的态度对会计准则的有效执行也起着至关重要的作用。如果目标团体积极配合，会计准则就会被顺利执行，并呈现出一种优质高效的趋势。

如果目标团体不配合，即使会计准则的制定者投入了足够多的人力、物力、财力，倾注了很多精力，会计准则也很难有效实施，达到设计目标，有时在目标团体的强烈抵制下，会计准则也会失败。在这种情况下，会计准则执行必须找准问题的深层原因所在，通过各种办法，灵活巧妙地做通目标团体的思想工作，转变其旧观念，形成对新会计准则的正确理解。

另外，在监管执法中充分尊重会计准则执行人员权利，要给他们机会表达对监管执法情况的意见，在理解与和谐的氛围中，化解执法风险。积极探索建立内外部工作配合协调机制、内部纵向与外部横向之间的协调机制，减少因会计准则执行主体与客体之间配合不力、内外认识标准不一致而引发的执法风险。

8.2.3 政府监管力度加大，惩罚机制重新设计

在我国，从计划经济过渡到市场经济后，虽然在各方面有很大改变，但政府直接掌控企业和经济已成为习惯。发展市场经济需要政府的

职能转变，从“运动员”转向“裁判员”，重点是对会计准则执行和制定的监管，维护市场秩序。在现实生活中，政府对会计准则动态系统的运行监管职能严重缺失，有时政府缺乏建立和维护市场秩序的足够能力，在会计准则的执行环节中，监管职能的缺失影响了执行的效果，使会计准则的执行受到很多阻碍。

由于会计准则的生存环境日益复杂，经济领域和社会领域的新问题不断出现，但政府的精力有限，对会计准则的动态监管力度较小，惩罚机制设计和执行不严，只能定期进行大规模的执法稽查活动实施暂时性的打击。就政府而言，政府的监督稽查权力频繁使用，边际效用越来越低。虽然这种大规模执法稽查活动次数不多，由于政府的权威性、特殊性，虽然表面效果并不差，但是这种政府权力的边际效用下降，社会公众对会计准则的有效性开始产生质疑。

在公共管理思想下，有效的政府监管机制首先应该是独立的，各个利益相关者无法影响他，在权威性资源的基础上，要尽量保证监管权力的相对集中，以此提高政府执行会计准则的能力，保持公共利益至上的原则，考虑执行成本是政府会计准则动态执行机制应该考虑的问题，在此基础上充分发挥政府的监管作用。

会计准则有效执行的保证是国家有一个良好的法制体系。良好的法制体系可以为会计准则的有效执行保驾护航，提高社会公众对会计准则执行的满意度，司法仲裁的公正性和执行的有效性。

政府作为主要监管者，对会计准则执行等环节的监管经常在问题发生后才介入；有时执法不严，对财务舞弊行为多数只进行行政处罚，提起诉讼的案例很少。刘峰曾就我国的司法诉讼制度和体系提出质疑。因此，有效的会计标准执行机制首先应以政府监管系统为基础，严格执行法律为前提，努力提高会计准则执行的效果。

8.3　我国会计准则评估阶段的政策建议

8.3.1　提高对会计准则评估重要性的认识

从前面的论述中可以看出，会计准则的动态系统中的绩效评估对提高我国的会计活动和会计领域的规范与发展作用非常强大。但实际情况是我国高效的会计准则评估机制还未建立起来，政府对会计准则动态系统的评估认为可有可无，对评估的态度是能不评估的就不评估；对于那些确实需要评估的会计准则，又缺乏有效的途径和方法，为了掩盖上述评估主体的缺陷，以政府为主体的评估机构会扭曲评估中的某些事实，以求实现特殊目的。[①] 这种有意识歪曲会计准则评估的行为被称为“主观误区”。[②]

会计准则评估的有力推进有赖于以下几个方面：一是对会计准则评估的作用及意义的重视，会计准则动态系统的有效运行得益于会计准则评估环节的顺利进行，会计准则的评估是必不可少的，有助于对会计准则成效、优劣、补充、完善和修正整个会计准则动态体系，对充分使用会计资源，增强会计准则效益有着十分重要的意义。二是公正、客观地进行会计准则的评估，最大限度地发挥对会计准则动态系统的“建设性”功能，实现会计准则动态周期运行的科学和客观。三是要有正确的开展会计准则评估的态度。世界各国都一致认为，会计准则的绩效评价是会计准则运行的薄弱环节，受到各个利益主体因素的影响较大，这是一个循序渐进的探索过程，做好会计准则的评估要有方法和理论的支持才能取得突破，不能操之过急。

8.3.2 建立独立的会计准则绩效评估机构

我国从中央一级到地方政府的职能部门均设有相关的与宏观经济政策绩效评估有关的组织，但是这些组织都是从属于政府，政府对它们进行拨款，开展业务。在宏观经济政策的评估组织中有官方和非官方的两

---

① 林水波、张世贤著：《公共政策析论》，五南图书出版公司 1986 年版，第 331 ~333 页。

② 主观误区的五种形式：一是以研究取代服务。这在实践中表现为评估者借科学评估之名，故意拖延时间，使政策决定或政策终结迟迟不能完成。二是以好恶取代科学。这种政策评估的目的不在于政策，而在于政策背后的利益。三是以评估为沽名钓誉的手段。有些政策评估的目的在于证明政策的正面效果，对政策的负效应则避而不谈。四是以形式取代研究。政策决定实际上早已做出，或者对某项政策的实践效果已经形成定见，却要借政策评估的形式肯定其合法性。五是以获取资源取代政策目的。有些政策主体借政策评估来证明政策的重要性，从而要求更多地获取政策资源，尤其是评估经费等经济性资源。

种评估机构，与中国的行政体制相似，即"行政的双轨结构功能系统"。[①] 这些由政府资助的官方评估机构在对会计准则绩效评价时无法独立地进行，因此，评估结果的公信力较差，社会公众对这些机构在评估过程中非自主、非客观和非公正的行为质疑，导致这些官方评估机构名存实亡。非官方的评估组织，以民间和社会的中介评估组织为主，但这些非官方的会计准则评价机构在我国并不是很多。

我国的会计准则实施与制定绩效的评估停滞不前的另外一个原因是缺少专职独立的评估组织和评估人员。在西方发达国家，有相对完善的会计准则绩效评估组织，以政府为主导的官方评估组织和民间的有许多评估机构并存，都能独立地开展会计准则执行和制定绩效的评估活动。针对我国当前的会计准则效果评估的现状，可做如下工作：

一是政府为主体的会计准则评估组织的建立。改变现存的会计准则制定者和会计准则绩效评估者是同一主体的现状，把对会计准则制定绩效的评价和会计准则执行进行的评分开，由两个独立的评价组织进行评估，使每个评价机构之间互不干涉，独立工作。

二是将民间独立的会计准则评估组织作为今后的重点扶持的对象。独立的会计准则评估组织是会计准则实施绩效评估客观、公正的保证，发展民间的会计准则评估组织也是当前的趋势。民间的会计准则绩效评估组织易于与社会沟通，及时了解民意，既有专业的评估知识又有广泛的社会关系，能够获得官方的会计准则评估机构无法获得的原始数据。鼓励报纸、杂志和电视等新闻传媒参与对会计领域问题的发掘与对现行会计准则的实施效果和使用绩效评估也是一个很好的途径。

8.3.3　明确会计准则的目标、精选评估对象

当前我国的会计准则绩效评估在很大程度上停留在对政府行为即对会计准则制定者和对会计准则预定目标实现的程度的检测，对于更深层次的会计准则动态系统影响的评估却很少涉及。

要使会计准则的评估富有成效，就必须努力明确会计准则动态系统的总目标以及各个子系统目标。进行会计准则评估时必须回顾、审视当

① 胡伟：《政策过程》，浙江人民出版社1998年版，第292页。

时设计时希望达到的会计目标，了解某项会计准则的初衷。同时，在进行会计准则评估时，必须慎重选择评估对象：一是选择成熟、比较容易进行评估的会计准则进行评估，包括会计目标比较明确，评估资源较充足的会计准则；优点和局限性已经显露的会计准则；效果显而易见、比较好测定的会计准则等。二是选择具有评估价值的会计准则进行评估。如具有重要价值和显著效益的会计准则；评估的结论具有推广价值的会计准则；评估成本较低的会计准则等。

8.3.4 加强公众和大众传媒对会计准则绩效评估结果的监督

反映民意、保障公民的合法权益是社会公众对会计准则监管发挥的主要作用，是其他会计准则监管主体无法替代的。政府应该为公民参与会计准则评估创造各种条件，广开监管渠道，激发公众的积极性。社会舆论可以及时反映公众对会计准则的态度，这对促进会计准则评估结果的准确性具有重要作用。因此，加强公众和大众传媒对会计准则绩效评估结果的监督有利于政府及时获悉社会公众想法，促使会计准则评估机构公平、公正地评估准则的绩效，更利于消除群众的不满，解决会计问题；新闻媒介对会计准则评估结果的监控同样使以政府为主导的评估机构的客观评估，公开评估结果，给政府形成强大的第三方压力，促使会计准则评估的有效实施。

美国传播学家施拉姆（Wilbur Schramm，1949）曾经提出："大众传播媒介不能劝说人们怎么去想，但是却能成功地引导人们去想什么。"确实如此，从新闻媒体诞生之日起，它就成为实现社会政治、经济秩序化的手段，并与之形成相互促进的紧密关系。在会计准则动态系统运行中，新闻媒体成为监督企业特别是上市公司会计行为、财务信息真实性的中坚力量。虽然新闻媒体缺乏专业知识，信息来源的有效性、准确性、客观性不足，披露的内容有一定瑕疵，但很多的事件最后被证明是真实的。新闻媒体先后揭露了世纪星源、银广夏、蓝田股份的财务舞弊以及南方证券的幕后交易等。同时，新闻媒体的这种优势受到很多限制和外部干预，这些来自第三方监管的独立性和自由空间非常小。上市公司世纪星源起诉《财经》案，在社会上引起极大轰动，最终结果是胜诉，这使得新闻媒体要对监督行为承担法律风险，但却缩小了大众传播媒介的监管功能。有的媒体为了获得额外利益，与企业勾结，严重损害了广大投资人的利益。因此，加强公众和大众传媒对会计准则绩效评估结果的监督和正确引导是我国今后健全评估机制的重要途径。

第9章 研究结论与展望

9.1 研究结论

本书将会计准则当作一项宏观经济政策，运用动态管理理论、系统理论、公共管理理论来分析会计准则的特征及对经济领域的影响。当前，我国会计准则频繁更替，增加了企业会计处理的难度和成本，同时新出现的经济活动和会计业务缺乏应有的会计规范约束。在实现与国际会计准则趋同中，要保留我国特有的经济交易事项的会计规范，以适应我国发展经济的需要。

本书运用宏观经济政策的基本理论和经济数学模型分析会计准则的动态运行。首先分析何谓会计准则的动态周期，厘清传统经济周期、政策周期与会计准则动态周期的联系，进而在宏观经济政策周期的基础上提出会计准则的动态周期运行过程，并分析该模型的五个运行阶段，对会计准则的几个子系统进行分析和实证检验，考察各个运行子系统对会计准则的贡献率以及对2007年实施新会计准则效果的实证检验和绩效评价。最后在会计准则动态周期和实证数据分析基础上提出对我国会计准则的政策建议。结论如下：

第一，在宏观经济政策周期的基础上提出会计准则动态周期模型。

将会计准则看作一项宏观经济政策，从经济政策分析的角度研究会计准则的运行轨迹。会计准则动态周期着眼于整个组织的改善和盈利能力的提高；传统会计则明显比较狭隘，只关注局部的改进，会计准则的动态运行的优点在与传统会计的对比中展露无遗。

会计准则的动态周期是由一系列活动构成的思想和行为不断调整、

不断变化的过程。会计准则无论制定得多么科学和正确，都不可能与复杂多变的现实完全一致；随着时间的推移、会计活动的推进以及环境和条件的变化，会计准则还会遇到一些新情况、新问题，会计准则的制定者只有根据这些新情况、新问题，适时灵活的应付和处理这些问题，才能使会计准则顺利实施，实现既定的会计目标。

影响会计准则动态周期长短的因素很多，需要解决的会计问题、实现的会计准则目标、会计环境的运动等因素有关。会计准则设计的目标越高，会计准则生存的环境变化越多，会计准则的动态周期越长；反之，会计准则动态周期越短。

第二，会计准则动态运行系统是由会计准则主体、会计准则客体、会计准则环境组成，会计准则的各个子系统是会计准则动态周期运行的载体，各个子系统对实现动态系统总目标的贡献率不一。

会计准则动态系统包含的一整套相互联系的因素，包括政府、社会团体、会计制度以及社会全部的法律和价值观。按照宏观经济政策理论将会计准则系统划分会计准则主体、会计准则客体及会计准则环境。会计准则系统内部各因素的配合与运转的好坏直接影响到会计准则的运行是否顺畅，并决定会计准则效果的好坏。

会计准则动态系统是许多子系统相互联系、相互依存、相互作用而构成的一个大系统。在这些子系统中，制定子系统是会计准则系统的核心，具有权威性和主导性。执行子系统是实施以政府为主导的制定的会计准则为主要职责，是会计准则系统运行的实践环节，目的是实现会计准则的目标。监控子系统主要是负责监督会计准则的制定和执行，控制会计准则执行中的行为，纠正或者制止执行或者制定阶段中出现的问题，保证会计准则的权威性和严肃性。评价子系统和调整子系统是会计准则动态系统的重要组成部分，提高会计准则动态系统的运行效率。

会计准则动态系统能否顺利展开，发挥其应有效能，很大程度上取决于利益相关者对会计准则各子系统的认知程度和认同程度。因此，会计准则利益相关者对会计准则动态系统的评价至关重要。本书选择了会计准则各子系统及影响各子系统的相关因素作为调查项目，实证检验了会计准则动态系统中各个子系统的贡献程度，以及各子系统的相关因素的影响度等，实证结果显示：执行子系统的贡献程度最高，其次是制定子系统，再次是监控子系统，评价、调整子系统的贡献程度最低。结论得出了在已实现的会计准则动态系统中各子系统对实现总目标的贡献率，区分了各子系统对总体动态系统的重要程度，以及影响各子系统的因素的重要程度，为会计准则的修改和完善提供了理论依据，减轻了实现总目标任务的难度。

第三，结合动态理论和宏观经济政策理论分析会计准则动态周期模型的各个运行阶段并进行了实证检验。会计准则动态周期的制定、执行、评估和监管等构成一个运行轨迹，彼此之间是相互联系、相互影响的循环系统。

会计准则除符合经济政策制定的规律之外，预期收益和成本也是必须要考虑的。从公共管理理论来看，会计准则是政府提供的公共产品，是各个利益相关者共同协商和利益妥协的结果，因此应追求会计准则经济后果的公平和效率。本书提出了精英理论、博弈模型和系统理论三种途径，以期为会计准则的制定提供新的研究思路。

会计准则动态周期的执行阶段是会计准则动态运行周期的关键，是为实现会计目标，将会计准则转化为实际效果，从而实现既定会计准则目标的动态过程。本书以 2007 年为界，借助上市公司的数据，实证检验 2007 年之前和 2007 年之后检验实施新会计准则的执行效果，以期对今后会计准则的制定与执行等环节提供决策数据。实证检验结论：会计准则影响企业运营和发展，新旧会计准则下各影响因素对企业的影响相同，均表现为公司负债率越低、社会对公司财务报表越满意、公司的社会贡献能力越强、经营活动的净现金流量越多，则公司的利润增长率越高，公司的成长能力越强。但在新会计准则下上述影响的效果更加显著，更有利于企业成长与发展。因此，新会计准则的实施有利于社会进步与经济发展。

现有的对会计准则的监管是对某个阶段或某个时点的监管，是一种静态的、片面的监督管理活动。本书提出的会计准则的动态监管是对整个会计体系实时的、动态的监管，能够即时获得反馈信息，并且在各个监控点之间互动，强调的是事前管理，先设定目标再着手计划工作，注重从预防的角度解决问题，从而杜绝“救火”式行动。任何一个社会经济体都会面临约束，业绩取决于组织链条中最薄弱的环节，通过识别这些经营瓶颈，发现并充分强化这些约束条件，使企业在极短的时间内实现生产运营及盈利上的显著改善。

会计准则的动态评估是对会计准则的效益、效率、效果及价值进行判断的一种政治行为。不同的国家或地区有不同的宏观经济政策存在的经济环境和政策环境，因此会计准则的调整和变化模式也会有所不同。通过会计准则的有效评价，判断一项会计准则是否收到了预期效果，该项会计准则是继续实施还是调整终结，调整一项准则往往是新会计准则的开始，在宏观经济政策理论中终结不仅是结束，也意味着修正和调整。

第四，在上述研究的基础上分析我国会计准则动态周期和系统运行存在的问题并提出政策建议

我国会计准则动态系统中制定环节提出如下政策建议：注重会计准则的制定成本与收益；建立政府会计准则体系，提高政府会计行为的合法性和有效性；在坚持中国特色的基础上加强与国际会计准则间的协调。动态周期中执行环节的政策建议：完善机制建设，进一步增强会计准则执行制度的科学性和可操作性；加强监管部门与目标团体的协作，构建和谐的执行环境；政府监管力度加大，惩罚机制重新设计。对我国会计准则动态评估阶段的政策建议：提高对会计准则评估重要性的认识；建立独立的会计准则绩效评估机构；明确会计准则的目标、精选评估对象；加强公众和大众传媒对会计准则绩效评估结果的监督。

结合当前的国际会计准则发展趋势，在会计准则动态周期和实际数据分析的基础上对我国会计准则存在的问题，提出政策建议，探讨今后我国会计准则的走向，以此提高财务报告质量，保护投资者利益，为我国的经济服务。

本书的创新点如下：

（1）会计准则是规范经济活动和企业会计行为的一项宏观经济政策，本研究的基础理论是以宏观经济政策、系统理论、动态理论等为基础，从动态管理、系统管理并结合公共管理的方法来分析会计准则的动态系统的运行，跳出传统会计领域的研究局限，是会计准则研究的新视角。

（2）把会计准则看作是一个动态的、循环的和有生命的宏观经济政策辩证系统，提出会计准则的动态周期理论，会计准则动态周期着眼于整个组织的改善和盈利能力的提高。

会计准则的动态周期由一系列活动构成的思想和行为不断调整、不

断变化的过程。会计准则无论制定得多么科学和正确，都不可能与复杂多变的现实完全一致；随着时间的推移、会计活动的推进以及环境和条件的变化，会计准则还会遇到一些新情况、新问题，会计准则的制定者只有根据这些新情况、新问题，适时灵活地应付和处理这些问题，才能使会计准则顺利实施，实现既定的会计目标。

会计准则动态系统就是围绕“动态目标”所展开的动态管理，促成会计准则的各个子系统效率的最大化，把一个复杂的问题从逻辑上予以简单化和清晰化，进而促成一个整体系统效率的最大化。

（3）运用约束理论的基本观点，提出会计准则监管中的约束点监管。

约束管理理论作为一种新的会计准则研究的方法和工具，通过系统理论、宏观经济政策理论和动态管理理论准确界定会计准则的经济实质和目标，查找会计准则动态系统中的约束点，使会计准则的监管发挥有效的作用。

会计准则的动态周期研究将会计准则看作事前管理，先设定目标再着手计划工作，注重从预防的角度解决问题，从而杜绝“救火”式行动；传统会计是事后管理，比较被动，根据历史业绩，分析其中存在的问题，采取措施纠正这些问题，忽略了纠正措施在未来经营环境下的意义，无法在第一时间发现并解决问题所造成的损失。

任何一个社会经济体都会面临约束，业绩取决于组织链条中最薄弱的环节即公共管理理论中的木桶理论（也被称为短板理论，即约束资源、经营瓶颈），通过识别这些经营瓶颈，发现并强化这些约束条件，使企业在极短的时间内无须大量额外投资的情况下，实现生产运营及盈利上的显著改善，带来财务收益。

（4）提出会计准则是政府提供的公共产品，是政治产物，是众多利益群体之间利益分配的会计约定，这种会计约定在政府的努力下追求会计准则的公平与高效。

会计准则是政府提供的公共产品，是调节利益在各个利益相关者之间分配的会计约束，努力追求会计准则的公平与高效。但是在现实生活中，由于利益集团、资源条件等的限制，会计准则总是呈现出有限公平和中度效率。政府是会计准则的重要制定主体，在会计准则的制定过程中应充分考虑各个利益集团的利益分配，制定出的会计准则时既要符合会计领域的需要，也要符合宏观经济政策制定的一般规律。

会计准则作为政策的一种表现形式，是多个利益群体之间的相互协商而确定的特殊契约的交易过程，是一个寻求利益均衡的博弈过程，也是公共契约与私人契约的磨合过程，最终形成对全社会都有规范意义的公共产品。

9.2 展　望

本书结合动态管理理论、系统理论、公共管理理论等研究会计准则的动态周期问题，创新的空间很大。本书在前面的论证中对会计准则的动态周期及动态系统的运行进行了阐述，但这只是宏观经济政策视角下会计准则研究的开端，未来还可以就以下方面进一步展开研究：

9.2.1 会计准则动态周期及动态系统与运行环境之间的影响力

本书的会计准则动态周期及动态系统是从宏观的、系统论的角度提出，由会计准则的各个子系统组成。会计准则的动态系统与之赖以生存的运行环境是密不可分的，它们之间是相互作用，相互影响的。但是，对于会计准则动态周期及动态系统与运行环境之间这种互动关系的发生途径是什么、关键的影响因素是什么还需要做进一步的研究。

9.2.2 对会计准则动态运行中监管阶段的监管约束点的界定与判断标准

对会计准则动态运行中监管阶段的监管约束点在本书中是结合约束理论进行分析论证的。任何一个社会经济体都会面临约束自身发展的最薄弱的经营瓶颈。但在众多的因素中识别这些约束点并非易事。发现并准确判断这些约束点成为下一步研究的重要内容。

9.2.3 政府在会计准则动态系统中的干预程度

政府是解决社会经济领域中会计问题的关键，在我国，政府参与到会计准则的各个环节，而不是某个阶段，同时一直扮演着主体的角色、发挥着主导作用。但现实生活中，政府不能独揽大权，毕竟政府不是会计准则的使用者，如果完全由政府制定和监管会计准则是违背宏观经济政策规律的，使制定者、评估者与监管者成为一体将不利于会计准则动态周期的运行。所以，政府应该把握好对会计准则动态运行系统中的干预程度，既要有效发挥政府主导作用，又要充分激发各个利益相关者的积极性，但是这个尺度如何把握、如何控制好将是今后会计学界研究的课题之一。

参考文献

[1] C. Littleton, *Structure of Accounting Theory*. Lakewood Ranch: American Accounting Association, 1953.

[2] Hebert Blumer, Social Problem as Collective Behavior. *Social Problem*, Vol. 18, No. 3, Winter 1971.

[3] Alan Peacock, *Public Choice Analysis in Historical Perspective*. Cambridge: Cambridge University Press, 1992.

[4] Shyam Sunder, *Theory of Accounting and Control*. South – Western College: South – Western College Publishing, 1997.

[5] Gode K. D. and Sunder S., What makes markets alloeationally effieient? . *Quarterly Journal of Economics*, Vol. 112, No. 2, May 1997.

[6] William R. Scott, *Financial Accounting Theory*. Canada: Prentince-hall Inc, 1999.

[7] Pressman S., On Financial Frauds and Their Causes: Investor over confidence. *American Journal of Economics & Sociology*, Vol. 57, No. 4, October 1998.

[8] See W. N. Dunn, *Public Policy Analysis: An Intrnductfon*. Newjersey: Prentice Hall lnc, 1994.

[9] Stephen A. Zeff, A Perspective on the U. S. Public/Private – Sector Approach to the Regulation of Financial Reporting. *Accounting Horizon*, March 1995.

[10] Pressman S., On Financial Frauds and Their Causes: Investor over confidence. *American Journal of Economics & Sociology*, Vol. 57, No. 4, October 1998.

[11] Dennis C. Mueller, *Public Choice*. Cambridge: Cambridge University Press, 1989.

[12] Ball R., Kothar S., Robin A., The Effect of lntemational Institutional Factors on Properties of Accounting Earnings. *Journal of Accounting & Economics*, Vol. 29, No. 1, February 2000.

[13] Brown S., Hope O., Aequisition – Related Provision – Taking and Post – Aequisition Performance in the UK Prior to FRS7. *Journal of Business Finance & Accounting*, Vol. 27, No. 9, December 2000.

[14] Discussion Paper on Enforcement of IFRS with Europe. *www. fee. be*, 2002. 2. 18.

[15] Ray Ball, Astoka Robin, Incentives versus Standards: Properties of Accounting Income in Four East Asian Countries. *www. uchicago. edu*, 2002. 3. 25.

[16] Hope O., Disclosure Practices, Enforcement of Accounting Standards, and Analysts, Forecast Accuracy: An International Study. *Journal of Accounting Research*, Vol. 41, No. 2, May 2003.

[17] Richard G. Schroeder, *Financial Accounting Theory & Analysis*. Hoboken, New Jersey: John Wiley&Sons. Inc, 2005.

[18] Korok Ray, The Allocation Effects of the Precision of Accounting Estimates. *Journal of Accounting Research*, Vol. 45, No. 4, September 2007.

[19] Ralf Ewert, Economic Effect of Tightening Accounting Standards to Restrict Earnings Management. *The Accounting Review*, Vol. 80, No. 4, October 2005.

[20] Ball R. Kotare S., Robin A., The Effect of International Institutional Factors on Properties of Accounting Earnings. *Journal of Accounting & Economics*, Vol. 29, No. 1, February 2000.

[21] [美] 威廉·N. 邓恩:《公共政策分析导论》，谢明等译，中国人民大学出版社 2002 年版。

[22] [美] 亨利·I. 沃尔克:《会计理论（第六版)》，陈艳等译，东北财经大学出版社 2005 年版。

[23] Mark R. Daniels, *Terminating Public Programs*. New York: M. E. Sharp Inc, 1997.

[24] [美] 詹姆斯·M. 布坎南:《自由、市场和国家》，平新乔、莫扶民译，北京经济学院出版社 1988 年版。

[25] [美] 阿维纳什·K. 迪克西特：《经济政策的制定：交易成本政治学的视角》，刘元春译，中国人民大学出版社2004年版。

[26] [美] 戴维·伊斯顿：《政治生活的系统分析》，王浦劬译，华夏出版社1999年版。

[27] [美] 斯蒂芬·A. 泽夫：《会计准则制定理论与实践》，泽夫译，中国财政经济出版社2005年版。

[28] [美] A. C. 利特尔顿：《会计理论结构》，林志军等译，中国商业出版社1989年版。

[29] [美] 丹尼斯·穆勒：《公共选择》，王诚译，商务印书馆1992年版。

[30] [美] 亨利·勒帕日：《美国新自由主义经济学》，李燕生译，北京大学出版社1985年版。

[31] [日] 小林良彰：《公共选择》，杨永超译，经济日报出版社1989年版。

[32] [美] 戴维·韦默、艾丹·维宁：《政策分析：理论与实践》，戴星翼等译，上海译文出版社2003年版。

[33] [美] 埃贡·古贝等：《第四代评估》，秦霖译，中国人民大学出版社2009年版。

[34] [加拿大] 迈克尔·M. 拉米什：《政策循环与子系统》，庞诗译，上海三联书店2006年版。

[35] [德] 恩格斯：《路德维希·费尔巴哈和德国古典哲学的终结》，列宁、斯大林编译局译，人民出版社1972年版。

[36] [美] 詹姆斯·W. 费斯勒、[美] 唐纳德·F. 凯特尔：《行政过程的政治——公共行政学新论》，陈振明等译，中国人民大学出版社2002年版。

[37] [澳] 欧文·E. 休斯：《公共管理导论》，彭和平、周明德、金竹青译，中国人民大学出版社2001年版。

[38] [美] 斯蒂格利茨：《经济学》，盛洪、张宇燕译，中国人民大学出版社1997年版。

[39] 葛家澍：《美国关于高质量会计准则的讨论及其对我们的启示》，载于《会计研究》1999年第5期。

[40] 葛家澍：《会计理论》，中国财政经济出版社2004年版。

［41］吴联生：《当代会计前沿问题研究》，北京大学出版社 2005 年版。

［42］刘慧凤：《情景架构下的企业会计准则执行研究》，经济科学出版社 2007 年版。

［43］刘峰：《会计准则变迁》，中国财政经济出版社 2000 年版。

［44］姜英兵：《论会计标准的实施》，东北财经大学出版社 2005 年版。

［45］林钟高：《会计准则研究》，经济科学出版社 2007 年版。

［46］毛寿龙：《西方公共政策的理论发展之路及其对本土化研究的启示》，载于《江苏社会科学》2004 年第 1 期。

［47］许家林：《西方会计学》，中国财政经济出版社 2004 年版。

［48］陈振明：《公共政策分析》，中国人民大学出版社 2009 年版。

［49］王建新：《我国会计准则制定及其效果评价》，中国财政经济出版社 2005 年版。

［50］罗勇：《会计准则理论研究》，立信会计出版社 2007 年版。

［51］陈庆云：《公共政策分析》，北京大学出版社 2006 年版。

［52］葛家澍：《财务会计概念框架与会计准则问题研究》，中国财政经济出版社 2003 年版。

［53］和金生：《企业战略管理》，天津大学出版社 2003 年版。

［54］文琪：《基于利益相关者理论的会计准则问题研究》，天津财经大学学位论文，2007 年。

［55］陈宏辉：《企业的利益相关者理论与实证研究》，浙江大学学位论文，2003 年。

［56］刘慧凤：《对高质量会计准则研究进展的追踪与思考》，载于《山东大学学报》2005 年第 3 期。

［57］任庆国：《我国社会主义新农村建设政策框架研究》，河北农业大学学位论文，2007 年。

［58］张维迎：《博弈论与信息经济学》，上海三联出版社 1996 年版。

［59］叶建芳：《会计准则与公司治理》，载于《财会月刊》2004 年第 22 期。

［60］魏明海：《高质量会计准则的标准》，载于《当代财经》1995 年第 5 期。

[61] 陈志斌、刘子怡:《政府会计准则的驱动研究》，载于《会计研究》2016 年第 6 期。

[62] 葛家澍:《关于高质量会计准则的几个问题》，载于《会计研究》2002 年第 10 期。

[63] 裘宗舜:《论高质量会计准则》，载于《上海会计》2003 年第 11 期。

[64] 卢现祥:《新制度经济学》，武汉大学出版社 2004 年版。

[65] 闫德玉:《会计理论比较与评析》，湖北科学技术出版社 2002 年版。

[66] 綦好东:《我国会计准则质量：来自利益相关者的评估》，载于《当代财经》2004 年第 4 期。

[67] 王怀友:《会计政策与经济政策》，载于《合作经济与科技》2006 年第 13 期。

[68] 吴联生:《利益相关者对会计规则制定的参与特征——基于调查数据的实证分析》，载于《经济研究》2004 年第 3 期。

[69] 王竹泉:《利益相关者会计行为的分析》，载于《会计研究》2003 年第 10 期。

[70] 王华、庄学敏:《上市公司会计信息失真的问卷调查分析》，载于《当代财经》2005 年第 1 期。

[71] 刘明波、杨五湖:《世界行政监督大辞典》，法律出版社 1990 年版。

[72] 吴作章:《我国会计政府监管研究》，东北财经大学博士学位论文，2006 年。

[73] 杨开峰:《绩效评估结果能被诚实披露吗》，载于《公共管理与政策评论》2007 年第 1 期。

[74] 刘端:《会计政策的博弈论研究》，西南财经大学出版社 2005 年版。

[75] 刘崇仪:《经济周期论》，人民出版社 2006 年版。

[76] 胡鞍钢:《中国政策周期与经济周期》，载于《中国社会科学季刊》1994 年第 8 期。

[77] 刘语平:《动态目标管理》，宁夏人民出版社出版 2012 年版。

[78] 赵建国:《政府经济学》，东北财经大学出版社 2011 年版。

[79] 朴贞子：《政策执行论》，中国社会科学出版社 2010 年版。

[80] 彭家生：《会计监管的完全信息静态博弈分析》，载于《财务与会计》2002 年第 11 期。

[81] 胡宁生：《现代公共政策研究》，中国社会科学出版社 2000 年版。

[82] 娄成武：《公共政策学》，东北大学出版社 2004 年版。

[83] 王佃利：《公共决策导论》，中国人民大学出版社 2005 年版。

[84] 冯志华：《会计准则质量与利益相关者参与度关系研究》，河南大学硕士学位论文，2005 年。

[85] 王竹泉：《公司治理结构中的会计监督研究》，中国财政经济出版社 2003 年版。

[86] 财政部会计司：《关于我国上市公司 2007 年执行新会计准则情况的分析报告》，载于《会计研究》2008 年第 6 期。

[87] 刘峰：《新会计准则一定种瓜得瓜吗》 载于《新理财》2007 年第 2 期。

[88] 陈宏辉：《企业的利益相关者理论与实证研究》，浙江大学学位论文，2003 年。

[89] 薛爽等：《公允价值的运用与应计利润功能基于中国新旧会计准则比较的研究》，载于《南开管理评论》2009 年第 5 期。

[90] 戴奉祥：《企业会计政策选择的经济后果与政治成本》，中国财经网，2007 年 6 月 11 日。

[91] 沙莲香：《传播学》，中国人民大学出版社 1990 年版。

[92] 沈振宇：《会计准则导向与上市公司利润操纵》，上海财经大学学位论文，2004 年。

[93] 王竹泉：《改革开放 30 年会计监督的发展与创新》，载于《会计研究》2008 年第 7 期。

[94] 桑玉成、刘百鸣：《公共政策学导论》，复旦大学出版社 1991 年版。

[95] 马贤明、郑朝晖：《会计 & 谜局》，大连出版社 2005 年版。

[96] 吴联生：《会计失真的三分法：理论框架与证据》，载于《会计研究》2003 年第 1 期。

[97] 陈富永、张瑛瑜：《刍论政府会计监管》，载于《财会月刊》

2006 年第 23 期。

[98] 梁文松、曾玉凤：《动态治理——新加坡政府的经验》，中信出版社 2010 年版。

[99] 谢明：《政策分析的理论与实践》，人大出版社 2003 年版。

[100] 孙捷：《我国上市公司治理的监控机制研究》，浙江大学学位论文，2003 年。

[101] 刘娟：《会计准则执行问题研究》，湖南大学学位论文，2007 年。

[102] 胡恬静：《中美会计准则的制定比较》，载于《中国商界》2010 年第 7 期。

[103] 陈国辉，崔刚：《论会计准则的制定：原则导向抑或规则导向》，载于《会计师》2012 年第 11 期。

[104] 王涛、刘国文：《会计准则执行机制影响因素分析》，载于《财会通讯·综合版》2007 年第 11 期。

[105] 宋煜萍：《动态治理在中国：何以可能与如何可为》，载于《学术研究》2012 年第 12 期。

[106] 姜英兵、严婷：《制度环境对会计准则执行的影响研究》，载于《会计研究》2012 年第 4 期。

[107] 吕晓梅、李怡：《基于〈企业会计准则第 39 号——公允价值计量〉会计监管体系构建》，载于《江西财经大学学报》2014 年第 6 期。

[108] 刘文辉、童素娟：《企业会计准则（2006）实施效果研究——来自审计师的调查问卷分析》，载于《财政研究》2015 年第 6 期。

[109] 闫明杰：《企业会计准则执行选择的影响因素研究——基于河南省企业的经验证据》，载于《中国注册会计师》2013 年第 3 期。